U0515565

口译教学语料库深度加工机制研究

Deep Processing Mechanisms of Speech Repositories for Interpreter Training

邓军涛　著

WUHAN UNIVERSITY PRESS
武汉大学出版社

图书在版编目(CIP)数据

口译教学语料库深度加工机制研究/邓军涛著.—武汉：武汉大学出版社,2023.8(2023.11 重印)
　　国家社科基金后期资助项目
　　ISBN 978-7-307-23791-9

　　Ⅰ.口…　Ⅱ.邓…　Ⅲ.口译—教学研究　Ⅳ.H059

中国国家版本馆 CIP 数据核字(2023)第 096948 号

责任编辑:李晶晶　　　责任校对:鄢春梅　　　版式设计:韩闻锦

出版发行：**武汉大学出版社**　　(430072　武昌　珞珈山)
　　　　　　　(电子邮箱：cbs22@ whu.edu.cn　网址：www.wdp.com.cn)
印刷:武汉邮科印务有限公司
开本:720×1000　1/16　印张:14　字数:251 千字　插页:1
版次:2023 年 8 月第 1 版　　2023 年 11 月第 2 次印刷
ISBN 978-7-307-23791-9　　定价:69.00 元

国家社科基金后期资助项目(20FYYB017)

国家社科基金后期资助项目
出版说明

后期资助项目是国家社科基金设立的一类重要项目，旨在鼓励广大社科研究者潜心治学，支持基础研究多出优秀成果。它是经过严格评审，从接近完成的科研成果中遴选立项的。为扩大后期资助项目的影响，更好地推动学术发展，促进成果转化，全国哲学社会科学工作办公室按照"统一设计、统一标识、统一版式、形成系列"的总体要求，组织出版国家社科基金后期资助项目成果。

全国哲学社会科学工作办公室

前　言

　　以人工智能为代表的新型信息技术革命正以前所未有的规模和速度影响着口译的面貌，从口译员技术工具的更新迭代，到口译职业工作模式的推陈出新，再到口译项目管理的优化升级，信息技术的影响无处不在。不仅如此，新型信息技术革命还带来了教育教学理念、内容与方式的重大变革，技术在教育教学领域的价值不再仅限于简单的辅助应用层面，而是朝着整合与融合的纵深层面延伸，教育信息化的理念被广为接受。在口译职业技术变革和教育教学理念技术变革双重因素的作用下，口译教育信息化成为当前口译教育领域亟待思考和探讨的命题。

　　口译教育信息化是一项系统工程，涉及目标与课程、资源与内容、环境与空间、平台与媒介、意识与能力等多个方面。其中，信息化口译教学资源是口译教育信息化的基础和重要内容，对于丰富教学内容、优化教学流程、适应新型学习方式、满足个性化学习需求等具有重要意义。教育部《教育信息化2.0行动计划》将"数字教育资源"列为"实施行动"的首位，也彰显了资源对于推进口译教育信息化的重要意义。在诸多信息化口译教学资源中，语料资源是最为基础的资源表现形式，从课堂口译教学到课外自主练习，从专项技能训练到综合模拟实战，从学业测试到资格证书考试，语料资源贯穿于每个教学环节和要素之中。

　　口译教学语料库是信息化口译教学资源的重要表现形式，也是口译教育信息化要素体系的重要组成部分，其产生是口译教学主体需求、口译技能强化训练要求、信息技术赋能口译教学等多重因素共同作用的结果。口译教学语料库指以服务口译教学为目的，以现代信息技术为依托，以信息技术与课程整合理论、建构主义理论、教学设计理论、口译教学理论等为指导，以多模态口译教学语料为主要载体，具有系统化存储与管理、智能化检索与应用、动态化评价与更新等功能的数字化口译教学资源库。

　　本书以口译教学语料库为研究对象，综合运用理论思辨法、个案研究法、实证调研法、语篇分析法、对比研究法等研究方法，主要探讨四个研究问题：①口译教育信息化的产生背景、发展历程与表现形式是什么？②信息化口译教学资源的内涵与价值是什么？其研究与实践概况如何？③口译教学语料库的开发动因、开发模式与开发流程包括哪些内容？④何为口译教学语料库的深度加工机制？其内部与外部加工机制分别包括哪些内容？其中，前面两个问题为口译教学语料库的宏观背景研究，第三个问题为其基本原理研究，第四个问题为本书的研究主体，分六个章节系统阐述口译教学语料库的深度加工机制。

　　本书共包含十章，其中第一至三章分别对应上述前三个研究问题，第四至九章对应第四个研究问题，第十章为结论。第一章从信息技术环境下的口译职业变革与口译教育变革两个方面阐述了口译教育信息化的产生背景，并从概念、层次与机制三个方面论述其内容体系。第二章分别阐述了资源、教学资源、口译教学资源、口译教学资源的设计与开发等基本概念，并综述相关主题的研究概况，继而从理论和实践层面探讨了信息化口译教学资源的概念、价值与实践概况。第三章先概述了口译教学语料库的产生动因，继而从实践层面归纳其常规开发模式，并从需求分析与模型构建、语料选取与分类组织、语料上传与信息标注、语料应用与评价四个方面阐述其开发流程。本章还引出口译教学语料库深度加工机制的概念。第四至六章分别从难度定级、语境重构和策略聚焦三个方面探讨了口译教学语料库的内部加工机制。第七至九章分别从资源整合、共建共享和技术融合三个方面论述了口译教学语料库的外部加工机制。第十章系统梳理上述各章学理研究、案例研究、实证研究、对比研究等主要成果，并在提炼经验与反思得失的基础上，展望未来相关领域的研究方向。

　　本书的理论价值主要体现在：从本体研究看，本书有助于探索口译教学语料库的深度加工机制，为建设高质量口译教学语料库提供参考；从口译学科看，本书有助于建立对信息技术与口译教育深度融合路径的系统认知，同时丰富国际计算机辅助口译教学研究的内容；从翻译学研究看，本书有助于在主题、内容、方法和理念上拓宽应用翻译学研究的范畴和视域。本书的实践价值主要体现在：通过探索难度定级、语境重构、策略聚焦、资源整合、共建共享和技术融合等机制，优化口译教学语料库的内在质量与外在效度，从而综合提升口译教学语料库的设计理念、建库质量与开发效率，并最终实现充实口译教学资源、丰富口译教学内容、优化口译教学流程、增强口译教学效果的目的。

　　本书的出版得到以下基金的资助，是相关项目的阶段性研究成果：国家社会科学基金后期资助项目"口译教学语料库深度加工机制研究"（20FYYB017）；湖北省高等学校省级教学研究项目"共建共享型智能化口译教学语料库设计与应用研究"（2018329）；湖北省一流本科课程"'新文科'背景下一流英语专业特色化课程思政育人实践研究"（2022308）；武汉工程大学2022年研究生教育教学重点建设项目"外语类研究生培养'一体化'思政育人体系构建"（2022ZDXM10）。

　　限于作者的学识与水平，书中内容难免有疏漏之处，恳请广大学界同仁和专家学者批评指正。

邓军涛

2022年6月

目　录

第一章 口译教育信息化概述

在人工智能、大数据、虚拟现实、区块链等前沿信息技术的助推下，口译教育正经历前所未有的变革。其中，变革的诱发因素涉及信息技术工具的更新迭代、职业口笔译形式的创新演变、教育技术理念的推陈出新等方面；变革的影响范围辐射口译教学理念、教学模式、课程设置、实施策略等多个领域；变革的表现形式体现为信息化口译教学环境、信息化口译教学资源、信息化口译教学内容、信息化口译教学流程等多个要素。在此背景下，口译教育信息化成为近年来翻译学研究领域的热议话题。2018年4月13日，教育部颁布《教育信息化2.0行动计划》，提出"信息技术与教育教学深度融合的核心理念"。口译教育者和工作者应在新的技术浪潮和时代背景下，思考信息技术与口译教育教学深度融合的路径，探索口译教育和人才培养的创新机制（邓军涛、仲伟合，2019：88）。

第一节 信息技术环境下的口译职业变革

一、催生新型口译职业工作模式

现代口译职业发展与信息技术的推动密不可分。20世纪初之前，受技术条件的限制，口译工作方式相对单一，主要表现为小范围面对面的接续口译形式。1926年，由IBM公司基于Findlay和Filene二人的发明成果而开发的IBM Hushaphone Filene-Findlay系统获得专利，并于1927年6月4日在日内瓦国际劳动大会（International Labour Conference）中首次用于同声传译，该系统当时为国际劳工组织节省了32 700英镑。这是口译职业首次使用的主要技术解决方案，并引入了一种新的信息加工方式，且对口译从业者提出了特殊的技能要求和训练要求。国际联盟（League of Nations）多语种会议的需求以及省时增效的要求催生了同声传译的出现。但由于

"二战"前国际联盟面临种种问题，同声传译服务被削减，这种现象持续了约 20 年。1945 年纽伦堡审判(Nuremberg Trials)使得同声传译又重获新生，1947 年联合国 152(11)号决议确定同声传译为会议口译的标准形式(Berber，2010：50)。

继"二战"期间的技术设备萌芽之后，下一阶段的口译职业技术革新出现在 20 世纪 70 年代，主要表现是远距离口译(distance interpreting)的诞生。联合国先后做过两次实验：1970 年纽约至布宜诺斯艾利斯的卫星连接实验和纽约-内罗毕-日内瓦视频会议(videoconferencing)实验(Baigorri-Jalón，2004：163；Berber，2010：51)。但此时远距离口译技术还未用于口译培训。在 70 年代中后期，类似的实验继续进行，如 1976 年和 1978 年联合国开展的"巴黎-内罗毕"(卫星)实验和"纽约-布宜诺斯艾利斯"实验(Moser-Mercer，2005：732-733；Heynold，1995：12)。

进入 20 世纪 90 年代，远程口译(remote interpreting)逐渐进入人们的视野，第一次远程口译实验由联合国在 1999 年实施，当时的会议地点在日内瓦而译员在维也纳。关于远程口译的雏形之说还有另外两个版本。Baigorri-Jalón (1999：36)认为，远程口译在 20 世纪 20 年代的同传中就有最初的尝试，当时口译员不在会议现场，而在由电话线连接会议现场的一个单独的工作间。Baigorri-Jalón 援引的另外一个版本则认为，1934 年Simone Signoret 的父亲 André Kaminker 通过收听德国电台希特勒在纽伦堡的首次演说，在巴黎为法国电台网(French Radio Network)进行同步口译(Berber，2010：51)。

继 70 年代的大型实验和 80 年代的小规模实验之后，接下来值得注意的系列实验有：1993 年欧洲电信标准协会基于 ISDN 视频电话做的先导性研究、1995 年欧洲委员会进行的 Studio Beaulieu 实验、1997 年国际电信联合会等机构在日内瓦进行的远程口译控制性实验。此外，联合国在1999—2001 年也进行过类似实验(Berber，2010：52)。值得关注的是，由欧盟资助的高水平科学会议项目"多维度翻译"(Mu Tra)对信息技术环境下的口笔译新形式、职业挑战、教学问题等进行了长达三年(2005—2007年)的专题研究。

在诸多形式中，远程口译平台是近些年发展较为迅速的一种远程口译操作模式。该模式以互联网为依托，通过整合大数据、云平台、语音识别、机器翻译等技术，实现对全球口译资源与服务的优化管理与高效呈现。远程口译平台类型众多且功能各异，如口译信息发布、译员动态匹配、口译预约、流程管理、费用结算等，相关案例如 LanguageLine 平台、

Boostlingo 平台、SPEAKUS 平台、Akkadu 平台、thebigworld 平台、Primaxis 平台、Plunet 平台、Interprefy 平台等。

信息技术革命催生了各种新型的口译职业工作模式，对各种新型工作模式的研究也随之展开。例如，Wadensjö（1999）谈到的电话口译，Niska（1999）讨论的远程口译，Stoll（2000）阐述的视频会议口译，Mack（2002）与 Gile（2011）提到的电视口译，以及塞莱斯科维奇、勒代雷（2007）从语音识别与自动化翻译的技术角度探讨的机器自动口译。

同时，远程口译等形式给口译员带来的诸多问题和挑战也引发了广泛关注。例如，Niska（1999）谈到远程口译中的质量问题；Braun（2006）阐述了视频会议口译中的不利交际环境因素；Moser-Mercer（2003）首次通过可控实验评估了远程口译技术的可行性及对译员的影响（如心理和生理的压力与疲惫）；Moser-Mercer（2005）认为，远程同传中视觉信息的缺失是导致其质量低于现场同传的重要因素之一，因为视觉信息的缺失会带来疲劳、理解力削弱、译语表达欠佳等问题；Mouzourakis（2006）讨论了使用视频口译与远程口译的效果，同时阐述了有关远程口译的支持与反对之声。

在近二十年间，尤其是伴随移动互联网、大数据、人工智能、虚拟现实、增强现实、机器翻译等一系列前沿信息技术的飞速发展，各种新型口译职业工作模式不断涌现。例如，随着网络和音视频传输技术的日益发展，网络在线口译、远程视频口译等工作模式日益普遍；随着语音识别、机器翻译、语音合成等技术的日益成熟，人机耦合、机助人译、机器口译等新型口译工作模式已在不同场景中得到试用；随着智能笔、智能转写、智能手机、视频会议平台等技术的日益发展，交同传、网络直播字幕同声传译等新型口译工作模式也不断涌现。

从 2020 年 11 月 13 日至 2021 年 1 月 15 日，国际会议口译员协会英国与爱尔兰分部（AIIC's United Kingdom & Ireland Region）先后举办了五场在线研讨会，以"人工智能与口译员"（Artificial Intelligence and the Interpreter）为核心议题，从技术原理与机制、人机差异与交互、译员培养与教育创新、产品应用与前景、职业定位与理性反思等维度，对人工智能时代的口译技术发展问题进行了深度研讨。来自国际组织、人工智能企业、行业协会、高等院校和科研院所的专家各抒己见，对追踪口译技术发展动态、引导口译市场健康发展、明确口译教育变革方向、认识信息技术带给口译行业和教育的影响起到了积极作用（邓军涛等，2021）。

二、推动口译员技术工具更新迭代

在信息技术承前启后的发展浪潮中,口译员的技术工具也在持续地更新迭代。根据 Fantinuoli(2018b)的研究,在现代口译职业百年的发展历程中,口译员技术工具主要取得了三次突破性进展。

第一次突破性进展是在口译中引入了语音传输有线系统(wired systems for speech transmission),并最终促成了同声传译的诞生。赵毅慧(2017)认为,这一时期技术手段在口译活动中主要发挥辅助作用,如解决声音在空间传播中的衰减问题、克服环境噪音干扰问题、为口译员提供准确清晰的源语声源等。这一阶段的典型技术工具包括电声传输、同声传译设备、数据通信网络等。Fantinuoli(2018b)还认为,以同声传译为代表的技术突破同时给口译员的社会地位和自我认知带来了较大程度的积极影响。

第二次突破性进展主要与互联网技术相关。互联网技术的出现极大地改变了口译员的知识结构及其对知识的获取方式,而这对于弥补口译员和与会者之间的语言及知识鸿沟具有重要意义。互联网汇聚了不同语言和主题领域的丰富知识信息,这为口译员开展与背景知识、专题知识、行业知识、术语知识和语言知识等相关的译前准备工作提供了广阔的资源取材来源。与此同时,借助搜索引擎,口译员可以便捷高效地进行网络信息检索,并将之应用于甄别及筛选知识、明确术语概念释义、核实条目翻译等过程,从而提高口译工作的效率和质量。

第三次突破性进展主要与机助口译(computer-assisted interpreting)、远程口译(remote interpreting)和机器口译(machine interpreting)三项技术相关。其中,机助口译技术主要为口译员高效高质地开展口译工作提供协助和支撑作用。以欧盟口译总司的文件和术语主管 Marc van Dommelen 介绍的欧盟高级多语种信息系统(EURAMIS)为例,该系统由一系列基于网络的集中式应用程序组成,可用于多语种文件的查询与自动检索。对于口笔译工作者而言,EURAMIS 发挥着重要的"中央翻译记忆库"功能。借助其中的索引工具,译者可以查询并视阅原始语境模式下的文本片段,进而为意义理解和目标语转换提供参考。同时,EURAMIS 还可作为口译工作中术语查询和管理的重要信息来源(邓军涛等,2021)。

远程口译是一个复合性概念,指以口译员为沟通媒介、以信息通信技术为传输渠道的口译交流活动(Fantinuoli,2018b)。根据王小曼、王斌华(2021)的研究,远程口译的雏形可以追溯到 20 世纪 50 年代电话口译(telephone interpreting/over-the-phone interpreting)的早期尝试。之后,随着声像传输技术的进步，远程口译又表现为视频远程会议口译(video remote interpreting)和远程会议同传(remote simultaneous interpreting)等形式。在全球新冠肺炎疫情常态化防控的背景下，远程口译的需求大幅增长，与远程口译实践和教学相关的研究也随之展开，主题涉及远程视频会议环境下口译员的挑战和译员的能力发展要求(蒋莉华、李颖，2020)、远程会议口译主流平台及技术对比(王小曼、王斌华，2021)、基于视频会议平台的远程同步口译教学(卢信朝，2020)、抗疫背景下远程专业口译教学的传承延续与变化创新(张爱玲、丁宁，2021)等方面。

　　机器口译亦称为自动语音翻译(automatic speech translation)、自动口译(automatic interpreting)或语音到语音翻译(speech-to-speech translation)，是通过计算机程序将口语文本从一种语言翻译成另一种语言的技术(Fantinuoli，2018b)。从技术实现机制来看，机器口译主要包括自动语音识别(ASR)、机器翻译(MT)和语音合成(TTS)三个步骤及相关技术。根据荷兰马斯特里赫特大学数据科学与知识工程系助理教授 Jan Niehues 博士的介绍，机器口译在过去三十年间取得了举世瞩目的发展成就，从20世纪90年代德国联邦教育研究部组织研究的 Verbmobil 语音翻译系统，到2004—2007年欧委会资助开发的 TC-STAR 项目，再到2015年后深度学习的爆发式增长以及各技术企业陆续推出的语音翻译终端应用产品(邓军涛等，2021)，机器口译的成长轨迹可见一斑。

　　近年来，机器口译发展势头迅猛，功能日益增强，应用场景也不断扩大。以美国华盛顿大学语言学系助理教授、微软翻译软件首席架构师 William Lewis 博士对微软在线翻译软件 Translator 的展示为例。该软件可将英语发言同步翻译为四种语言，并通过字幕动态显示。Lewis 表示，尽管系统尚不完美，但微软的多功能设备已在许多语种的交流场景中崭露头角。继而，Lewis 展示了微软翻译应用工具的几项实际应用场景，如远程即时交流、办公室与个人会议、多语种家校会议、学校课堂、日常生活辅助、听障人士辅助交流等。同时，Lewis 也指出了当前语音翻译中存在的诸多挑战，如人们说话方式与书写方式的差异、口头发言中的不流利现象、无断句标点、说话者真实意图含糊、语体选择不当等。他还指出，语音翻译质量的优劣与具体使用场景有很大关联，但人们对新型交流方式的高度适应能力为助推语音翻译工具的应用起到一定作用。Lewis 预测，尽管人工智能技术发展迅速，但口译员在创造性、话语意图把握、言简意赅传译等方面仍具有明显优势，自动翻译软件不太可能很快取代人类译员(邓军涛等，2021)。

　　口译员技术工具众多，类型划分也莫衷一是，例如，有从应用场景角度划分的机助口译工具、口译服务管理与发布工具、口译培训工具与资源（Corpas Pastor，2018），有从口译工作流程角度划分的译前技术工具、译中技术工具和译后技术工具（赵毅慧，2017），有从自动化程度角度划分的机器口译技术与计算机辅助口译技术，有从作用对象角度划分的口译员相关技术、口译客户相关技术与口译服务相关技术等（王华树、杨承淑，2019）。本书基于对上述分类方案的整理，并结合对国内外口译技术工具案例的考察，从功能用途角度归纳出八个类型的口译员技术工具，如表1.1所示。

表 1.1　口译员技术工具分类

类型	主要功能	工具案例
术语管理类	术语创建、术语编辑、术语提取、术语查询、术语记忆、术语合并与管理等	Interpreters' Help, InterpretBank, Intragloss, Interplex UE, Interpreter's Wizard, Glossary Assistant, Terminus, Flashterm 等
口译笔记类	即时同步书写、笔记转写、笔记编辑、电子速记等	LectureNotes, Neo Smartpen N2, Livescribe, Equil Smartpen 2 等
语音录制类	语音录制、多维语音分析、语音存储等	Audacity, Adobe Audition, AudioNote, QuickVoice, iTalk Recorder 等
语音识别类	自动语音识别与转写、语音文字转化等	Dragon Naturally Speaking, Voice Dictation, Speechnotes, 讯飞听见等
自动语音翻译类	自动语音翻译、语音转写、多语种即时对话等	Ambassador Interpreter, VoiceTranslator, ILA, Microsoft Translator 等
远程口译平台类	口译信息发布、译员匹配、远程同传、流程管理等	KUDO, Interprefy, VoiceBoxer, SPEAKUS, Boostlingo, TikkTalk, LanguageLine 等
平行语料库类	语料收集、术语集合、多语对照、译语参考等	CIAIR, EPIC, CECIC, PACCEL, United Nations Parallel Corpus 等
知识图谱类	内容储存、分享与检索、信息管理、知识图谱制作、创建思维导图等	Workflowy, Dynalist, Cloud Outliner Pro, Microsoft OneNote, Google Keep, 有道云笔记, 印象笔记, 幕布等

　　不断更新迭代的技术工具为口译员增强工作效率、减少重复劳动、优化工作流程、提升服务质量带来了诸多便利，但要使技术工具在口译工作中真正发挥预期的效用，还需要具备一个基本前提，即口译员对技术工具的认可与认知。王华树等（2018）针对我国口译员的调研结果显示，多数受访者认可技术工具带给口译行业和口译工作的影响，并表达了较高的口译技术知识与技能学习意愿。但从具体应用情况来看，参与过新型口译工作模式的受访者仅占一成，语料库软件的使用率不足两成，专业型术语管理工具的应用约为三成，计算机辅助翻译工具的使用率逾四成，只有搜索引擎、在线词典与通用型机器翻译工具的使用率超过七成。该研究还表明，口译员普遍存在技术认知概念模糊、技术使用水平不高、技术使用落后于技术认知等问题。鉴于此，从意识、素养和职业标准等方面提升口译员对技术工具的认知和应用技能已成为需要迫切解决的问题。

三、引发口译服务行业变革①

　　在"一带一路"倡议的引领下，沿线国家和地区在政策、设施、贸易、资金和民心等多领域的交流日益频繁，由此催生了对包括口译行业在内的语言服务的巨大需求。截至2019年8月底，中国政府仅在6年内就与136个国家、30个国际组织签署195份政府间合作协议，各国官方语言及通用语言总计超过111种（中国翻译协会，2019：24）。政府和非政府间多层次的交流合作激发了巨大市场需求潜力，口译行业呈现项目化与规模化发展态势。口译市场的壮大不仅表现为数量和规模的增长，还表现为口译服务需求在语种、形式、内容、场景等方面的多元化。面对多元需求，市场要求语言服务企业提高人力、资源、设备、信息在口译项目中运行的效率和质量，实现传统一对一口译服务模式向团队协作、流程化分工的新型服务模式转变。随着大数据、深度学习、机器翻译等技术的发展，口译行业经历着前所未有的信息化变革，口译服务模式、口译服务效率、译员能力发展与职业发展等发生着深刻变化（王华树、杨承淑，2019：73-75）。口译行业的技术性变革为优化口译服务模式、提升口译服务效率提供了强大的技术支撑，并为口译服务行业从宏观到微观层面建立科学高效、分工合理、运行畅通、组织有序的管理机制提供了有力的技术保障。

　　从口译行业发展来看，信息技术在口译项目管理中发挥着重要作用，这可分别从技术应用层面与行业变革层面进行观察与思考。在技术应用层

---

① 本节部分内容选自作者已发表的论文，详见参考文献：邓军涛（2021）。

面、口译设备、语料库、语音识别、机器翻译、网络平台、人工智能、虚拟现实和增强现实等信息技术在创新工作方式、辅助学员训练、提高翻译效率、优化管理流程等方面发挥着越来越重要的作用,技术在口译行业中的应用场景日益丰富,口译员的角色与能力要求也发生着深刻变化。在行业变革层面,大数据时代口译项目管理呈现诸多新变化,如口译项目需求的多样化、口译项目流程的标准化与口译项目管理的云端化(王华树、李智,2019)。

从口译服务行业发展前沿来看,加强信息技术与口译服务的深度融合已渐成趋势。首先,口译服务行业十分重视加强信息技术与口译项目管理流程及要素的深度融合。例如,开发智能化口译项目管理系统,建立集口译项目时间管理、财务管理、质量管理、客户管理、译员管理、风险管理等于一体的项目管理云平台,提高语言服务企业的项目运行效率,优化口译客户的服务体验。以 Boostlingo 为例,该平台融口译信息发布、口译费用管理、口译日程安排等功能于一体,为语言服务企业提供一体化的口译管理平台。例如,其信息发布功能可灵活满足多样化口译需求,通过供需匹配和优选排序为客户提供层次化的译员选择方案;其费用管理功能对付费与收费进行个性化、流程化与自动化管理,将口译流程各方整合在一个页面,有效避免数据散乱;其日程安排系统可实现对现场口译预约安排、电话口译需求与预定管理、远程视频口译会议需求与预定管理等的综合高效管理,如图 1.1 所示。

图 1.1　Boostlingo 的一体化口译管理平台

其次,信息技术在口译员日常工作流程中正逐步渗透与融合。一线口译员需要密切关注行业的技术发展动向，提升口译技术认知，将技术的作用优势与适用领域相结合，挖掘技术在提升口译工作效率和质量方面的价值(王华树等，2018：75)。在译前准备环节，口译员可结合术语库、双语平行语料库等资源开展基于主题任务的准备活动，还可借助机器翻译系统，快速处理相关文档资料；在口译过程中，口译员可借助智能笔、术语对照表、语音识别等技术提高口译内容的精准度，减轻工作压力；在译后环节，可充实和完善术语资源，整理并更新双语语料资源。除现场口译工作之外，还可以借助电脑、平板、智能手机、视频会议平台、网络直播平台等设备和技术，利用即时动态的画面信息和高质量的语音信息与客户进行在线交流，提供便捷高效的远程视频口译、网络直播字幕同声传译等服务。

　　总而言之，信息技术对口译职业的影响是多方面的，如催生了种类繁多的新型口译工作模式、为口译员提供了便捷高效的技术工具、促进了口译服务行业内容和流程的优化升级。早在十七年前，刘和平(2005：82-84)就指出："新科技……潜移默化地改变着口译工作的环境和条件……新世纪译员必须熟悉现代化技术，而且能够熟练地使用相关的设备。"如今，以人工智能为典型代表的新型信息技术革命正以前所未有的规模和速度深刻影响着口译职业的面貌，口译行业和口译职业从业者都面临前所未有的机遇和挑战。

　　总而言之，口译职业信息化的现状和发展趋势已非常明晰，口译职业信息化引发的一系列改变，如口译服务模式的创新、口译工作内容和方式的变革、口译员信息素养的培养等，都需要在新时代的口译教育中得到回应和体现。故此，口译职业化引发的信息化变革要求口译教育在目标、内容和形式上做出相应调整，使口译教育在信息技术发展领域与口译职业步调一致，进而使新技术背景下口译人才的培养适应社会、行业和职业的发展要求。

第二节　信息技术环境下的口译教育变革①

一、计算机辅助口译教学的兴起与简史

　　随着全球化和信息化时代的到来，口译这一古老职业在新的时期正发

---

①　本节部分内容选自作者主笔发表的论文，详见参考文献：邓军涛、陆晨(2018)。

挥着前所未有的沟通和桥梁作用。就我国而言，无论是政要会谈还是记者招待会，无论是对外经贸谈判还是国际赛事的举办，无论是中华文化的传播还是国外先进技术成果的引进，口译都担负着不可或缺的重要角色。口译员故此正成为倍受青年学生青睐的职业选择，而这同时也为我国口译教育的全面发展提供了难得的历史机遇。2006 年我国教育部批准设立翻译专业本科学位，2007 年国务院学位委员会批准设置翻译专业硕士学位，为我国口译教学的常态化、正规化、职业化发展提供了国家政策层面的支持。

为了加强对高校翻译专业教学的宏观指导和规范管理，提高翻译专业教学水平和人才培养质量，教育部高等学校翻译专业教学协作组在教育部高等教育司的领导下，于 2011 年 3 月 13 日通过了《高等学校翻译专业本科教学要求（试行）》（以下简称《教学要求》）。该文件指出，在专业口笔译课程教学中要处理好六大教学原则，其中之一便是"现代信息技术与传统教学手段的关系"：在发挥传统教学手段优势的同时，积极探索现代信息技术在专业课程教学中的应用，不断更新教学手段和内容、提高教学效率。同时，在教学方法与手段方面，倡导采用"任务教学法、案例教学法、模拟教学法、项目教学法、多媒体网络教学法"等教学方法。

事实上，如果放在国际视域下进行考察，利用信息技术工具辅助口译教学的实践与研究可以追溯到 20 世纪 70 年代中期，当时主要围绕语言实验室在口译课堂教学中的应用价值、基于语言实验室开展各种形式口译教学的实施策略及教学设计等问题展开（Chapman，1977；Henderson，1975）。以同声传译的教学为例，当时的教学环境因受电子设备、同传厢、仿真会议系统等条件的限制，欧美各高校在同声传译教学中面临难题。尽管语言实验室并非开展同声传译教学的最佳解决方案，但在当时的技术条件下，语言实验室的控制台、录音与放音等功能，加上口译教师的现场发言与灵活组织，大体可以满足同声传译教学的基本需求。

进入 20 世纪 80 年代，录像带在交替传译与同声传译教学中的应用引发学界关注。例如，在美国特拉华大学，录像带在交替传译教学中得到广泛应用，包括录制与讨论学习者的口译风格及公众演讲技能、回放与分析口译笔记的记录过程及要领、观摩真实或模拟的法庭口译工作场景、展示不同风格与主题的演讲素材、评价口译表现与总结反思等（Schweda-Nicholson，1985）。在意大利特里斯特大学，视频录像技术则用于交替传译教学中口译表达效果的辅助测试，通过全程录像和同伴互评，口译学员的声音质量、面部表情、手势控制与姿势体态等得到全方位的记录和评价

（Kellett，1995）。

进入 20 世纪 90 年代，以计算机为主导的信息技术逐步与口译教学结合，并由此产生了"计算机辅助口译教学"（Computer Assisted Interpreter Training，简称 CAIT）的概念。根据邓军涛、陆晨（2018）对 CAIT 研究现状的梳理，CAIT 发端于 20 世纪 90 年代中期，其产生和发展得益于多个方面的影响。首先是"计算机辅助语言学习"（Computer Assisted Language Learning，简称 CALL），计算机辅助语言学习已有半个多世纪的发展历程，其发展相对成熟，它为计算机辅助口译教学的发展提供了理论、方法和路径等多方面的示范。其次是"机器翻译"（Machine Translation）与"计算机辅助翻译"（Computer Assisted Translation）。以机器翻译和计算机辅助翻译为主要表现的翻译技术在近几十年取得了卓越的发展成就，翻译技术的突破和进展为口译教育教学的信息化变革带来了最为邻近的影响和示范。进而是口译职业自身的技术变革，在上一节笔者分别从口译工作模式、口译员技术工具和口译服务行业三个方面分别阐述了信息技术环境下口译职业引发的技术性变革，这些变革给计算机辅助口译教学提供了职业领域的先导和催化效应。最后是教育技术的发展。教育技术是教育学的一个重要分支，是信息技术与各个学科联姻形成的重要交叉学科，各个学科在教育技术领域的创新理念与发展成果为口译教育技术的变革与发展提供了重要的跨学科借鉴价值。

从研究现状看，"计算机辅助口译教学"主要经历了三个发展阶段。第一阶段（1995—2003 年）为滥觞期，整体研究视角较为宏观，学者更多关注的是信息技术带给口译教育教学的影响与价值。比较而言，国外研究者在这一阶段相对走在前列，他们一方面从口译职业形式的角度论述信息技术带给口译教育的间接影响，譬如远程口译（Niska，1999）、视频会议口译（Stoll，2000）和电视口译（Mack，2002）等；另一方面则基于案例探讨各种技术工具在口译教育教学中的应用价值，例如口译专用训练软件"Interpr-it"（Cervato & Donatella，1995：191）与"口译员资源信息系统"（IRIS）（Carabelli，1999：149）。比较而言，国内相关领域的探索起步较晚，且大多以宏观思辨类研究为主，例如介绍网络资源在口笔译教学语料开发中的应用价值（柯飞，2002），从教学模式、环境、资源等角度阐述信息技术背景下口译教学的设计方法（何高大，2003），从口译技能的分解与综合训练角度阐明现代信息技术工具的优势（曾文雄，2003）。

第二阶段（2004—2009 年）为发展期，典型特征是研究的主题趋向于多元化，涵盖了口译教学资源、教学系统、教学环境与课程管理等方面。

在口译教学资源中，Bendazzoli & Sandrelli（2005）以"欧盟议会口译语料库"（EPIC）为案例讨论了口译语料库在教学中的应用价值；在国内，陈振东、李澜（2009：9）提出了利用语料库和网络辅助口译教学的方法策略，王斌华、叶亮（2009：25）研究了口译教学语料库可在口译教学资源建设中发挥的潜在作用。就口译训练系统的开发而言，既涉及口译课堂教学环境下的计算机与网络辅助教学系统（蒋铁海，2006：268；Ko，2008：814），也包括口译自主学习领域中专业软件的开发和应用（刘梦莲、刘勇，2009：24；Sandrelli，2005）。在口译教学环境中，Moser-Mercer 等（2005）介绍和展示了日内瓦大学的虚拟学习环境。除此之外，在课程管理软件或平台方面，Fictumová（2004）以 Moodle 为例研究了其在口译学习管理过程中的应用价值。

第三阶段（2010—2020 年）为深化阶段，相关领域的研究逐步走向系统化和精细化。系统化的第一个表现是开始探索信息技术与口译教育教学的系统化整合方案，如由欧委会、欧盟理事会、欧盟口译司、欧洲议会等机构共同开发的"欧盟口译语料库"项目（邓军涛、古煜奎，2017）。系统化的另一个体现是出现了与计算机辅助口译教学相关的博士研究论文和论著，研究者从计算机辅助口译自主学习（刘梦莲，2010b）、口译教育与口译职业信息技术工具分类（Berber，2010）、信息技术环境下口译教学资源的设计与开发（邓军涛，2014）、大数据时代云端翻转课堂模式下的口译教学探索（许文胜，2016）、人工智能时代的口译实践技术与口译教学技术（王华树，2020）等多视角对有关主题进行了深入系统的研究。精细化主要表现为研究主题朝着纵深方向延伸。以口译教学语料和口译教材为例，相关主题的研究已辐射到交传与同传训练视频语料库建设（张吉良、高彬，2014）、多模态口译语料库在口译教学中的应用价值（刘剑、胡开宝，2015）、多语种口译视频教学素材库建设（张爱玲，2015）、依托语料库的口译翻转课堂教学模式（陈圣白，2015）、基于语料库的口译教材建设（陶友兰，2010）、大数据时代背景下电子口译教材的研编与应用（许文胜，2015）、信息化口译教学资源建设（邓军涛，2020）等。

二、计算机辅助口译教学的现状与问题

从国内和国外的研究现状看，学界对计算机辅助口译教学的探讨主要涉及口译教学资源、口译教学流程、口译教学环境与口译教学课程管理等方面，下面简要对相关研究现状予以阐述。

教学资源是计算机辅助口译教学研究领域关注最多的教学要素，所涉

议题包括口译教学语料库（Carabelli，1999；Seeber，2006；王斌华、叶亮，2009）、口译语料库（Bendazzoli & Sandrelli，2005；胡开宝、陶庆，2010）、口译术语库（王华树、张静，2017；徐然，2020）、教学案例库（潘政旭、王蕾，2017）、课程试题库（周维、贺学耘，2013）等。因语料资源是口译教学中使用最为广泛的资源形式，其关注度也最高，如语料资源的难度甄别（Hönig，2002；许明武、邓军涛，2013）、语料练习素材的编制（Nolan，2005）、语料资源的语境缺失与重构（邓军涛，2016）、多语种组合演讲视频教学素材库建设（张爱玲，2015）等。随着信息技术在口译职业和教学多领域的渗透融合，口译教学资源的表现形式日益多元化，相关研究议题逐步刷新和跟进。在笔者主编的《信息化口译教学资源教程》中，以章节形式介绍了口译教学语料库、数字化口译教材、口译教学专题资源网站、口译微课、口译慕课、口译考证资源、口译赛事资源、口译技术工具资源、口译研究资源、口译师资培训资源和口译非学历教育资源等 11 种信息化口译教学资源，并阐述了相关资源的概念、产生背景、教学价值、创建主体、设计理念、开发与应用路径等内容（邓军涛，2020）。

在口译教学流程方面，计算机辅助口译教学的相关研究可分为宏观与微观两个层面，其中宏观层面主要关注口译教学模式，微观层面主要关注口译教学工具。研究者提出了诸多计算机辅助口译教学模式，如"口译翻转课堂教学模式"（陈圣白，2015：31；董洪学等，2018：65）、"网络环境下口译教学模式"（秦勉，2005：49）、"口译课多模态教学模式"（陈卫红，2014：51）、"互联网+交替传译开放式教学模式"（赖祎华、祝伟国，2018：78）、"基于 O2O 的深度交互式口译学习模式"（王洪林，2021：41）等，但评价方式多以经验思辨为主。在有关教学模式的实证研究中，Ko（2011）的"远程口译教学模式"研究具有一定代表性。该模式基于合作型网络社区学习平台构建，教学则通过同步网络教室环境予以实现，教师在远程口译教学模式中可以开展视译、对话口译、同声传译与交替传译等课程的口译教学，学生可按个体或群体的方式参与口译训练。该研究者通过问卷调查、在线观察和即时反馈等方式对上述远程教学模式效果进行了评价，结果表明：师生间的各种口头交流（口译、谈话、提问与讨论）比较清晰和即时；界面的场景设计和呈现生动逼真；学生可在互不干扰的状态下开展各式口译练习。该研究者还同时指出了此远程口译教学模式的一些局限性，例如，教师难以精准把握实施同步教学过程中的节奏，共享界面中成员的图像信息有一定限制，难以有效反映其眼神和肢体等副语言信息。

在教学工具方面，研究者最为关注的是各类口译教学系统与平台，如基于.NET 的《英语口译》计算机辅助教学系统（蒋铁海，2006）、数字化同声传译会议系统及同声传译教学系统（张新华等，2010）、同声传译训练系统（NewClassDL-960）（门斌、宋瑞琴，2012）、生态化口译教学与自主训练系统（刘梦莲，2017）、人工智能背景下的专业口译教学系统（徐琦璐，2017）、基于视频会议平台的远程同步口译教学系统（卢信朝，2020）等。除此之外，部分面向口译学习者的自主训练软件也引发国内外研究者的关注，如 Black Box 与 IPTAM（Sandrelli，2005；刘建军，2011；刘振、何明霞，2014）。

随着计算机辅助口译教学实践的广泛展开，与教学工具相关的评价研究也随之推进。例如，在基于课堂的口译教学中，语音室教学平台和计算机辅助教学平台均为口译教学中常见的平台工具，那么二者在提升口译教学效果上哪种平台更具优势？研究者通过实验对比得出的结论是：计算机辅助口译教学平台更具优势（Lim，2013：71-89）。该实验以澳门理工学院翻译专业的 21 名大二年级学生为受试对象，受试先后在语音室与计算机辅助教学平台进行 15 周的学习体验。受试在学习体验的基础上，围绕各自的偏好、两种教学平台的优缺点及平台待改进的地方反思个人的学习体会。研究结果显示，受试对计算机辅助口译教学平台的体验和评价明显好于语音室教学平台。具体表现为以下几个方面：在机助平台中学习效率更高，平台中的视频文件提供了更为丰富的场景、肢体和表情信息，更有助于话语意义的理解和辅助口译中的短时记忆；机助平台的使用更便捷，学习工具、学习资源与学习技巧可在同一界面呈现，只需借助鼠标即可获取相关资源；机助平台更有利于自主训练，学生可以根据个人的情况自主安排学习进度；机助平台中的资源更丰富，平台整合了音视频文件、口译笔记符号、分类术语表与在线词典，可根据需要随时查阅；机助平台的交互性更强，学生可随时访问平台中的在线资源，并可在同一平台界面执行多项任务操作。

在口译教学环境方面，借助虚拟现实技术创建真实化、情境化的口译训练场景成为计算机辅助口译教学应用的一大亮点。在国外，Sandrelli 和 de Manuel Jerez（2007）最早在文献中提及"虚拟口译环境"（Virtual Interpreting Environment）的概念，并从技术原理和功能需求层面探讨了利用虚拟现实技术构建口译训练环境的可行性。真正将虚拟现实技术应用于口译模拟训练并开发了系列仿真口译训练场景的案例为欧盟委员会资助开发的"虚拟现实口译"(IVY)项目及其延伸项目"虚拟学习环境下口译员及口译客户教学评价体系研究"(EVIVA)。上述项目的官方网站对外发布了系列研究报告,从整体架构、虚拟环境、多媒体教学资源、学习活动、实效评估等方面对项目实施情况进行了详细介绍。国内外的诸多学者,如Braun 等(2013)、邓军涛(2016)、刘梦莲(2018)、蒋莉华和彭雪娇(2018)等,则从运行机制、资源库建设、训练模式、口译继续教育等视角对上述项目展开了多维度研究。

国内有关虚拟现实技术辅助口译教学的实践与研究起步稍晚,但在近几年呈现逐年攀升的趋势。在实践层面,广东外语外贸大学多语种虚拟仿真实验教学中心、西安外国语大学多语种口译虚拟仿真实训中心、四川外国语大学口译虚拟仿真实训中心、中国人民大学口译虚拟仿真实验教学平台、电子科技大学虚拟现实情境口译教学实训平台、湖南师范大学外语虚拟仿真及口译实训室等相继创建。在研究层面,翟佳羽(2019)、巢玥(2021)、张轶骏和周晶(2021)等分别从情境化交替传译与演讲一体化教学研究、虚拟现实技术介入的译前准备与交替传译认知负荷相关性研究、虚拟现实与人工智能赋能驱动下的沉浸式情境口译教学模式研究等方面对相关议题展开了深入探究。

在口译课程管理方面,Moodle (Modular Object-Oriented Dynamic Learning Environment)课程管理软件在口译教学管理中的应用受到研究者的广泛关注(Fictumová,2005:201;Tymczyńska,2009:149;王洪林,2015:60)。Moodle 是由 Martin Dougiamas 博士主持开发的、免费且开放源代码的学习管理系统和课程管理系统。Moodle 基于社会建构主义教学理论而开发,并广泛吸取了计算机辅助教育教学的多项研究成果。目前,美国东北州立大学、捷克马萨里克大学、澳大利亚昆士兰大学和我国的天津外国语大学、西安外国语大学等均尝试将 Moodle 应用于口译课程教学管理实践。Moodle 的功能特色主要包括:口译课程管理,包括课程格式设置、内容编辑与更新、活动配置、用户日志及跟踪、邮件集成等;交互式口译活动设计,如口译质量评价的交流论坛和口译专题的互动百科活动;口译教学资源的模块化设计,如译前知识准备与译后拓展练习等模块化的资源设计;多元化的口译教学评价体系,如学习者自我评价、同伴评价与教师评价相结合,终结性评价与形成性评价相结合。

由以上述评可以看出,在过去二十多年间计算机辅助口译教学取得了较为丰硕的研究与实践成果,并为口译研究和应用翻译学研究开辟了一个具有广阔探索潜力和前景的领域。与此同时,现有计算机辅助口译教学的研究也存在一些问题，主要体现在三个方面。

第一，信息技术工具与口译教学法整合不充分。在信息技术工具与教学法二者关系的认知上有一条较为重要的法则，即信息技术的应用应以服务学科的教学法为前提。就计算机辅助口译教学而言，信息技术工具的设计、开发与应用只有充分考虑口译教学法的内容、特点与要求，才能有效发挥其教学价值。例如，在由英国"全国口译网"资助的 Speechpool 口译自主训练语料库中，其虽囊括了主题多元、语种多样、口音各异的口译训练语料，但在设计理念上还未能实现与口译教学法的深度融合。例如，该库的视频语料缺乏诸如"欧盟口译语料库"的专业录制环境，录制过程没有与口译训练和教学要求相一致的语境参照机制，这可能导致讲话者副语言信息、现场环境及相关情景因素的缺失，降低口译训练的情境性与真实性。

第二，相关研究的主题分布不平衡。现有计算机辅助口译教学的研究成果关注最多的是口译教学资源与内容，其次是口译训练软件和课堂口译教学平台系统，而与口译教学管理、口译教学环境、口译教学评价及口译教学策略相关的研究相对匮乏。例如，在信息化口译教学环境的研究中，虚拟现实技术虽已在建筑、医学、计算机、语言等学科教学中得到广泛应用与探讨，但相关技术在口译教学中的应用与研究尚处于初步探索阶段。即便在研究者关注相对较多的口译教学资源领域，对不同信息化资源主题的研究也冷热不均，如对口译微课、口译慕课、远程口译教学资源等主题的关注明显少于口译教学语料库。故此，拓展计算机辅助口译教学的研究主题、重视和加强薄弱环节的研究势在必行。

第三，效果评价的系统性有待加强。效果评价是判断计算机辅助口译教学实用价值的重要参考依据，也为优化计算机辅助口译教学设计方案、改进技术工具的功能、完善技术工具的应用效果等提供了重要参考依据。从现有研究看，计算机辅助口译教学的效果评价研究缺乏系统性，主要体现在四个方面。首先，评价主体多以技术工具的开发者和口译教师为主，而从口译学习者视角开展的相关研究较为匮乏。其次，经验思辨研究为主要研究范式，而相关的教学实验对比研究、教学行动研究、访谈研究、问卷调查研究等方法相对不足。再次，缺乏宏观的课程研究视角，在对技术工具的教学实效性进行评价时，多体现为微观的观察视角，缺乏宏观的口译课程视角，对相关机助方案的应用评价具有一定局限性。最后，持续性的效果评价研究较为缺乏。现有研究的持续时间普遍较短，缺乏持续跟踪的机制，而在计算机辅助口译教学的实践过程中，口译学习者的兴趣、态度、动机、学习质量等随着时间推移会发生变化，故对相关研究采取动态性效果评价实施方案更具说服力。

三、计算机辅助口译教学的未来展望

基于对计算机辅助口译教学二十多年研究成果的梳理，及对其中存在问题的剖析，现对相关领域的未来研究趋势做出如下展望。

第一，既重视以专业口译教学原则为引领，又注重借鉴跨学科理论的指导。口译是一门技能导向型学科，口译技能的习得与运用必须以专业的口译教学原则为指导。专业口译教学应遵循技能性、实践性、理论性与阶段性原则（仲伟合，2007：6）。鉴于此，计算机辅助口译教学的开发、实施与评价也应以口译学科理论为指导，以口译专业化技能训练与内化为目标导向，以口译练习和实践为依托，通过循序渐进、反复强化的方式促进口译教学效果的提升。在推进信息技术与口译教学深度融合的过程中，既要借鉴和参考建构主义理论、跨文化交际理论、信息技术与课程整合理论、语言心理学理论等跨学科理论的相关理论和观点，也要重视专业口译教学原则的引领作用，从而实现技术工具开发与口译教学过程和口译教学主体间的有效衔接。

第二，密切关注信息技术发展动态，促进计算机辅助口译教学研究主题向多元化和纵深化方向发展。既要密切关注互联网+、云计算、人工智能、大数据、虚拟现实等信息技术的最新发展成果，并洞悉和反思其带给口译行业发展和工作方式的影响，又要及时跟踪数字化口译教学语料库、个性化口译训练软件、智能化口译教学系统、仿真化口译训练环境等计算机辅助口译教学的最新应用成果，借助前沿的口译职业信息技术工具和口译教育信息技术工具优化口译教学模式、内容、环境与流程，提升口译教学效果。同时，在加强口译课程管理、教学策略、教学环境与效果评价等薄弱环节研究的同时，从口译训练环境的语境重构、口译教学语料的科学难度分级、口译技能的合理化分解训练与实战演练等方面推进相关研究向纵深领域发展。

第三，改变计算机辅助口译教学分散的开发与应用格局，推进项目式合作。从现有研究看，计算机辅助口译教学的技术工具与应用形式主要以个体课堂或院校为依托，其适用性和质量效果在一定范围内具有积极意义，但外在效度和推广价值比较受限。目前，以"虚拟现实口译""欧盟口译语料库"等为代表的大型合作开发与应用模式，为未来计算机辅助口译教学的探索开辟了较为广阔的路径。基于项目合作模式开发计算机辅助口译教学工具有三大优势：通过系统化的设计与集成应用，有助于整合口译

教学资源、环境与过程等要素，实现计算机辅助口译教学的一体化应用；依托项目专业化的实践与技术团队，有助于推进技术工具研发的精细化和专业化程度；基于项目合作模式开发的平台系统与应用受众面更大，惠及的学生群体更广，同时也有助于基于更大样本对相关实验方案开展基于大数据分析的口译教学效果评价。

纵观计算机辅助口译教学二十多年的发展历程可以看出，信息技术已成为与口译行业、口译职业和口译教学密切相关的工具载体。在信息技术革命日新月异的时代，信息化口译教学应秉持口译教学法优先的原则，密切关注口译行业技术、口译职业技术和多学科教育技术的发展动态，以跨学科理论为指导，不断探索新型信息技术工具在口译教学资源、内容、环境与过程等领域的应用价值，推动计算机辅助口译教学朝着智能化、系统化、专业化与个性化的方向发展，并通过以学习者为主要调查对象的动态性效果评价机制监控计算机辅助口译教学的实施效果，并根据反馈结果持续优化信息技术与口译教学的整合模式及路径，不断提升信息化口译教学效果。

第三节　口译教育信息化的概念、层次与机制①

一、口译教育信息化的概念

在上一节，笔者从发展脉络、研究现状、现有问题和未来展望等方面阐述了计算机辅助口译教学的实践与研究现状。随着信息技术的不断发展以及其与口译职业和口译教育的持续交织渗透，信息技术与口译职业和口译教育的关系已不再局限于辅助层面。换言之，计算机辅助口译教学的提法已不能全面概括新时代技术变革背景下口译教育发展的全貌。2018 年 4 月 13 日，教育部颁布《教育信息化 2.0 行动计划》，提出"信息技术与教育教学深度融合的核心理念"。在此政策和理念的基础上，口译教育信息化的概念应运而生。

口译教育信息化指在口译行业技术变革、口译职业技术变革和教育教学技术变革的背景下，通过探讨信息技术与口译教育深度融合的理念、模式、机制和方法，逐步构建信息化口译教学目标体系、信息化口译教学课程体系、信息化口译教学资源体系、信息化口译教学空间体系、信息化口

---

① 本节部分内容选自作者主笔发表的论文，详见参考文献：邓军涛、仲伟合(2019)。

译教学内容体系、信息化口译教学流程体系、信息化口译教学评价体系和信息化口译教学管理体系，使口译教育契合教育信息化 2.0 背景下网络化、智能化、数字化、个性化、泛在化、终身化等发展要求，使口译人才培养顺应新时期口译职业和口译行业的技术变革要求和发展趋势，不断增强口译教学主体的信息化意识、信息化认知和信息化能力，全面提升人工智能时代口译教育和口译人才培养的质量与实效。

近年来，人工智能、虚拟现实、大数据等前沿信息技术带来了口译服务模式、译员工作方式与效率的空前变革，由此引发了学界对口译教育信息化的广泛关注。在国内，研究者从概念、框架、转向、挑战等方面对口译教育信息化展开多维研究（刘和平，2016；陈菁、吴琼，2019；任文等，2019；王华树、杨承淑，2019）。在 2018 年"第十二届全国口译大会暨国际口译研讨会"上，与会者就人工智能时代口译教育的创新与变革展开了激烈讨论。在国外，技术发展所引发的行业变革和职业挑战正引发学界对口译教育信息化的高度关注，相关研究议题包括口译技术的分类、价值、挑战、译员信息素养、口译信息化课程设置、技术与教学要素的融合等（Sandrelli，2015；Ehrlich & Napier，2015；Corpas Pastor，2018）。

二、口译教育信息化的层次

在探讨信息技术与口译教学整合的层次与机制之前，需要先厘清信息技术与口译教学的基本关系。首先，信息技术不仅催生了电话口译、电视口译、视频会议口译、人工智能口译等多种新型口译职业形式，为口译职业带来了智能笔、术语库、视频会议操作系统等专业化的技术工具，而且引发了口译职业工作方式（如远程工作模式、在线工作模式）、工作内容（如基于语音识别的机助人译）的诸多变化（邓军涛，2015；王华树等，2018）。与此同时，口译职业领域的上述变化又会传导到口译教学领域，从而引起口译课程设置、教学内容、教学方式等一系列的变化。其次，信息技术直接作用于口译教学，主要表现为通用教育技术工具、语言教育技术工具与专用型口译教育技术工具。再次，口译职业和口译教学领域的技术性变化又反作用于信息技术，表现为两个方面：专用型口译职业技术工具与口译教育技术工具丰富了信息技术的类型和表现形式，同时，上述两类技术工具会给其他领域带来直接或间接的影响。

引发口译教学信息化变革的因素涉及信息技术本身、口译职业、教学因素等诸多方面。鉴于此，笔者将与口译教学相关的信息技术划分为三大领域，每个领域又细分为若干技术表现形式，如图 1.2 所示。其中，通用领域的信息技术指服务各个行业的基础性信息技术工具，如计算机、网络、通信、光电子等。口译职业领域的信息技术按照人机介入方式可分为人工口译技术、机助人译技术和机器口译技术。其中，人工口译技术主要为人工口译活动的开展提供基本的技术支撑；机助人译技术旨在借助技术手段减轻人工译员在译前、译中和译后过程中的工作负荷，提高其工作效率与质量；机器口译技术则是在人类译者固有翻译语料的基础上，通过语音识别、机器翻译、语音合成等技术的综合运用，完成在一定场景中的口译任务。上述三种技术形式对口译教学的目标、方式、内容、过程等均带来职场先导效应。按照口译与其他相关学科由远及近的关系，教育领域的技术可分为通用教育技术、语言教育技术和口译教育技术等类型。其中，通用教育技术主要为口译教学提供外围辅助作用，口译教育技术则侧重于从口译技能、口译认知、口译素养、口译策略等方面为丰富口译教学内容、优化口译教学流程、提升口译教学效果等提供专门化的技术解决方案。

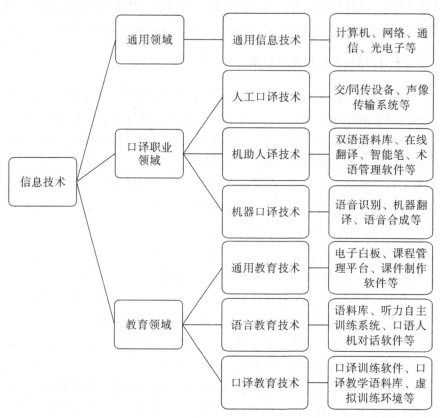

图1.2　与口译教学相关的信息技术类型

图 1.2 中丰富的信息技术类型使其在口译教育教学中的应用呈现复杂性与多样性。尽管各种类型技术工具的应用形式存在差异，但从技术应用的演进路线进行考察，可将口译教育信息化中信息技术与口译教学的整合归纳为如下四个层次。

第一层次为外围辅助，应用范围仅表现为口译教学的局部要素或环节，特征是以通用型教育技术工具或通用型信息技术工具的应用为主要形式，如探讨录像带在口译笔记、公众演讲等技能训练中的辅助作用（Schweda-Nicholson，1985）。

第二层次为定制开发，以专业型口译教学软件、系统、资源等定制化开发为典型特征，其应用范围涵盖口译教学的一个或多个方面。譬如，Seeber（2006）基于日内瓦大学"在线共享口译教学语料库"的案例，从系统架构、创建理念、功能特点、资源构成等方面阐述了其服务口译教学应用的情况。Sandrelli（2011）则以 Black Box 软件为例，介绍了其在编辑语料素材、辅助口译自主训练等方面的特色与功能。

第三层次为合成应用，应用范围涉及口译教学的多个方面，典型特征表现为一体化口译教学平台的开发与应用，在功能上支持课堂教学、自主训练、合作学习、在线学习等多种教与学的形式。以欧盟委员会资助创建的"会议口译员训练在线资源"为例，其在形式上整合了过程模拟动画、主题讲解视频、情景化练习、职业口译员技能示范、职业性互动学习社区等元素，在内容上整合了同声传译、交替传译等课程模块的教学程序与资源，在应用上支持自主探究、翻转课堂、合作学习等教学形式。

第四层次为深度融合，在口译行业及职业的技术性变革与教育教学的技术性创新作用下，二者整合朝着智能化、仿真化、精准化方向发展。以智能化趋势为例，首先，以语音识别、机器翻译、语音合成为代表的人工智能技术将引发口译工作方式与内容的巨大变化，在不同口译场景中，机器与人将扮演不同的角色，在各自的优势领域发挥其作用。同时，口译职业的智能化变化也将传导至口译教学领域，教学目标设置、教学大纲编制、教学内容编排、教学策略选择等都将适时进行调整。其次，专业化口译技能训练是口译教学的重点，在推进人工智能技术与口译教学深度融合的过程中，需要结合技能分解、技能强化、技能整合等具体技能板块和项目的要求，根据口译技能训练中的技能要素、认知特点、心理特征、运作机制等设计与开发具有针对性的智能化口译训练系统与软件。再次，在教学评价方面，随着评价理论的完善和技术的成熟，在课堂教学、自主训练、课程测试、资格考证、潜能测试等众多测评领域，智能化口译测评系统都将带给口译教学评价革命性的变化。

从近半个世纪的发展路径看,口译教育信息化中信息技术与口译教学的整合已突破外围辅助的层次,正逐步向定制开发、合成应用与深度融合等纵深方向推进。就我国而言,不同地区、不同高校的技术设施存在差异,不同教师与学生群体的口译教育信息化意识与素养也存在差异,这势必导致信息技术与口译教学的整合呈现参差不齐的格局。为了顺应新技术背景下口译职业的变革趋势,适应教育信息化2.0背景下口译教育信息化的要求,提高我国口译教育信息化的层次与水平,需要从更具操作性的视角进一步探讨二者之间的整合机制。

三、口译教育信息化的整合机制

(一)信息技术与口译教学资源的整合机制

信息技术与口译教学资源整合体现在精细化创建机制与结构化创建机制两个方面。精细化创建机制表现为资源构成的多元化与内容编排的系统化。随着在线学习、深度学习、虚拟学习、移动学习、智慧学习、泛在学习等新型学习方式的普及,口译教学资源的构成内容也需要与时俱进。口译教学者应重视"数字原住民"的信息接收方式与学习习惯,综合利用音视频录制技术、语料库技术、网络共享技术等创建形态各异的信息化口译教学资源(覃江华、王少爽,2017)。具体而言,相关资源可覆盖口译语料资源、慕课、微课视频、基于主题的研究性资源、在线精品课程、测评与考证资源、职场社交资源等,同时还需体现媒介形式多维性、主题广泛性、水平渐进性、应用场景多样性等特征。其次,内容编排可根据口译教学目标与内容的要求,系统化覆盖相关知识与技能要点。例如,在英国全国口译网的"口译技能导图"(interpreting skills map)中,资源创建者通过译员情景示范的方式,借助音频、图像、视频与文本等资源,系统直观地呈现涵盖语言、信息、知识、心理、社交与临场实战六个板块的口译技能,如图1.3所示。

结构化创建机制指基于相关的素材选取原则,对信息化资源进行结构化分类、组织、加工、存储与呈现,从而达到有效服务口译教学的目的,其典型表现为口译教学语料库。早在二十年前,Carabelli(1999)就提出创建口译员资源信息系统,主张利用关联式数据库对口译教学语料进行结构化存储与管理,以便使用者根据教学需求进行检索。之后,主题广泛、语种丰富、功能各异、体裁多元的数字化口译教学语料库在世界各地广泛建

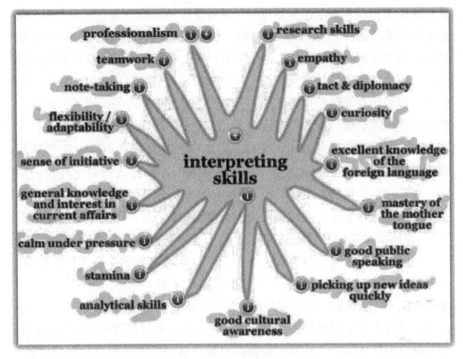

图 1.3 英国全国口译网的"口译技能导图"

立起来(邓军涛,2018)。除口译教学语料库之外,资源的结构化创建机制还表现为其他多种口译教学资源形式,如口译课程共享试题库(周维、贺学耘,2013)、口译学习者语料库(张威,2017)、同声传译教学案例库(潘政旭、王蕾,2017)、口译术语库(王华树、张静,2017)等。

(二)信息技术与口译教学环境的整合机制

信息技术与口译教学环境整合表现在模拟口译交流场景与构建网络学习社区两个方面。口译交流场景包括口译活动参与者、现场物理布局、辅助设施等因素。交流场景的逼真性对于增强口译任务的挑战性、营造真实的氛围、激发口译学习者的主动性、提高口译教学效果都具有重要意义。在常规口译教学环境中,语音室、多媒体教室、同声传译实验室等相对固定,营造的场景相对单一。为满足交流场景多元化的需求,借助技术手段模拟口译交流场景成为目前备受关注的话题。在"虚拟现实口译"案例中,开发者依托三维多用户虚拟平台 Second Life 创建了会议室、医疗中心、法庭、教室等口译交流场景,学员可感受的训练环境要素包括译员自身的虚拟角色、现场物理布局、客户及彼此间的互动等(邓军涛,2016)。该案例通过虚拟现实技术让学员沉浸于真实立体的训练环境与氛围之中,营造了身临其境的口译训练环境与体验。又如,在电子科技大学的"VR 情境口译教学实训平台"中,在虚拟现实、人工智能和 5G 通信技术的赋能下,口译虚拟现实场景被赋予了更多教学功能,情境口译内容编辑、课堂管理、虚拟仿真实训与口译评测等功能交互作用(张轶骏、周晶,2021),更为丰富的教学设计理念和实施方案在该平台中得以实现。

与此同时,在信息技术的支撑下,口译教学环境在网络空间得到延伸,网络学习社区发展成为与课堂面授式教学相辅相成的教学环境。例如,在日内瓦大学的"虚拟学院"(Virtual Institute)中,其网络学习社区是一个融口译训练资源库、同步交流(如即时在线交流、译前小组任务汇报等)、非同步交流(如学习进程日志、电子新闻布告栏等)、学习进程跟踪等功能于一体的在线学习平台,它为辅助口译课堂教学、提供教学反馈、记录学习进程、增强自主训练效果等提供了技术保障(Moser-Mercer,2008:17-18)。又如,在广东外语外贸大学的计算机辅助口译自主学习环境中,建构主义学习环境的创设原则、自主学习的过程阶段和主客交互作用理论、多媒体教学设计原则等得以贯彻,其创设的环境包括用户信息、习题、Web 录音、学习评价和学习资源五个模块。该自主学习环境集用户信息管理、学习进程跟踪、阶梯式技能训练、口译练习实时存储、录音回放与自主评价、背景及理论知识查阅等功能于一体,为口译自主训练提供了较为系统的网络环境学习空间(刘梦莲,2010a)。

(三)信息技术与口译教学过程的整合机制

信息技术与口译教学过程整合可从口译任务的开展顺序与口译教学环节两个方面予以考察。按口译任务的开展顺序划分,二者的整合覆盖译前、译中和译后三个阶段。在译前阶段,可利用知识库结构化、谱系化、可视化等特点高效获取特定领域的专业知识(王传英等,2017);针对译前术语的准备、查询、更新与管理等问题,可基于 Sketch Engine 平台创建口译术语语料库(徐然,2018);可将 Webquest 平台引入译前准备环节,并从目标设定、情景构建、资源分配、任务下达、过程实施、效果评价等方面开展基于网络的专题调查教学(刘进,2011)。在译中阶段,智能笔可将口译学习者的书写信息转化为数字信息,同时在视频分析工具的辅助下,对学生的口译笔记过程进行量化追踪,从而为探寻笔记中的问题与探究对策开辟新的技术路径(杨柳燕,2017);还可开展基于语音识别 App 的同声传译教学模式,从而在确保内容完整性、增强学习者信心、提升训练效率等方面进行突破和创新(李霄垅、王梦婕，2018)。在译后环节，口译学习者借助 Intragloss、SDL MultiTerm、InterpretBank 等术语管理平台或软件可实现对口译术语的规范化与有序化管理，逐步培养其术语管理能力与信息技术素养(王华树、张静，2015；王少爽，2017)。

从口译教学环节划分，信息技术与口译教学过程整合包括课外自主训练与课堂教学两个方面。在自主训练环节，如何将口译学习者的学习风格、认知能力、兴趣偏好等与信息技术进行有效整合，成为学界关注的话题。例如，在"欧盟口译语料库"平台，学习者可按照水平级别、语言、所属领域、口译形式、话语类型等选择个性化的训练语料，还可借助平台的各类资源、练习软件与社交工具等开展多样化的学习交流与互动评价活动(邓军涛、古煜奎，2017)。再如，在哥本哈根商学院的机助口译训练平台上，口译学习者可自主设定学习节奏，控制语料呈现的长度和节奏，循序渐进地开展口译自主练习(Hansen & Shlesinger，2007)。在课堂教学环节，澳门理工学院的机助口译教学系统包括术语、在线词典、讲义、音频语料、视频语料等板块，Lim(2013)通过实验研究表明，该机助系统在资源分类与获取、界面操作、自主学习等方面比传统语音室教学平台更具优势。又如，为解决传统语言实验室无法有效满足口译教学需求的问题，蒋铁海(2006)在原有机助教学系统基础上，从教师监控、后台管理、材料发送、录音、广播等方面开发了适用于口译教师端和学生端的口译教学系统。

除此之外，信息技术与口译教学过程的整合还表现为新型口译工作模式及教学方式的优化创新。以数字笔在口译实践及教学中的应用为例，一直以来，交替传译与同声传译都是两种相互独立的口译工作模式，但在数字笔的介入下，这种情况发生了转变。国外诸多实践表明，在交替传译的工作模式中，通过数字笔同步录音、即时回放、智能笔记等功能的辅助，口译员可以将传统的交替传译变为基于口译笔记的交替传译与同声传译相结合的混合式工作模式(Orlando，2015)。上述新型模式的优势在于，口译员可以在熟悉讲话内容的前提下再听一遍发言，减轻听辨与记忆负担，同时在笔记的辅助下输出更高质量的译语。澳大利亚莫纳什大学将上述工作模式引入口译课堂教学，并通过教学实验深入考察其可行性与实效性(Orlando，2015)。

(四)信息技术与口译教学评价的整合机制

口译教学评价涵盖教学主体、教学内容、教学工具、教学方法、教学环境、教学管理与学习效果等因素。其中，口译学习效果评价是诸要素中最为核心的部分，而这也是信息技术与口译教学整合较受关注的领域。在具体操作实践中，可利用 Black Box 软件的波形观测工具直观呈现口译表现的韵律特征波形图，也可利用 Audacity 双轨录制的功能对比分析源语与译语之间的听译时差（Sandrelli，2011）。除此之外，还可利用课程管理软件或平台创建一体化口译学习评价系统。例如，奥克兰理工大学、捷克马萨里克大学、日内瓦大学分别利用 Blackboard、Moodle、PostNuke 等课程管理软件或平台开展多元化的口译学习评价活动，从而达到监控学习者进度、了解口译学习问题及需求、培养批判性口译评价能力、减少面授课堂评价焦虑、优化教学评价体验和效果等目的。

信息技术与口译教学评价整合还表现为评价主体多元化机制的建立。Smith（2015：228-237）主张，可充分发挥 Facebook、Google Hangout 等数字化社群环境在互动评价中的作用，建议口译学习者与同伴交换口译练习成果、互助录制口译表现、交叉点评与反思。同时，还可邀请经验丰富的从业者从口译职业素养、伦理规范等方面对学习者的表现进行职业化评价，如在"欧盟口译语料库"平台上，口译学习者可提交个人的口译练习视频与录音，邀请口译从业者进行综合性职业评价，从而建立口译教学评价和口译职业实践之间的有机衔接。

第二章　信息化口译教学资源

第一节　口译教学资源概述

一、从资源到教学资源

《现代汉语词典(第七版)》将"资源"解释为"生产资料或生活资料的天然来源"。这一定义更合乎对"资"与"源"的分别释义。《新牛津英汉双解大词典(第2版)》对"资源"(resource)的英文解释为"a stock or supply of money, materials, staff, and other assets that can be drawn on by a person or organization in order to function effectively",意即"个人为实现自身价值或组织机构为有效运行而以资利用的人、财、物及其他可用东西的总和"。该定义更细致地描述了资源的表现形式、使用的主体与目的。如今,"资源"一词已被广泛嫁接到人类生活的各个领域,如自然资源、人力资源、资本资源、体制资源、技术资源与信息资源等。在教育领域,与资源联姻的术语也不一而足,诸如教育资源、课程资源、教学资源、学习资源等。

在诸多教育类资源术语中,"教育资源"当属最为宏观的概念。王嵘(2001:40)将其定义为"具有教育意义或能够保证教育实践进行的各种条件。它包括人、财、物等物质因素,以及保证这些因素发挥作用的政策、制度、环境(物质环境、人文环境)等条件。"与"教育资源"关联最近的两个下义词为"课程资源"与"教学资源"。二者均属于教育资源的范畴,但无论从内涵还是外延看,前者的内容都更加宽泛。譬如,徐继存等(2002:1)认为课程资源的内涵指的是"课程设计、实施和评价等整个课程编制过程中可资利用的一切人力、物力以及自然资源的总和",外延则包括"教材以及学校、家庭和社会中所有有助于提高学生素质的各种资源";贾让成等(2002:35)将教学资源的内涵描述为"直接支持教学活动的各种资源"，外延则包括"师资、教室、教学资料、实验实习基地等"。
从上述两则观点可以看出，教学资源只涉及课程资源中有关教学的因素，
不与家庭与社会因素直接关联。其实，学界对教学资源的认识与理解有着
广义与狭义之分。余胜泉（2011）认为，广义的教学资源可以分为两类：
具有能动性的有生命的人类资源，如教师、学生、辅导者等；非生命的资
源，如教室、图书馆、印刷品、录像带、多媒体课件、学科专题网站等。

本书所论及的教学资源主要关注的是狭义的教学资源，即教和学的内
容与材料。如今，教学资源之所以引起人们的广泛关注，主要是因为其存
在的形式、数量与应用方式等方面都发生了巨大变化，而这都与当下进行
的信息技术革命有着紧密关联。信息技术指的是"能够完成信息的获取、
传递、加工、再生和施用等功能的技术，也被定义为感测、通信、计算机
和智能以及控制等技术的整体。它以通信、电子、计算机、自动化和光电
等技术为基础，是产生、存储、转换和加工图像、文字、声音及数字信息
的现代高技术的总称"（何克抗、吴娟，2007：4-5）。信息技术对教学资
源的影响至少体现在三个方面。其一，信息技术使得资源的存储、传递和
提取都发生了深刻变化，这直接导致了教学资源在数量和规模上的急剧膨
胀，其可获取性大为增强，教学资源全球化的观念日益深入人心。其二，
信息技术使得教学资源的媒介形式也朝着多元化方向发展，纸质媒介主导
的格局已被电子文本、图形图像、音视频、动画等多媒体素材所打破。其
中，数字化教学资源正引起研究者的广泛关注（何克抗，2009；余胜泉，
2011）。其三，信息技术也改变了传统的线性知识呈现方式，教学资源的
交互性与个性化应用成为势不可挡的趋势。鉴于此，本书讨论的教学资源
可以更确切地描述为：在信息技术环境下，以数字化信息为主要媒介形
式，以全球化、交互性和个性化为典型特征，用于教与学的内容与材料。

二、口译教学资源

口译是翻译的一种形式，从本质上说是一种跨文化交际活动，是将源
语话语的内容以口头形式即席地转换为目标语的过程。口译活动自古有
之，可以追溯到人类开始迁徙，不同语言、不同生活习性的人开始交往的
蛮荒时代（Pöchhacker，2010）。公元前3000多年的古埃及法老陵墓壁画
里就有对口译员（dragomans）工作情景的描绘；《圣经》的"约伯记"（Job
XXXIII，23）与"哥林多前书"（I Corinthians XIV，27-28）分别有对口译员
的记载，"If there be a messenger with him, an interpreter, one among a
thousand..."，"If any man speak in an unknown tongue, let it be by two, or

at the most by three, and that by course; and let one interpret. But if there be no interpreter, let him keep silent"。在我国古代，从事口译职业的人被冠以诸多称谓，如"译""寄""象胥""舌人""狄鞮""译官令""通事""通译"等。黎难秋（2002：2）指出，"在我国数千年的历史长河中，曾经有无数的口译人员，在我国的外交、外贸、军事、科学、文化与教育等领域，默默无闻地作出了自己的贡献"。

口译作为一种在国际上得到认可的职业始于"一战"末期。1919 年的巴黎和会首次打破了法语在国际会议和外交谈判中的垄断地位而借助英、法两种语言的翻译进行谈判，从此职业口译正式登上国际舞台（肖晓燕，2002）。同样，口译教学的历史也十分短暂。根据詹成（2010）的统计，西方的专业化口译教学始于 20 世纪 20 年代，我国的口译教学则源自 1979 年第一届联合国译训班在原北京外国语学院的开办。现代口译职业和口译教学的发展历程与现状决定了口译研究领域尚处在起步阶段。这一点可以通过基本术语表达的混杂性窥见一斑。现以 Pöchhacker（2010）的专著《口译研究概论》中的参考文献为例予以说明。从表 2.1 可以看出，不同研究者对"口译"与"（口译）教学"的相关表述存有明显分歧。而且，这种分歧不仅存在于不同研究者之间，即便同一研究者对同一概念的表述也缺乏一致性，如 Gile（1988）、Gile（1998）将"会议口译"分别表述为"conference interpretation"与"conference interpreting"，而 Moser-Mercer（1997）、Moser-Mercer（2002）则将"同声传译"分别表述为"simultaneous interpreting"与"simultaneous interpretation"。

表 2.1　"口译"与"（口译）教学"的相关表述

基本术语	英文表达	文 献 举 例
口译	interpreting	Sunnari, M.（1995）; Niska, H.（1999）; Kadric, M.（2000）
	interpretation	Anderson, L.（1994）; Davidson, B.（1997）; UN（2001）
（口译）教学	education	Carr, S. E. & Steyn, D.（2000）; Sawyer, D. B.（2001）
	teaching	Dollerup, C.（eds.）（1994）; Harris, B.（1990）; Kalina, S.（1992）
	training	Corsellis（1999）; Gile, D.（1995）; Carabelli, A.（eds.）（2002）

　　口译教学资源是口译教学内容的重要载体，为实现口译教学目标、掌握口译知识和技能提供必不可少的素材保障。与口译和口译教学的多样化表述类似，学界有关"口译教学资源"的表述也非常丰富，如表 2.2 所示。

表 2.2　"口译教学资源"的相关表述

相关表述	具体所指	文献来源
speeches used in interpreting training	口译教学中使用的训练与测试语料	Hönig(2002)
interpreter training materials	供口译教师使用的在线共享口译素材	Seeber(2006)
interpreter training resources	融语言、理论介绍、技巧、阅读技巧、课程、交替传译、同传等于一体的综合性口译教学资源	http://interpreters.free.fr/
online resources for conference interpreter training	在线会议口译教学资源	http://www.orcit.eu/
exercise	交替传译课中针对分项技能训练的练习材料	美国明尼苏达大学《交替传译：教师指南》(2008)
口译教材（coursebook, teaching materials, textbook）	由出版社发行的、以纸质为主要媒介的口译教学材料	吴冰(1999)，王瑞昀(2004)，王金波、王燕(2006)，陶友兰(2010)，高彬、徐珺(2012)
digital speech banks or repository	数字化口译教学语料库	Sandrelli & de Manuel Jerez (2007)
其他表述："口译练习材料"(路旦俊，2005)，"面向教学的口译语料库"(王斌华、叶亮，2009)，"基于语料库的现代化口译教材包"(陶友兰，2010)，等等。		

　　从上表来看，口译教学资源的表现形式种类繁多，覆盖了语料资源、练习资源、测试资源、课程资源等多种形式。故此，笔者尝试将口译教学资源做如下定义：以服务口译教学为目的，以口译教学师生为设计与开发主体，覆盖口译教学各环节与要素，具有多种表现形式的口译教学内容与素材。在诸多口译教学资源中，口译教学语料资源是最受关注的一类资源，其价值和重要性将在第三章专门论述。

第二节　口译教学资源的设计与开发

一、教学资源设计与开发

在信息技术的影响下，资源素材的丰富性与多样性是毋庸置疑的。但要将具有潜在应用价值的资源素材转化为切实可用的教学资源，并非简单的"复制+粘贴"即可实现。其中，构建原生态资源素材和具有实用性的教学资源之间的桥梁便是教学资源的设计与开发。

从概念的归属性来看，教学资源的设计与开发属于教学设计的范畴。教学设计作为一门独立学科诞生于 20 世纪 70 年代，以 1974 年加涅的《教学设计原理》为标志。史密斯和雷根（Smith，L. & Ragan，T. J.）将教学设计定义如下：将学习与教学的原理转化为教学材料、教学活动、信息资源和教学评价计划的系统化和反思性过程（转引自皮连生，2009：7-8）。教学设计以优化教学效果为最终目的，即通过系统科学的方法寻求从教学起点到预期教学目标之间的优化路径，而教学资源的设计与开发便是其中的重要环节。由此可见，教学资源的设计与开发也是一个基于一定理论指导的"系统化和反思性过程"。除教学设计的相关理论外，学习活动理论、多媒体认知理论、多媒体美学理论、教学资源标准化理论（如 SCORM 标准）、认知负荷理论等都可作为指导教学资源设计与开发的参考理论（余胜泉，2011）。

在教学资源设计与开发二者关系的认识上，研究者们莫衷一是。范印哲（2003）认为，设计指的是"根据教学目标，运用系统科学的方法，设计、开发、编写（制）、编辑、评价的理论、原则和方法体系"。据此可见，资源开发是资源设计的一部分。而张恰（2009：16）则认为，开发过程包含了"设计、编写、编辑、评价和修订"。故此，资源开发显然涵盖了资源的设计。Tomlinson（2012）有关语言教学资源开发的观点还增加了研究的环节，认为开发过程应包括评价、改编、设计、出版、利用与研究。除此之外，根据皮连生（2009：11）对教学设计 ADDIE 模型（即分析、设计、开发、实施和评价）的诠释，资源设计与资源开发是两个独立的环节，且设计在先。通过对比分析可以发现，上述观点的主要分歧在于宏观与微观视角的区别。如果用宏观的开发视角去对应微观的设计视角，前者固然囊括后者，反之亦然。从本质上说，教学资源的设计主要是一种理论研究行为，而资源的开发则侧重于教学实践。设计是开发的前提，开发是设计的实现并为进一步的优化设计间接提供实践反馈。二者是一种相辅相成、相互促进的关系，二者的有机整合是构建优化的教学资源的基础。

事实上，诸多研究者并未纠缠于设计与开发关系的泥淖，而是着眼于教学资源设计与开发原则和实施程序的探讨。譬如，徐红彩（2002）提出了教学资源设计与开发的六原则：教学性原则，即能满足教与学的需求，有助于解决教学重难点，进度安排和信息呈现符合教与学的原理；科学性原则，真实、准确且符合科学原理；开放性原则，师生参与资源的制作过程；通用性原则，基于相应的技术标准规范而设计，适合不同的教学情境和多种形式的学习；层次性原则，能最大限度地发挥资源的个性化潜能；经济性原则，低投入高产出，避免重复建设。除此之外，钟绍春、姜雁秋（2003）强调资源的设计与开发应注重激发学生的学习兴趣，同时充分考虑学科、信息技术、教与学、心理学等的整合。高利明（2001）还将"承认学习差别性"列为重要的原则，这些差异涉及难度、范围、媒体、语言、符号系统、色彩使用、题目类型、画面设计等方面。在实施程序上，刘成新（2000）提出了设计与开发的四个步骤：①分析阶段，分析学习条件、明确教学目的、分析教学内容；②设计阶段，选择教学构件、设计教学策略、组织教学情境；③评价阶段，检查资源设置、试行学习评价、反馈调整设计；④应用阶段，广泛传播应用、及时更新维护。此外，余胜泉（2011：13-14）还借用教学设计 ADDIE 模型将教学资源的设计与开发划分为五个阶段：分析阶段、设计阶段、开发阶段、实施阶段和评估阶段。

综上所述，本书对"教学资源设计与开发"的界定如下：以教学目标为指引，以优化教学内容和效果为目的，在系统科学的理论指导下，通过合理地选取、加工、组织、呈现和评价等步骤，按一定的逻辑关系和呈现方式将教与学的资源整合起来的思路、原则与程序。

二、国外口译教学资源研究现状

国外有关口译教学资源设计与开发的研究可以归纳为以下六个方面。其一是口译教学资源的分类与表现形式。Sandrelli 和 de Manuel Jerez（2007）曾归纳了信息技术应用于口译教学的三大主要领域，即口译数字化素材资源库、智能仿真型口译训练软件和虚拟口译教学环境。在这三大应用领域中，口译教学资源均成为最基本和不可或缺的组成部分。Berber（2010）区分了会议口译中用于译员教学与职业口译的两大类信息技术工具。其中，用于口译教学的数字化资源包括：因特网环境中的平行文本、在线词典、百科全书、术语数据库、电子邮件、商业性 CD-ROM、DIY 语料库、练习素材(如数字电视频道)等。Austermühl(2006)从全球化和数字化的角度论述了在翻译工作中使用电子工具的必要性,同时分析了信息通信技术对于翻译的推动作用。作者介绍了联机和离线两种语言翻译资源,即万维网上的语言资源和 CD-ROM(只读光盘)上的语言翻译资源。前者包括:联机的图书馆目录和虚拟书店、通用百科全书、专业百科全书、通用单语词典、通用多语词典、多语言术语数据库、电子报纸和杂志文献。后者的类型包括通用与专门的百科全书、百科词典、单语与双语词典、文本档案以及综合的电子数据资源库等。

其二是关注资源在口译教学各个环节中的应用。Schweda-Nicholson(1985)和 Kurz(1989)较早地讨论了录像带资源在交替传译与同声传译教学中的具体应用方式以及学生对录像带教学资源的反馈。Olvera-Lobo 等(2007)认为,因特网是如今最重要的信息资源来源,它不受地域限制,在口译背景知识的收集方面具有无可比拟的优势。在线的或磁盘上的数字化资源能让口译员接触到广泛的、及时更新的专业术语库。Pöchhacker(2010)认为,科技成果在口译教学上产生了强烈的反响,在课堂教学和自学过程中使用数字化教学网站和以互联网为基础的原文档案对优化口译教学有着巨大的潜在价值,但同时提醒口译教师应通过协作方式,以行动研究来验证这些创新手段的实际教学效果。Van Dyk(2010)重点研究了多语种新闻网站在培养学生口译技能和锻炼交际能力方面发挥的重要作用。van Dyk 认为,多语种新闻网站是学生进行交传和同传技能训练的非常经济的渠道,并以实际案例证明了其在摘要复述(oral summaries)、视译和信息重组(reformations)等互补性口译技能中发挥的作用。Sandrelli(2005)讨论了电台、因特网、电视等多媒体教学资源在口译自主学习中的应用价值。

其三是口译教学资源的选材标准与设计。Carabelli(1999)认为,口笔译培训中教学资源的选取至关重要。许多教学实验在资源选取方面都具有较大的随意性,这使得这些资源很少能被推广使用,同时也带来两个后果:实验结果的数据无效,因教学资源使用太少,受试群体也很有限;即便实验方法被证明有效,但由于教学资源缺乏大规模推广应用,其他学生并不能从实验结果中获益,即实验的外在效度较低。另一方面,学生通常很难找到适合其水平与需求的素材,同时音视频资料很少配有相应的文字版本,也无资源库,零散的资源如何组织起来并以有效、灵活、个性化的方式呈现给学生成为口译教学中的一个疑难问题。作者建议从构建数字化的口译教学资源库中寻求出路。在教学资源的设计方面，Cunningsworth（2002）进行了较为系统的研究。他认为，教学资源的设计应考虑的因素包括：教学目标、学习者需求、构成要件、组织方式、排序、难度分级与展开、足够的循环与复习、合理布局等。同时指出，教学资源开发的原则应包括全面性、灵活性、科学性等。Talai 和 Fotovatnia（2012）强调教学资源的真实性，鼓励开发利用语料库。Olvera-Lobo 等（2007）认为，今天的译员必须拥有对信息的研究策略和质量评估能力，同时还要对以往图书管理人员、信息科学家、专题问题专家等做过的相关工作加以合理利用与科学取舍。

　　其四是口译教学资源的应用方法与策略。Al-Qinai（2010）谈到了口笔译学习者应掌握的信息技术环境下的资源使用策略，如学会使用在线语料库、电子词典、翻译记忆软件、术语数据库等，并建议未来的口笔译培训应采取多元化方法，融语言、社交、文化、认知、职业技能于一体，始终以市场需求为导向。Mayor 和 Ivars（2007）讨论了在口译练习中如何使用数字化资源以及将学生练习文件用数字化格式进行便捷存储与检索，同时还讨论了口译训练素材的选取、教学单元的设计，而且还设计了一个既可提供素材也可储存学生练习文档的在线口译平台。Chen（2010）主张，相同的训练材料可以在不同的口译任务中循环利用，其理由是当学生熟悉材料内容后，他们会将注意力集中于口译技能的训练上。尽管这种做法与实际的口译情形有相当差距，但在口译训练的基础阶段仍可作为技能分解强化训练的参考性过渡手段。此外，Edelson 和 Gordin（1996）提出了四种改编教学资源的方法，即界面设计、活动设计、资源的组织与选择以及编制辅助文本。

　　其五是口译语料库与教学资源库。以现有的口译语料库为基础开发口译教学资源是近些年的一个新兴话题。Bendazzoli 和 Sandrelli（2005）以EPIC 为例详细探讨了将多媒体口译语料库应用于外语教学和口译培训的潜在价值。例如，在外语教学方面，原语的视频剪辑可用于听力练习，同时学生可在听完材料后根据转写的文字材料学习不熟悉的词或结构。二语学习者和口译学习者可从库中比较学习不同语言的修辞手法以及口语文本与润色后书面文本的差异。该库的"主题"参数可以让学生按主题（政治、经济、健康等）检索到不同语料特征，"程序与格式"选项可让口译学员了解欧洲议会语境中工作语言的各种格式化语言。在课堂中，教师可借助库中的原语材料向学生展示真实的案例。同时，该库界面的分级系统可方便教师根据速度、话题、口音等标准选取合适的课堂教学素材。如果预先选取的材料难度过大，可使用 Cool Edit 等软件将之切分成多个剪辑，还可通过降低语速与插入暂停调节难度。由欧洲议会口译员提供的现场口译译语还可作为职业口译标准的示范。学生还可在课堂或课后独立时间练习库中的材料，练习的录音可与库中的范例进行对比，从而发现自己口译表现的优势与不足。Tohyama 和 Matsubara（2006）以当时全球最大的同传语料库（CIAIR，即日本名古屋大学综合语音信息研究中心的同声传译语料库）为例，讨论了利用同传语料库资源按照难度级别进行口译教学的方法。需要指出的是，口译语料库创建的初始目的主要是研究口译活动的过程、本质、规律等问题，从语料库本身到口译教学的应用需要有一个系统性的转化过程，其中主要涉及的是资源的设计与开发程序。Braun（2007）就指出，将语料库开发为教学资源时，需要开发配套的辅助材料、学习活动与练习；语料库虽然资源丰富，但用于教学开发时还需要考虑课程要求与情景因素。此外，Carabelli（1999）、Seeber（2006）、Braun 和 Slater（2011）均讨论了口译教学语料库的建设，相关内容将在第三章详细阐述。

其六是口译教学资源评价。Carabelli（1999）认为，使用者的反馈对于评判教学资源的有效性至关重要，而现有的资源设计工具在反馈功能设置上恰恰忽略了这一点。Tymczynska（2009）认为评价教学资源有一条核心原则，即"教学法先于技术应用"。他还提出评价在线资源的五条实用的参考标准：是否有助于激发学生的学习潜能，是否做到了素材与学生及情境的契合，资源的真实性，教师时间与精力投入的可行性，师生使用后的成就感。Hylén（2006）构建了确保教学资源质量的方法模型，该模型是由四大方法要素构成的矩阵：权威机构法（封闭式、不公开，类似于专家法）、同事评价法（reviewed by peers）、使用者评价法（从使用者的角度反馈与评级）和口碑法（word of mouth）。在对口译教学资源的评价过程中，难度是一个最为棘手的话题。Hönig（2002）指出，文献很少对口译教学资源难度进行客观与系统性的研究。他认为，译员的认知负荷是有限的，超过能力承受范围就会出现信息遗漏、译语错误等问题。过于简单或者难度过大的素材都会给口译教学带来负面影响。生理学家与认知科学家对"理解"过程的解释表明，理解是一个复杂反复的建构过程。胡乱或随意挑选的素材不仅令口译学习者的表现大打折扣，而且会损伤其自信心。教师应意识到在素材选择过程中的责任，不可荒废学生的发展潜力与学习热情。

总体而言，国外对口译教学资源设计与开发的研究呈现出全面、精细和交叉三个特征。"全面"体现在涵盖了从资源设计到选材、从开发到应用、从评价到管理等诸多环节；"精细"体现在触及了资源难度甄别、口译语料库的教学价值深度开发等微观领域；"交叉"则体现在口译职业与口译教学的交叉，以及跨学科理论之间的交叉。其不足主要有两点，一是资源的主题范畴较为单一，即主要聚焦在会议口译教学资源上；二是未能建立系统的口译教学资源设计与开发方案。以数字化口译教学语料库为例，尽管相关实践已初具规模，但尚未形成一套普遍认可的设计模式与建库标准。而且，建库过程中的深度加工机制，如语料资源的难度分级、策略聚焦、语境重构等问题尚待深入研究。

三、国内口译教学资源研究现状

　　国内有关口译教学资源设计与开发的研究主要表现在六个方面。其一是探讨口译教材的开发原则。吴冰(1999)在分析口译教材的特殊性与编写困难的基础上，结合 20 世纪八九十年代我国出版的六本具有代表性的口译教材，提出六条原则：汉译英和英译汉教材应分离，考虑各自的场合和口译内容；注意口译的特点(如孤军作战、现场一次性翻译、记忆性、概括性、灵活性等)和难点(如学生的词汇量欠缺，词语搭配常受母语影响)；训练技巧与提高语言并重；尊重语言学习的规律，如重复率、循序渐进等；解决好内容多、需要大量实践与课时有限的矛盾；兼顾智力与非智力因素的培养。冯建忠(1999)则从统编化的角度提出口译教材应遵循的六大原则，即通用性、科学性、先进性、思想性、针对性和知识性。方健壮(2002)在分析我国当时口译教材的特点和主要缺陷的基础上，认为口译教材应有区别于笔译教材的独特体系和标准，并据此提出科学性、真实性、多样性、时代性和实用性五大口译教材的编写原则。严志军、张沫(2010)还从符号学角度提出了口译教材开发的三大原则，即突出可视化思维方式、强调会议话语分析和降低口译心理负荷。总的来说，研究者较为认同的口译教材开发原则包括：语料真实、素材实用、话题多样、体系科学和内容即时。

　　其二是阐述开发口译教材的指导性理论。由于口译研究仍属于较为年轻的研究领域，向其他学科借鉴理论进行指导是现有研究中的常规做法。从文献反映的情况看，教育心理学的相关理论最受口译教材研究者青睐。例如，陶友兰(2010)在建构主义学习理论的指导下，提出构建基于语料库的现代化口译教材包的主张。欧阳倩华(2006)和梅传伟(2009)探讨了图式理论在指导口译教材编写过程中的意义和价值。除此之外，口译理论在口译教材开发中的指导价值也引发部分研究者的关注。例如，王瑞昀(2004)论述了塞莱斯科维奇的"释意理论"与认知心理学理论、信息处理理论等跨学科理论在指导《英语口译教程》编写实践中的共同作用。吕颖(2010)针对市面上诸多口译教材难度大、语体书面化等问题,提出根据吉尔的"口译理论模式"对教材进行适度的选择、简化和改编,以增强口译教材的普及性和实用性。

对现行口译教材进行述评或推介是国内相关研究的第三个视角。吴冰(1999)从内容编排、难度渐进、口译技巧、语体倾向、练习形式以及参考答案等方面评析了1988年至1997年我国出版的六本较有特色的口译教材。陈菁(1999)从理论框架、编写原则和编写特色三个方面评介了由林郁如等编著的《新编英语口译教程》。孟庆升(2006)一方面从编排形式、技能训练方法和配套资源等方面肯定了《高级口译现场实录》的借鉴和推广价值,另一方面则从口译员翻译的失误和编者听音记录时的失误两方面批判了该教材在内容质量方面的缺憾。王云霞(2007)对三套具有典型"中国特色"的口译教材进行了述评,即王逢鑫编写的《高级汉英口译教程》、吴冰主编的《汉译英口译教程》(修订本)和林超伦编写的《实战口译》。作者除了就编排体系、选材范围、参考译文、课前预习、笔记示范等方面对上述教材进行述评外,还提出了教材分级编写的建议,指出应加大初级和中级口译教材的开发力度。王斌华、仲伟合(2010)重点推介了基于国家级精品课程"英语口译(课程系列)"开发的口译系列教材,而且将"教材多元化,口译的文字材料与音像视频网络材料相结合"列为"广外模式"口译教学的八大特点之一。吴爱俊(2012)则从口译教材经历的四大编写理念(即分别以培养语言能力、口译技能、实战能力及跨文化交际意识为导向)入手对当前的口译教材实例进行了评述。

第四个方面是批判口译教材中存在的问题。王金波、王燕(2006)结合具体案例分析,认为现行口译教材存在四大问题:未能突出口译教学以技能训练为主的特点,更重视语言技能的提高;材料的选择和编排不够科学;真实性欠缺;话语类型过窄,忽视跨文化交际技能。严志军、张沫(2010)则从符号学视角指出了我国会议口译教材开发方面存在的两大问题,一是语言和文化信息输入通道单一;二是口译理论、方法介绍与口译实践脱节。除上述问题外,口译教材"水土不服"的现象引起了越来越多的关注,部分研究者呼吁口译教材实现本土化。吕颖(2010)认为市场上众多口译教材编写者多为资深口译员,平时接触的都是高级别的会场口译,所指导的学生绝大部分来自重点院校学生,这使得教材难度常高于普通院校的学生水平。王谋清(2009)指出民族院校的口译教材建设是一个非常薄弱的环节,民族院校学生普遍感觉现有口译教材难度偏大,且素材内容与他们的社会生活环境结合不密切，缺乏反映民族地区发展的题材内容。据此，作者提出民族院校应相互协作，在调研基础上开发出难易适度、实用性强、有针对性的民族院校口译教材。董秀萍（2011）以福建华南女子学院英语专业为例，指出现有的口译教材难度超出该校大部分学生水平，且内容实用价值不高。作者还指出了实现口译教材本土化的三条途径：感受校园文化、吸纳本土口译资源和领略乡土气息。杨眉（2010）以丽水学院为例，指出地方高校在照搬现行口译教材时出现的种种弊端，如资料篇幅过长、难度过大，超出学生实际语言水平，题材实用价值低，教材以技能为纲，忽略难度递增的认知规律等。同时指出，上述弊端还会进一步挫伤学生的口译学习信心和兴趣，并建议口译教师可以利用现代通信技术，特别是因特网搜寻相关资料，对教材进行个性化、本土化设计。

第五个方面是利用信息技术开发口译教学资源。朱建新（2009）认为，网络资源辅助口译教学已成为一种势不可挡的力量，影响着口译教学的观念、内容、手段、方法和教学模式等各个方面。刘宏伟（2010）划分了口译网络资源的主要类型，包括：提高语言知识与技能的资源、丰富百科知识的资源、提高口译技能的资源、口译考证资源、口译精品课程网资源等。作者还主张，口译教师应重视本校资源的开发与建设，并提倡建立口译教学资源库或口译自主学习平台。陈振东、李澜（2009）基于对英语专业口译学习的问卷调查分析，提出利用网络和语料库辅助口译教学的策略，包括建立小型内控语料库，鼓励学生运用网络资源查找资料，以及师生通过网络交流形成课余学习制度。余郑、赵吉武（2006）通过对 265 名英语专业学生的问卷调查发现，构建网络资源辅助型的口译课堂能更有效、更灵活、更全面地培养合格的口译员。文军、张瑜清（2009）指出，目前的口译教材还没有与网络结合，而口译这一现场性极强的活动非常需要将网络资源应用于口译教学，而且这将成为今后趋势。张金玲（2010）提出要充分利用网络和电子计算机技术，实现口译教材应用的网络化，即在纸质教材的基础上，根据教材内容建立相应的网络学习平台。口译教材只有与网络结合才能适应时代的发展，促进自身质量的提升。高彬、徐珺（2012）通过对我国 1990—2011 年出版的口译教材分类与统计发现，1990—2000 年，只有 20% 的口译教材配有磁带；2001—2005 年有 41% 的教材配有音频材料，且多数为磁带；2006 年后，多媒体使用率直线上升并一度达到 65%。另外，口译教材的多媒体材料中音频占绝对优势，视频使用很少。据此，作者提出要实现口译教材形式与现代教学技术的契合。作者还引用陈坚林（2011）的观点，要基于现代教育技术理论和信息技术实践构建新型、动态的立体式教材。此外,李德超、王克非(2010)指出,网络为口译教师提供了丰富生动的教学资源,使口译教学不再受制于口译教材的束缚。作者同时还指出,要注意协调口译教学中的选材与版权问题,并以香港理工大学为例,为内地口译教学如何合法使用版权材料提供了参考经验。

利用信息技术开发口译教学资源的另一个趋势是构建口译教学资源库的设想与实践。罗选民等(2008)基于对我国大学英语口译教学的调查,认为口译教材不能只限于课本和光盘形式。口译教学可以利用现代信息技术提供的便利条件,使教材朝着多元化方向发展。同时,他们还主张建立电子教材资源库,以方便师生使用,也可与其他院校进行资源共享。王敏(2011)一方面分析了建设口译课程教学资源库的必要性与意义;另一方面则从理论上构建了资源库的框架结构与应用模式。韩阳(2012)通过分析网络资源的特点,如内容广泛、题材新颖、使用便捷等,倡导建立基于网络资源的新型口译教学模式,从而扩展学生的文化背景知识、提高学生的基本语言能力和强化学生的口译技能。作者还提出建立口译教学资源库,存储适量的音视频资源,以方便师生使用。陶友兰(2010)认为,翻译本科专业口译教材建设可以建构主义学习理论为基础,构建一个基于语料库的现代化口译教材包,由口译教学指南、译员指南、自主学习平台、电子教材(录音带、录像带、幻灯片、电影片和口语化的文字材料等)、学生用书五部分构成。王斌华、叶亮(2009)探讨了一种口译课程与信息技术整合的有效形式,即口译教学语料库的建设。他们认为,该语料库在口译教学中可以发挥教学资源库、学习资源库、口译考试试题库和辅助口译教学研究等作用。张艺飞(2011)将纸质教材与基于语料库的教师个人口译教学训练库进行了对比,认为后者具备五大优势:帮助师生短时间内搜索到大量真实的、针对性强的训练素材;开放性和时效性强;拥有多元化呈现素材的方式,更能创造较真实的口译场景;方便检索,资源重复使用率高;有助于数据驱动式学习和发现式学习,从而提高自主学习能力。

第六个方面是探讨口译慕课、微课等在线课程资源建设。随着网络学习、移动学习、泛在学习等新型学习方式的传播和普及,在线课程资源建设在近些年开始引发口译教师和学习者的关注。以口译慕课为例,在中国大学 MOOC 平台、中国高校外语慕课平台(UMOOCs)、爱课程等平台,已先后推出广东外语外贸大学《交替传译》、上海师范大学《英汉口译》、北京第二外国语学院《交替传译:进阶》等口译慕课。围绕口译慕课、翻转课堂教学模式等相关话题的研究也初见端倪(王洪林、钟守满，2017；Xu 等，2020)。

　　综上所述，国内对口译教学资源设计与开发进行了较为丰富的研究。其中，有关口译教材开发原则与跨学科指导性理论的探讨为信息技术环境下的资源选材、设计与开发提供了参考依据，而口译教材中存在的真实性欠缺、信息输入通道单一、内容过时、难度不适与针对性低等弊端则是现行教材资源建设中亟待解决的问题。利用信息技术开发口译教学资源的重要性与必要性得到越来越多研究者的认可，其相关设想与实践也在逐步探索之中。国内研究的首要不足表现在理论研究和教学实际脱节，研究者更多关注的是纸质教材的开发原则，评述或推荐现行口译教材，或指出其中存在的问题，而对我国广泛存在的信息化口译教学资源形式、设计与开发应用等问题缺乏系统性研究。第二个不足是对口译慕课、口译微课等新型在线课程资源建设的研究比较薄弱。

第三节　信息化口译教学资源建设①

一、信息化口译教学资源的内涵与价值

　　在信息技术的影响下，口译教学资源呈现出日益丰富的局面，这从国内外有关口译教学资源的多元化表述中便可窥见一斑。例如，"口译教学素材"(interpreter training materials)(Seeber，2006)，"数字化口译训练语料库"(digital speech banks or repository)(Sandrelli & de Manuel Jerez，2007)，"会议口译训练在线资源"(online resources for conference interpreter training)(European Commission，2016)，"口译练习"(interpretation exercises)(Nolan，2005)，"口译材料"(刘和平，2011)，"口译演讲视频素材库"(张爱玲，2015)，"多模态口译语料库"(刘剑、胡开宝，2015)，"口译训练材料"(张吉良，2017)，"口译学习者语料库"(张威，2017)，"口译微课和慕课"(王洪林、钟守满，2017)等。可以预见，随着信息技术在口译教学各环节的渗透，口译教学资源的类型会日益丰富，笔者建议将上述以数字化为存储和呈现方式的资源统称为"信息化口译教学资源"，并尝试将其定义为：在信息技术环境下，以口译教师、学习者、技术人

---

　　① 本节部分内容选自作者主笔发表的论文，详见参考文献：邓军涛、许勉君(2020)。

员、口译从业者等为开发主体，为丰富口译教学内容、优化口译教学流程、提升口译教学效果而开发的一系列以数字媒介为主要载体的资源。信息化口译教学资源类型多样，表现形式丰富，笔者在现有资源统计分类的基础上对其进行了划分，如图2.1所示。

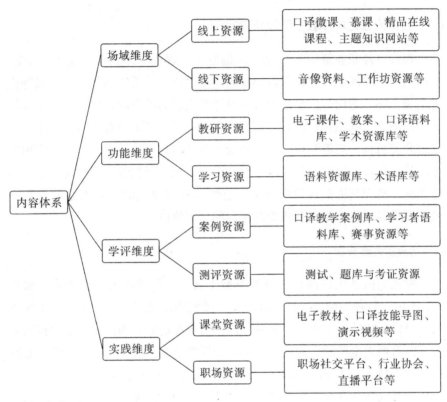

图 2.1　信息化口译教学资源的内容体系

　　口译教育信息化是一项系统工程，涉及教学环境、教学资源、平台与空间、师生信息素养等多个方面。其中，信息化口译教学资源是口译教育信息化的基础和重要内容，对于丰富教学内容、适应新型学习方式、满足个性化学习需求等具有重要意义。教育部《教育信息化 2.0 行动计划》将"数字教育资源"列为"实施行动"的首位，也彰显了资源对于推进口译教育信息化的重要意义。

　　信息化资源在口译教育信息化中的重要性体现在四个方面。其一，为口译教学各环节与要素提供丰富的教学内容，并为多种信息化教学工具与方式的有效运行提供资源保障。其二，为在线学习、移动学习、翻转课堂、泛在学习、深度学习等提供形态各异、主题多样、应用广泛的资源，契合数字化时代新型学习方式的需求。其三，在数据库、智能检索等技术的支撑下，学习者可以便捷获取适合自身水平、兴趣与风格的资源，满足个性化学习需求。其四，信息化资源对形成共建共享的资源创建与应用格局具有积极意义，有助于提高资源创建效率，扩大受益群体。

二、信息化口译教学资源建设案例

现代口译职业肇始于"一战"后的欧洲，现代口译教育发端于"二战"后的欧洲。欧洲的口译教育以起步时间早、语言种类丰富、专业性强等优势引领全球。通信与信息技术日新月异的发展为欧洲的口译教育变革提供了不竭动力，欧洲在口译教育信息化领域进行了诸多富有成效的探索，并通过政府机构、高等院校、行业协会等多种渠道创建了类型丰富、应用广泛的信息化口译教学资源。本节以欧洲信息化口译教学资源建设典型案例为依托，梳理其资源建设的成果，总结其资源建设的创新思路和有益经验，反思其对我国相关领域资源建设的借鉴价值。

(一) 资源类型

欧洲的信息化口译教学资源类型丰富，主要体现为七种类型，如表2.3所示。每种类型的信息化资源又可按照使用范围、交流场景、主题领域、口译形式等维度进一步细分。以语料资源的划分为例，按使用范围划分，既有面向全球的，如 Speechpool 语料资源库，也有面向区域的，如欧盟口译语料库(EU Speech Repository)，还有依托和服务学校(学院)的，如日内瓦大学的在线共享口译教学语料库。再如，参照不同的交流场景，"欧盟口译语料库"所涉事件场景包括新闻发布会、议会辩论、演讲、访谈等，覆盖的主题包括能源、气候、农业、宗教、移民等领域，其适用的口译形式则主要包括交替传译和同声传译。

表 2.3 欧洲信息化口译教学资源的主要类型

资源类型	主要内容	典型案例
语料资源类	集语料采集、编选、加工、存储、管理、应用、评价与更新等功能于一体的数字化口译教学资源库	欧盟口译语料库(EU Speech Repository)、在线共享口译教学语料库(SIMON)、Speechpool 等

续表

资源类型	主 要 内 容	典 型 案 例
在线课程类	融课程模块、专题讲解、技能分析、配套练习、自主测试等功能于一体的交互式在线课程资源平台	会议口译员训练在线资源(ORCIT)平台
专题研究类	口译语料库、术语库、知识库、学术资源库、专题网站等	欧洲议会口译语料库(EPIC)、欧盟术语库(Euro Term Bank)、会议口译研究公报(CIRIN Bulletin)等
技能训练类	针对口译核心技能编制开发的细分化专项训练资源	英国全国口译网口译技能导图(Interpreting Skills Map)
质量测评类	用于学业考试、水平测试、口译质量评价的口译水平及质量评价资源	欧洲会议口译硕士(EMCI)入学测试、期末测试、学位测试等资源及相关质量标准
师资培训类	以微观教学场景和问题为主要议题,通过专家发言、小组研讨、成果展示等形式开展的口译教师培训相关资源	欧洲会议口译硕士(EMCI)师资培训工作坊(Training of Trainers Workshops)系列在线资源
职场素材类	涵盖口译职业规范、素养、伦理、服务质量、权益及工作环境等内容的职场资源	国际会议口译员协会(AIIC)口译职业伦理、欧盟口译司(SCIC)口译设施标准

(二)创建主体

欧洲信息化口译教学资源的创建主体包括国际组织、政府机构、高等院校、行业协会、职业口译员等。以欧盟为代表的国际组织在资源创建过程中发挥了重要的组织协调和经济扶持作用,其下设机构资助建设的信息化资源包括欧盟口译语料库、会议口译员训练在线资源平台等。与此同时,各国政府机构(如依托英国高等教育资助委员会赞助项目"语言通途"而开发创建的全国口译网)、高等院校(如日内瓦大学开发的在线共享口译教学语料库)、行业协会(如国际会议口译员协会创建的会议口译专题资源网站)、职业口译员(如欧委会职业口译员 Sophie L. Smith 倡导并组织创建的 Speechpool 语料资源库)也在信息化资源建设中发挥了重要作用。

参与主体之间的协同合作是确保欧洲信息化口译教学资源高效建设的重要保障。以"欧洲会议口译硕士"师资培训工作坊系列在线资源为例，来自"欧洲会议口译硕士"的会员高校构成工作坊资源建设的主体，同时，欧洲议会(EP)、欧洲议会口译司(DG INTE)、欧盟口译总司(DG SCIC)、国际会议口译员协会(AIIC)等政府机构和行业协会也积极参与，上述机构发挥各自优势，协同为工作坊的资源建设提供支持。从人员身份构成看，"欧洲会议口译硕士"会员高校的青年口译教师构成了工作坊的研修主体，同时，职业口译员、口译学员、技术人员等也广泛参与其中，为工作坊的顺利开展提供人员和技术保障。除此之外，参与主体的协同还表现为教学资源的共建共享机制，其突出表现是自2017年起，每届工作坊都加入了为欧盟口译语料库录制语料的环节，进而为区域内语料资源的共建共享提供有力支撑。

(三)开发理念

欧洲信息化口译教学资源的开发理念可从素材选取和内容加工两个方面来探讨。在素材选取方面，强调需求驱动和技能覆盖的原则。首先，需求驱动，即注重资源创建之前的主体需求分析，主要包括学习者需求分析和教学目标分析。以学习者需求分析为例，在线共享口译教学语料库对教学对象的需求分析涉及认知水平、兴趣偏好、学习风格、知识及技能等方面，并基于需求分析报告开发具有针对性的口译教学资源。其次，技能覆盖原则强调对口译技能宏观体系和微观要素的整体囊括。例如，英国全国口译网的口译技能导图涵盖了语言、信息、知识、心理、社交与职场六个板块累计18项口译技能，有助于学习者建立对口译核心技能体系的整体认知，并在具体学习中根据需要强化训练相关技能。

在资源内容加工方面，强调媒介整合、职业导向和重难点聚焦的原则。首先，媒介整合指根据资源内容合理选择和设计媒介呈现的方式，进而实现文本资源与图像资源、静态资源与动态资源、音频资源与视频资源的有机整合。例如，口译技能导图通过口译情景示范的方式，结合文本、图像、音视频与动画等资源，形象、直观、动态地呈现了具体口译技能的内容和要点。其次，职业导向指以口译真实工作环境、任务要求、开展流程等为参照，将职业化元素渗入教学资源的开发之中。以"欧洲会议口译硕士"师资培训工作坊关于语料发布者(guest speakers)的建议为例，相关要领包括准备发言提纲但不能读稿、逻辑表述清晰、强化观众意识并与之保持目光接触、吐字清晰、着装正式等。再次，重难点聚焦指针对口译教学中的重点和难点编制的专门训练资源。例如，Backbone 视频语料库在转化为口译训练资源时，设计者从词汇、话语、记忆、表达等方面，对与素材内容及呈现方式相关的若干挑战情形进行了专门标注，旨在重点训练和培养具体疑难情形下的应对策略(Braun，2015：20)。

(四)优化机制

欧洲信息化口译教学资源的优化机制可从效果反馈和动态更新两个方面进行考察。资源应用的效果反馈是创建者常设的板块，也是优化改进资源质量的重要参考依据。征集效果反馈意见的途径包括问卷调查、使用数据统计、访谈、社交平台互动反馈与交流等。例如，在"会议口译员训练在线资源"平台的资源评价板块中，调研对象包括口译教师与学习者。其中，针对口译教师的调查问题包括资源的教学用途，利用资源辅助课堂教学的方法，是否会以及如何将平台相关资源推荐给学生，资源在哪些方面对学生有帮助，等等。针对学习者的反馈内容则包括：素材内容的吸引性和实用性，内容解释的清晰性和通俗性，呈现方式的灵活性，资源对提升知识和技能的有效性，资源导航的简易性和明确性，过程演示的直观性和有效性，等等。

资源的动态更新表现在结构设计、内容呈现和数量扩充等方面。以欧盟口译语料库为例，在该库的检索界面中，最初的检索项为语言、语料难度、所属领域、口译形式与编号，之后新增了话语类型和关键词检索。上述结构设计的调整为口译学员提供了更为精细的资源检索方案。在内容呈现方面，该库学习界面的语料细节信息描述由起初的逾 20 项精简为 8 项，只保留了与口译训练紧密关联的译前背景信息。与此同时，对相关表述也进行优化，如将"关键词"调整为"术语"，意在凸显口译任务准备过程中术语的重要性；将"语料难度"调整为"水平级别"，意在体现语料难度和学习者水平的动态关联性。此外，在数量扩充上，该库的语种由最初的英、法、德 3 个语种扩展到如今的 30 个，而且增加了语言的方言变体，语料数量则从试用阶段的 200 条逐步扩展到如今的数千条。

三、信息化口译教学资源建设反思

自开办翻译本科专业(BTI)和设立翻译硕士专业学位(MTI)以来，我国的口译教学资源日渐形成了以口译教材为主导、多种教学资源并存的格局。据统计，自 BTI 和 MTI 设立之后，我国口译教材的开发与出版从 2009 年开始一度迎来繁荣局面。仅在这一年，各类口译教材就达 15 套，且在之后的十年间，年均出版规模约 8 套。同时，专业化口译教材的集群式出版渐成规模。以全国翻译硕士专业学位系列教材为例，在 2009—2016 年期间，先后推出的教材包括《基础口译》《英汉视译》《交替传译》《同声传译》《商务口译》《外交口译》《法律口译》《会议口译》等。

除此之外，多种非教材类的信息化口译教学资源也逐渐发展起来，如中国外语微课大赛和全国高校微课教学比赛网站展出的全国教师口译微课视频作品，中国大学 MOOC、中国高校外语慕课平台（UMOOCs）等展示的多种口译慕课，翻译专业交传、同传视频语料库（张吉良、高彬，2014），多语种组合演讲视频教学素材库（张爱玲，2015），由中国外文局主管、外文局教育培训中心负责开发的英汉（汉英）交替传译教学资料库（黄晓佳、鲍川运，2016），多模态口译语料库（刘剑、胡开宝，2015），中国口译学习者语料库（张威，2017），依托在线课程平台开发的直播课与录播课资源，以微信公众号为主要表现形式的社交媒介推送的各类口译教学及研究资源，以全国翻译专业资格（水平）考试为代表的口译考证资源等。

与此同时，我国口译教学资源的开发与应用亦存在诸多问题，如资源的可视化程度偏低（张吉良、高彬，2014：53）、难度进阶体系不合理（张爱玲，2015：27）、资源细分体系不够健全（赵昌汉，2017：60）、效果应用反馈不健全（陶友兰，2017：88）、资源开发与应用缺乏共建共享机制（邓军涛，2018：52）等。鉴于此，在参考上述欧洲信息化口译教学资源建设经验的基础上，可从以下四个方面改进我国相关领域资源建设的现状。

（一）构筑立体多样的资源体系

首先，从宏观与微观层面构筑立体式的口译教学资源内容体系。在宏观层面，借鉴欧洲信息化口译教学资源整体布局，以口译教学主体的实际需求为出发点，建立教研与实践相结合、训练与测评相结合、线上与线下相结合、课内与课外相结合、内容覆盖广泛、形式立体交叉的信息化口译教学资源体系。在微观层面，从主题、语言、场景等方面建立资源内容的细分体系。以语料资源为例，在主题方面，加强科技、经贸、文化及教育等专业领域的资源建设；在语言方面，一方面拓展英汉语对资源建设的深度与广度，另一方面着力开发"一带一路"沿线国家和地区非通用语种的教学资源；在应用场景方面，开发面向医疗、法庭、旅游中心、涉外警务等场景的资源。

其次，借助信息技术构筑多样化的数字口译教学资源形态体系。以口译教材为例,可从两个方面进行突破。第一,利用电子书制作工具(如iBooks Author 和 ZineMaker)开发面向课堂的多模态口译教材。为提升教材的适用性,口译教师可利用电子书制作软件开发校本教材,使主题富有地域特征,内容体现时代感,学习方式具有交互性。第二,利用移动互联网、多媒体、云平台等技术对纸质口译教材进行数字化改造。以《中级口译教程(第四版)》为例,上海外语教育出版社为契合新型学习需求,对其进行了数字化改造,该教材的数字学习平台包括多模式字幕显示、音频速度切换、互动纠错及评论等多种功能,从而实现了传统静态、平面、单向的纸质教材向动态、立体、双向的数字教材转变。

(二)倡导共建共享的开发理念

重复建设和封闭自用是我国信息化口译教学资源建设的两大突出问题。一方面,因缺乏相应的沟通与协调机制,资源创建方大多处于孤立分散的状态,导致大量同质化或重复性资源的产生。以口译微课为例,在全国高校微课教学比赛和中国外语微课大赛两个赛事平台中,2013—2018年口译微课作品累计86件,而其中主题涉及数字口译与口译笔记的作品占比近2/3(分别为30.2%和34.9%),其他主题的口译微课视频则处于缺失或匮乏的状态。另一方面,因缺乏开放应用的共享机制,导致诸多建成的资源处于封闭自用的状态。以口译语料库的资源建设为例,中国总理"两会"记者会汉英交替传译语料库、汉英会议口译语料库、中国口译学习者语料库等虽在学界广为流传,但大多局限于院校内部,尚未形成跨校间的资源共享机制。

破解上述难题的关键在于倡导共建共享的开发理念。其一,可以发挥教育部高等学校翻译专业教学协作组、全国翻译专业学位研究生教育指导委员会、中国翻译协会等官方和非政府机构的组织协调作用,整合不同院校之间、校企之间、区域之间、行业协会之间的多方资源,基于共建共享机制合力打造契合我国口译人才培养需求的信息化口译教学公共资源平台。其二,探索试用、付费和免费使用等多种资源共享模式,依托信息化口译教学资源平台,按照身份和级别设置不同用户的使用权限,通过开放的应用机制和灵活的共享机制扩大资源的辐射范围,并基于广泛的使用者反馈促进资源质量的优化升级。

(三)开辟精细加工的创建路径

首先,建立科学可行的资源层级划分体系。合理的层级划分体系有利于增强资源在口译教学应用过程中的适用性和针对性,为学习者提供相对精准高效的资源选择方案,从而维持其学习兴趣与信心,提升学习效果。层级划分体系的关键在于建立资源难度和学习者群体水平之间的匹配关系。资源难度受语言语对、主题内容、呈现方式等因素制约,口译学习者水平则与百科知识储备、双语知识、口译技能及策略运用能力等要素相关。在教学实践中,一方面可借鉴欧盟口译语料库有关语料难度的定级思路,根据主题专业度、逻辑关系、语言特征、发布方式等综合判定资源难度;另一方面,可参照《中国英语能力等级量表》中的口译能力量表,从技能演进序列、语言发展能力、困难情境应对策略等方面划定学习者水平,并在实证研究和交叉比对的基础上建立相关信息化口译教学资源的层级划分体系。

其次,以口译技能为重点开发多种形式的精细化口译教学资源。以口译专项技能练习的研编为例,参照"口译技能导图"的建设理念,可从以下三个方面探索相关资源的开发路径。其一,适时参照语言学、心理学、教育学、认知科学等多学科理论,根据具体口译技能练习的需要,科学研编内容吻合、组织合理、挑战适度的专项练习。其二,融入交互式设计技巧,借助信息技术手段,尤其是较为便捷的定制化开发软件,将口译技能的核心要素与关键步骤深入浅出、形象生动地呈现给学习者。其三,以口译职业领域从业人员的实战体验为蓝本,在此基础上开发符合口译学习者技能发展水平的练习素材,一方面激发其参与练习的动力与兴趣,另一方面缩短课堂与职场的距离,使练习资源兼具任务的真实性与过程的情境性。

(四)建立系统完善的评价机制

在上述欧洲资源建设案例中,从会议口译员训练在线资源中针对口译教师和学习者设置的资源评价板块,到欧盟口译语料库通过用户数据跟踪建立的动态化资源评估体系,再到欧委会"虚拟现实口译"项目开发的融环境、资源和学习体验于一体的综合性评价方案,均有力表明,资源的使用评价是信息化口译教学资源建设必不可少的环节。相比之下,我国对信息化口译教学资源的评价研究与实践比较薄弱。例如,在全国翻译专业学位研究生教育指导委员会网站的教学资源板块中,口译栏目只列出了系列口译教材,且没有资源评价的相关设置。此外,从国内现有文献看,相关研究主要关注口译教学资源的开发理念、建设方法和应用策略,对资源评价主体、框架、途径等缺乏系统深入的研究。

　　信息化口译教学资源的评价机制可从四个方面着手。其一，在评价主体上，既要凸显口译学习者作为资源评价主体的地位，又要从口译教师、研究者、实践者等角度，多方征集资源在设计理念、内容构成、呈现形式、应用效果等方面的反馈意见。其二，在评价内容上，注重建设性评价和深度评价。在价值取向上，尽可能征集使用者对资源优势和不足的具体体验，从而为资源的优化改进提供明确的指引；在问题设置方面，应挖掘深层次的原因与对策，并通过开放性问题调研使用者在知识、技能、情感、态度、认知等方面的反馈。其三，在实施途径上，除问卷、访谈等常规方式外，可发挥信息技术手段的优势，通过开辟资源评价板块、利用网络社交媒体、设计基于大数据的后台应用统计系统等，及时、便捷、高效地获取反馈意见。其四，建立持续、动态的资源评价机制。基于不同的学习者群体、在不同的教学阶段、针对不同的教学资源开展与时俱进的资源评价体系，建立资源的动态循环更新机制。

　　综上所述，在推进口译教育信息化的进程中，不仅要关注口译教学实验室、实训平台、操作软件、网络空间和虚拟环境建设，更应重视信息化口译教学资源的开发。欧洲在信息化口译教学资源建设方面积累的成果与经验为我国的口译教学资源建设提供了理念、框架、机制、路径等多种启示。今后我国相关领域的资源建设应重视发挥政、产、学、研的协同效应，在共建共享理念的指引下建立跨高校、多语种、高规格的开发平台与通用标准，并通过建立层级划分体系、开发专项训练资源、完善资源评价机制等多种方式，逐步建立线上与线下相结合、教学与研究相结合、训练与测评相结合、课堂与职场相结合的信息化口译教学资源体系。

第三章　口译教学语料库

第一节　口译教学语料库的产生背景与概念^①

一、口译教学语料库的产生背景

语料是口译教学中的重要资源，从课堂教学到课外自主练习，从专项技能训练到综合模拟实战，从学业测试到资格证书考试，语料都是其中必不可少的要素。依照不同的分类标准，语料可划分为不同类型。例如，按来源划分，语料包括现场、电视、广播、网络等；按媒介形式划分，语料包括文本、音频、视频、现场口述等；按发言内容准备程度划分，语料包括即兴发言、带稿发言、脱稿发言等；按话语交流形式划分，语料包括演讲、对话、访谈、讨论、辩论等。在口译教学中，语料有着多种表现形式，如口译教材、会议口译现场实录或转录、网络音视频、课堂模拟对话与会议等。以计算机和互联网为代表的信息技术为口译教学带来了丰富的数字化资源，也为语料的获取与应用提供了极大便利，但挑战也接踵而至，如网络资源的质量问题、资源内容与学习者水平之间的匹配性问题、音视频资源的动态管理与个性化检索问题等。在此背景下，依托信息技术手段，创建契合口译教学需求的口译教学语料库成为现实需求。

三大因素共同促进了口译教学语料库的产生。其一，口译教学主体的需求。一方面，口译学习者在自主训练的过程中，虽有种类繁多的学习资源，但如何选择符合自己水平与兴趣的语料资源常成为现实难题。在此背景下，为学习者建设有丰富选择空间且检索方便的口译教学语料库成为一大需求。另一方面，教师遴选和编制口译教学语料常需耗费大量劳动和时

---

① 本节部分内容选自作者已发表的论文，详见参考文献：邓军涛（2018）。

间，而分散孤立的语料开发方式既产生了大量重复劳动，又降低了语料资源的共享价值。故此，如何将个体口译教师的语料资源进行整合与共享成为现实需求。其二，口译教学强化训练的要求。根据 Sandrelli（2005）的总结，全球各流派口译教学法都具有强化训练的共性（intensive nature）。例如，"欧洲会议口译硕士"要求学员课外自学和小组合作学习的时间之和不少于 600 小时，课堂面授教学时间不少于 400 小时。口译课堂内外强化训练的特点要求，语料资源必须在数量规模、体裁和题材类型等方面供应充足，从而为口译教学的有效开展提供支撑。其三，信息技术发展的推动。以资源检索、数据库管理、语料库开发等为代表的信息技术发展成果为开发口译教学语料库提供了有力的技术支撑。

从相关研究的发展脉络看，Carabelli（1999）最早提出创建口译教学语料库。Carabelli 认为，语料在口译教学中发挥着非常重要的作用，无序分布的语料资源是制约口译教学效果的一大瓶颈，进而主张为口译学员开发内容丰富、管理系统、检索便捷、结构优化的口译教学语料库。在意大利特里斯特大学，Carabelli 主持开发了最早的口译教学语料库，即口译员资源信息系统（IRIS）。随后，西班牙格拉纳达大学的 Marius 语料资源库、欧盟口译语料库（EU Speech Repository）、日内瓦大学的在线共享口译教学语料库（SIMON）、英国利兹大学的口译训练语料库（PSI）等相继发展起来。

学界有关口译教学语料库的研究涉及框架设计、建库原则、深度加工、难度划分与教学应用等方面。在框架设计方面，Seeber（2006）以在线共享口译教学语料库为例阐述了由语料数据、练习平台和讨论平台组成的共建共享型口译教学语料库设计框架。在建库原则方面，Carabelli（1999）认为，开发口译教学语料库应遵循结构优化性、数量充足性、应用灵活性、库容延展性等原则。在深度加工方面，Braun（2015）以虚拟现实口译（IVY）项目为例，阐述了虚拟现实技术与音视频语料库整合的深度加工方案。在难度划分方面，Hönig（2002）倡导采取语篇分析思路，从语篇结构、话题、词法及句法特征、话语呈现方式等判定口译教学语料难度。在教学应用方面，刘剑（2017）从口译训练、课前准备、口译现象讲授等方面论述了基于多模态语料库的口译教学模式。

现有研究的不足体现在四个方面。其一，概念混淆，其中最为典型的是将口译教学语料库与口译语料库混淆，在下一节将专门探讨二者的异同。其二，名称术语莫衷一是，资源库、语料库、资料库、资源信息系统、素材库等表述五花八门，不利于口译教学语料库的研究者和实践者相互借鉴相关领域的理论与实践成果。其三，国际视野欠缺。部分研究缺乏对国际同行建库经验的深入考察与借鉴。例如，王斌华、叶亮（2009：32）认为"口译教学语料库至今在国内外尚未建立"，而这一表述显然与国外口译教学语料库的建设实情不符。从现有研究的参考文献也可发现，近几年国内对国外口译教学语料库的关注仍比较有限。其四，对口译教学语料库的深度加工机制缺乏专门系统的研究。现有研究主要以实践描述、案例探讨、经验介绍居多，对口译教学语料库深度加工机制所涉主题关注较少，更缺乏对相关主题的系统性研究，这也正是本书第四至九章关注的重点。

二、口译教学语料库的概念

从概念的上下位关系来看，口译教学语料库、纸质版与电子版口译教材、在线词典、术语库及其他在线与离线资源都属于口译教学资源的范畴。在众多资源形式中，口译教学语料库在资源获取、分类、存储、加工、应用与更新等方面都具有诸多优势，因而引起了国内外研究者的高度关注。在表3.1中，笔者归纳了部分与口译教学语料库相关的表述。从表中文献来源的时间看，国内相关领域的研究比国外相对迟缓。此外，从具体文献内容看，国外在口译教学语料库的实践领域已有诸多探索，且创建了一批规模较大、功能各异的口译教学语料库，而国内除了少数小规模的建库实践外，更多的研究停留在设想与规划层面。

表 3.1   口译教学语料库的相关表述

相关表述	主要内容	文献来源
Interpreters' Resource Information System	包括音视频、文字脚本、语料信息与特征，并按语言、口译形式等模块组织起来的、难度分级化的口译员资源信息系统	Carabelli（1999）
Shared Interpreting Materials Online	包括音视频、语料文本、术语、语料背景信息与特征信息，融资源数据库、讨论平台和练习交换平台于一体的在线共享口译教学语料库	Seeber（2006）
Digital Speech Banks	囊括音视频与文本资源，内容真实、场景各异、编排合理、难度分级的数字化口译语料素材库	Sandrelli & de Manuel Jerez（2007）

续表

相关表述	主要内容	文献来源
EU Speech Repository	集语料选取、转录、标注、应用、评价与更新于一体的多功能、多语种口译语料资源库	https://webgate.ec.europa.eu/sr/
面向教学的口译语料库	覆盖不同专题、风格多元、难度各异、口音多样的口译教学语料库	王斌华、叶亮(2009)
基于语料库的现代化口译教材包	集口译教学指南、译员指南、自主学习平台、电子教材与学生用书于一体的、基于语料库的口译教材包	陶友兰(2010)
口译训练视频语料库	取材真实、题材广泛、风格各异、库容开放的口译视频语料库	张吉良、高彬(2014)
多语种视频演讲素材库	按不同教学阶段组织起来的、主题多样、口音各异、难度分级的多语种演讲视频库	张爱玲(2015)

　　尽管国内外研究者对口译教学语料库的表述莫衷一是，但从主要内容看，其所指的对象、功能与应用大同小异。笔者认为，口译教学语料库的内涵应囊括创建目的、理论基础、内容构成与功能应用等核心要素。鉴于此，可以对口译教学语料库给出如下定义：以服务口译教学为目的，以现代信息技术为依托，以信息技术与课程整合理论、建构主义理论、教学设计理论、口译教学理论等为指导，以多模态口译教学语料为主要载体，具有系统化存储与管理、智能化检索与应用、动态化评价与更新等功能的数字化口译教学资源库(邓军涛，2018：47)。

　　语料库口译研究(Corpus-based Interpreting Studies)是近年来口译研究的一个热门领域，其依托的载体即为口译语料库。自以色列学者Shlesinger(1998)首次提出"语料库口译研究"的概念至今，国内外创建了一批类型各异的口译语料库，如日本名古屋大学的同声传译语料库(CIAIR)、欧洲议会口译语料库(EPIC)、中国总理"两会"记者会汉英交替传译语料库(CEIPPC)、上海交通大学汉英会议口译语料库(CECIC)等(Tohyama & Matsubara, 2006；Bendazzoli & Sandrelli, 2005；王斌华，2012；胡开宝、陶庆，2010)。那么，上述口译语料库与本书探讨的口译教学语料库有何关联？首先，二者都属于广义的口译资源库范畴，且都对口译研究、口译实践与口译教学有着直接或间接的促进作用。其次，部分研究者还从理论层面论述了口译语料库在口译教学中可发挥的潜在价值，如提供职业标准与示范、丰富口译学习资源、营造逼真的训练氛围、分析口译失误现象等（Bendazzoli & Sandrelli，2005；张威，2012；刘剑、胡开宝，2015）。但上述都是口译语料库的衍生价值，并非其创建的初衷与主要目的。下面从三个方面简述二者的本质区别。

首先，创建目的不同。口译教学语料库以服务口译教学为主要目的，即通过收集多元化真实语料，在一定教学设计的基础上，为口译教学提供取材丰富、应用便捷的口译教学资源。口译语料库以研究目的为主要导向，即通过对口译职业中真实语料的收集、加工和分析，探究口译活动中的译者风格、策略运用、信息加工、语言及副语言特征、口译质量与口译规范等问题（陈菁、符荣波，2014；潘峰、胡开宝，2015）。其次，语料信息标注方式不同。口译教学语料库的信息标注主要包括主题、话语体裁、口译形式、语言与语对、难度级别及背景信息等。口译语料库需基于音视频语料进行文字转写，在双语对齐的基础上进行信息标注，根据研究目的之间的差异，标注内容也存在区别，如词汇密度与变异、词频、句法结构、词性、副语言信息等。再次，语料选取标准不同。口译教学语料库旨在为口译教学提供尽可能丰富的资源素材，故常要求所选语料的体裁、主题等具有多样性。口译语料库通常为专门的研究目的开发，选材要求具有同质性，以便于揭示口译中的规范与共性问题（王斌华、秦洪武，2015）。

第二节　口译教学语料库的开发模式与流程①

一、口译教学语料库的开发模式

从实践层面看，口译教学语料库的创建包括设计理念、开发主体、技术工具、语料素材、加工方式、更新迭代等诸多要素。通过对国内外相关案例的梳理，口译教学语料库主要包括四种常见的开发模式：数据库开发模式、平台嵌入式开发模式、语料库深度开发模式和网络协作开发模式。

---

① 本节部分内容选自作者主笔发表的论文，详见参考文献：邓军涛（2015，2018），邓军涛、古煜奎（2017a），邓军涛、刘梦莲（2020）。

（一）数据库开发模式

数据库管理系统（DBMS）开发模式（简称数据库开发模式）指基于
Microsoft Access、MySQL、Oracle 等数据库管理软件设计和开发数字化口
译教学语料库。该模式在设计和开发理念上具有三个特征。其一，基于数
据库管理系统进行专门开发，并在独立的平台运行、管理、应用和维护。
其二，语料特征的信息标注和参数设置较为丰富，可为使用者提供精细
化、智能化的检索方案，满足个性化的训练需求。其三，语料资源一般取
自原生素材，可以满足口译训练真实化的技能训练要求。

早期基于数据库开发模式创建的口译教学语料库包括意大利特里斯特
大学的口译员资源信息系统（IRIS）和西班牙格拉纳达大学的 Marius 语料
资源库。该模式既充分利用了大型数据库管理系统的资源组织、存储、应
用、维护、追加、删除、更新、检索、共享等功能，又整合了口译教学语
料资源设计中的主题多样化、技能分解化、难度差异化、应用个性化等要
求，同时还可根据口译教学的需要，利用数据库管理系统可扩展性的特
点，实现对语料库语种、资源内容与形式的动态添加，最终建成性能稳
定、功能多样、内容丰富、运行高效的数字化口译教学语料库。以
"Marius 语料资源库"为例，该库由学院教师基于关联式数据库管理系统
（先后用到 Microsoft Access 和 MySQL）进行合作开发。该库在素材遴选上
参照了会议口译场景交际活动的分类学理论，共计包含 2000 多个真实交
际事件，类型有辩论、演说、记者招待会等。库中的专业性复杂演说资源
（每分钟约 180 词）供高年级学员使用，非专业性演说资源（每分钟约 90～
100 词）供初学者使用。

（二）平台嵌入式开发模式

平台嵌入式开发模式指基于已有的口译教学平台，以结构化资源设计
与开发的方式创建嵌入式口译教学语料库。该模式具有两个典型特征：其
一，所创建的口译教学语料库并非独立运行的平台，而是口译教学平台或
系统的一部分。其二，口译教学语料库的语料采集、加工与应用方式须在
原有平台的框架结构和功能体系中完成。其优势在于可以相对便捷地创建
与扩容口译教学语料库，不足之处则在于其通常只限于院校内部，受益群
体和应用功能具有一定局限性。

平台嵌入式开发模式有两种常见的实现途径，一是利用 Moodle、
PostNuke 等课程管理平台，根据口译学科的特点和要求创建嵌入式数字

化口译教学语料库。以瑞士日内瓦大学的在线共享口译教学语料库（SIMON）为例，该语料库是日内瓦大学高级翻译学院虚拟学习环境的一部分，支撑其运行的是 PostNuke 平台。SIMON 在开发理念上借鉴了神经语言学、心理语言学和认知科学等多学科理论，具有语料存储与管理、发布与评价、应用与互动交流等功能。对口译教师而言，利用免费开源的课程管理平台或软件（如 Moodle），以学院为单位创建数字化口译教学语料库，既可以克服技术障碍，也便于提高语料资源的创建效率，同时加强语料资源应用的过程管理和互动交流。

平台嵌入式开发模式的另一种实现途径是利用本校口译教学平台中固有的资源管理模块，或根据教学需要对其组织架构和应用模块进行适当改造，使其涵盖基本的语料采集、加工、审核、检索与应用等功能，并通过师生合作的方式逐步创建校本口译教学语料库。下面以国内某高校口译训练系统的语料资源库改造为例进行描述，图 3.1 为训练系统改造之前的语料资源管理界面。

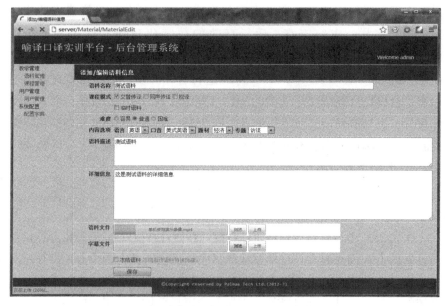

图 3.1   国内某高校口译训练系统的语料管理界面

经过对原系统资源管理模块的考察，同时结合该校口译教学的实际需求，笔者参与拟订了上述嵌入式口译教学语料库的改进方案，相关内容如表 3.2 所示。

表 3.2 系统嵌入式口译教学语料库调整方案

调 整 前	调 整 后	备 注
"语料管理"主界面: 类别、语言、题材、主题、难度、口音	"语料管理"主界面: 类别、语言方向、主题、体裁、难度、口音	"类别"指交替传译、同声传译与视译
添加/编辑语料信息: 语料名称 课程模式 难度 内容选项 语料描述 详细信息 语料文件 字幕文件	添加/编辑语料信息: 语料名称 类别 难度 语料文件(浏览、上传) 难度 语料信息 背景知识 专业术语 语料文本 参考译文 典型片段分析 配套练习及参考译文 拓展百科知识 相关口译理论	"课程模式"改为"类别",与主界面的技能"类别"相对应; "语料信息"包括:来源、演讲者、体裁、主题、语言方向、口音、语速与语料媒介
教师教学端"选取语料"对话框(以交传训练主界面为例)	主界面检索功能不变,但选中某一具体语料时可显示上一栏的具体信息。另外增加"教学应用反馈"	同传、视译界面建议作同样调整
学生学习端"选取语料"对话框(以交传训练主界面为例)	主界面检索功能不变,但选中某一具体语料时可显示上一栏的具体信息。另外增加"使用反馈"	同传、视译界面建议作同样调整

　　经过研究者、口译教学师生和技术人员的共同努力,平台嵌入式口译教学语料库的改造工作基本完成。该口译教学语料库的应用包含语料添加与编辑、语料检索、学习与反馈等。其中,语料添加与编辑功能旨在为口译教学语料库内容的调整、扩充与移除构建动态化的更新机制。语料检索功能为口译学习者提供了自主化的选择权限,学习者可根据其水平、兴

趣、风格等需求，通过主题、语言、口音、体裁、难度等进行自由查询与检索，如图 3.2 所示。

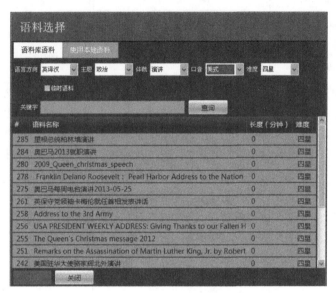

图 3.2　平台嵌入式口译教学语料库的检索界面

在选定具体的语料后，系统会跳转到载入语料的自主学习界面，如图图 3.3 所示。该界面在设计上采取语料文本界面与语料音视频训练界面相分离的原则，有效避免了语料字幕信息对口译训练过程的干扰，从而也保障了口译训练过程的真实性和有效性。

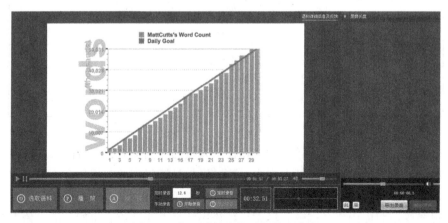

图 3.3　载入语料后的平台学习界面

(三)语料库深度开发模式

语料库深度开发模式指基于已有的语料库创建口译教学语料库,其优势在于挖掘现存语料库的使用价值,从而提高口译教学语料库的创建效率,同时降低创建成本。半个世纪以来,以计算机为主要载体的现代语料库取得丰硕成果,朝着精细化、多元化、智能化等方向发展。语料库的实践应用已突破最初语言研究的范畴,辐射到自然语言处理、机器翻译、语言教学、词典编撰等领域。在外语及翻译教学领域,利用语料库开发教学资源成为实践者与研究者共同关注的话题,其中也包括语料库在数字化口译教学语料库建设中的价值探讨。

语料库指"应用计算机技术对海量自然语言材料进行处理(包括预处理、语法自动附码、自动句法分析、语义分析等)、存储,以供自动检索、索引以及统计分析的大型资料库"(李文中,1999:51)。从上述定义看,语料库与口译教学语料库存在一些相似之处。例如,语料库与口译教学语料库均属于语言类资源库的范畴,二者在选材标准中都强调素材的广泛性与真实性;语料库与口译教学语料库都要求对语料资源进行加工处理,以结构化的方式存储于计算机之中;资源常规应用均包含检索功能。而同时,二者又存在明显差异,如表3.3所示。从中可以看出,语料库与口译教学语料库之间的差异表现在建库目的、语料形式与内容、资源创建及应用各个层面,且二者最根本的差异在于建库的目的导向,即是否以口译教学的适用性和实用性为导向,换言之,语料库的深度开发必须秉持研究驱动向教学驱动转化的理念。

表3.3 语料库与口译教学语料库对比

类型 差异	语 料 库	口译教学语料库
创建目的	旨在以描述和量化的方式探究语言内部和语言之间的各种现象与问题	旨在为口译教学提供内容丰富化、管理系统化、应用个性化的口译教学资源
内容构成	根据研究目的进行取样,具有广泛性和代表性的真实化语言交流素材	从真实口译交流场景中选取的素材,根据教学需要进行切分、素材编制等加工

续表

类型差异	语 料 库	口译教学语料库
标注体系	从语料背景信息及音韵、词性、句法、语义等特征对语料进行的标注	从背景信息、主题、体裁、口译形式、难度、语篇特征等对语料进行的标注
应用方式	通过设置检索项统计词频、研究词语搭配、考察句子及可扩展语境等	按需求检索语料，浏览背景信息，基于音视频训练口译技能，评价口译表现等

语料库的类型众多，如从专业用途角度划分的通用型或专用型语料库，按语言数量划分的多语种或单语语料库，从语体角度划分的口语或书面语料库，从翻译角度划分的类比或平行语料库，从时间角度划分的历时或共时语料库，从媒介形式划分的多媒体或文本语料库等。从口译教学的具体需求来看，具有应用价值的口译教学语料库应具备一些基本特征，如语体口语化、语境丰富化、媒介立体化等。在研究层面，国内外研究者对语料库与口译教学语料库的转化均进行了初步探讨，而且重点关注的是视频语料库在口译教学中的潜在应用价值，如上海交通大学多模态口译语料库(MMCIS)、欧洲议会口译语料库(EPIC)、日本名古屋大学同声传译语料库(CIAIR)等(刘剑、胡开宝，2015：83；Bendazzoli & Sandrelli，2005：9-10；冯千，2014：159)。从操作层面看，二者的转化过程涉及口译职业要求、素材选取原则和口译教学法等多个因素。

就职业因素而言，语料库的转化过程需要考虑背景信息、主题性百科知识、口译职业工作形式等方面。首先，职业环境下口译任务的开展需要进行相关背景信息、术语和主题性百科知识的准备活动。因此，基于语料库开发口译教学语料库时，需要编制与语料素材内容相匹配的事件背景、交流目的、参与者、时间及地点等素材。其次，不同的口译职业工作方式对口译训练素材的语言组合及体裁有着不同要求。例如，在涉及中外人士参加的对话口译中，素材需要两种或多种语言组合，此时话语体裁表现为对话交流。再如，不同口译职业工作形式对口译教学语料库的开发也提出相应要求，如用于对话口译与交替传译的训练素材就需要基于语料内容进行话轮切分。

就素材因素而言，将语料库转化为口译教学语料库涉及语篇、语体、媒介等多个方面。首先，口译训练语料的语篇应具有相对完整性与独立性，即经编辑合成的语料素材在内容上可以独立成篇，且在语篇衔接性和语义连贯性方面符合口译训练要求。其次，口译训练语料应具有口语化特征，故具有开发潜力的语料库素材也应符合真实口语交际的信息冗余、自然交流等特征。再次，口译训练中需整合丰富的图像与声音信息，因此为创建的口译教学语料库提供配套的音视频资源成为必要步骤。

就教学法因素而言，将语料库转化为口译教学语料库需要考虑技能覆盖性、需求多样性与教学反馈性等问题。首先，口译技能训练是口译教学内容的重要方面，因此口译教学语料库的内容应对各项口译技能具有广泛覆盖性。研究表明，口译技能的具体选用与口译语料的语篇特征存在密切相关性（Riccardi，2005：758-759）。故此，口译教学语料库开发者应对语料的语篇特征加以深入分析，从语音、词汇、句法和语篇等方面对语料特征进行有针对性的标注。其次，学习者在应用口译教学语料库的过程中，具体需求体现出个性化和多样性特征。相关需求包括内容层面（如主题和专业术语）、语言层面（如口音和语速）、形式层面（如话语体裁）、认知层面（如语料的难度水平）等，因此需要对相关信息进行合理标注。再次，教学反馈是口译训练的必要环节，一方面可提供源语文本或参考译文供口译学习者自评，另一方面还应通过创设多种互动空间为同伴评价、教师评价与口译从业者评价创造条件。

（四）网络协作开发模式

网络协作开发模式指以网络平台为基础，通过开放式参与、互动式创建和共享化应用的方式建设数字化口译教学语料库。网络协作开发是一种共建共享的建库模式，对于构建用于自主训练的口译教学语料库具有重要价值。其一，该模式可以激发广大师生，尤其是口译学习者广泛参与的积极性，并从素材的语种、主题、体裁等方面丰富语料资源，进而确保口译自主训练语料库的快速扩容与多元发展。其二，该模式有助于依托网络平台建立语料资源需求方与供给方的动态匹配关系，实现口译训练语料的针对性开发和高效化应用。其三，该模式有助于推进语料开发由低水平重复建设向高效能集约化建库方式的转变，并在质量审核、流程操作、学习反馈等机制的保障下优化口译教学语料库开发与应用的实效。

与此同时，网络协作开发模式也蕴含三对矛盾。其一，建库效率与语料质量的矛盾。随着广大网络用户的加入，建库速度和规模可在短时间内得到大幅提升，但同时，因创建主体的身份具有匿名性，语料质量存在不确定性。其二，规范操作与自发创建的矛盾。高质量口译自主训练语料库的建设要求设计一套科学可行的语料选编、加工与应用操作流程，而纯粹的自发性创建行为很难满足上述要求。其三，内容统筹与碎片分布的矛盾。口译自主训练语料库在主题、场景、难度级别等方面的多样化分布是提高检索应用价值的重要前提，缺乏统筹与协调的碎片化创建方式难以实现上述建库目的。

就网络协作开发模式而言，欲克服上述矛盾，最大限度发挥其优势，关键在于建立一套科学可行的开发机制，相关内容将在第八章全球共建共享型口译自主训练语料库的开发案例中予以详述。

二、口译教学语料库的开发流程

（一）需求分析与模型构建

需求分析是开发口译教学语料库之前的必备环节，同时为建立教学目标、教学主体与口译教学语料之间的有机衔接提供相关参考依据。以日内瓦大学高级翻译学院的在线共享口译教学语料库为例，该库创建之前的需求分析主要涉及三个方面。第一，学习者需求分析，包括语言背景、知识基础、兴趣与技能需求等内容，相关分析结果可为确定口译教学语料库的主题、难度、语言、体裁与技能重点等提供适切性的参考依据。第二，教师需求分析，具体包括开发口译语料的时间与劳动投入、优质语料的获取及分享、语料的使用频率等，其分析结果为创建口译教学语料库提供主体依据。第三，教学目标分析，包括对教学大纲、教学阶段与具体课堂教学目标的分析，这种从宏观到微观的分析思路为创建具有适用性的口译教学语料库提供了目标导向。

在需求分析的基础上，开发者还需结合具体的教学设计方案进行模型构建。口译教学语料库的模型构建主要包括四个板块，如图3.4所示。第一，管理板块，包括语料管理与系统管理两部分。语料管理旨在提供资源内容，主要包括语料的审核、编辑、发布、维护与更新。系统管理旨在提供稳定的运行环境，主要包括性能管理、配置管理、故障管理和安全管理。第二，内容板块，包括核心语料与辅助素材两部分。核心语料指从网络、现场、媒体等渠道获取的可供练习的真实性语料，辅助素材指围绕核心语料开发的附加性教学素材。第三，应用板块，主要由主界面检索接口、学生应用接口、教师应用接口与音视频学习界面等组成。第四，评价板块，主要包括教学反思评价、学习体验评价与互动交流评价。

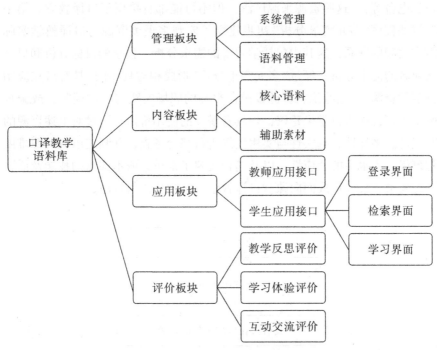

图 3.4 口译教学语料库的模型构建

(二)语料选取、分类与组织

在需求分析和模型构建基础上，开发者在语料选取上还需根据口译职业与口译教学的技能化、时代化、情境化、多元化等特点遵循一定的选取原则。研究者较为认同的语料选取原则包括时兴性、多样性、真实性与实用性(方健壮，2002；Braun，2005；刘和平，2011)。上述原则对开发口译教学语料库具有重要的参考价值。其中，"时兴性"主要关注语料内容与主题的时代性特点。"多样性"主要体现为语料体裁与主题的多元化。"真实性"包括素材内容的真实化、讲者口音的多样化、媒介展示的可视化、语体特征的口语化和语境信息的丰富化。"实用性"要求语料既能满足学习者的兴趣、知识水平与技能等需求，也能反映口译任务中的技能、知识、心理与职业伦理等相关要求。

口译教学语料的选取可视为一个去粗取精的"过滤"流程，如图 3.5所示。其中，"真实性的资源"表示宏观多元的语料资源，包括现场资源(如会议口译现场、新闻发布会现场)、实物资源(如书籍、报纸、词典、期刊等)、在线资源(如语料库、网络、术语库、在线百科知识全书、电视、电台等)。这些资源来源广泛，但不可能都直接用于口译教学。第一道过滤程序"多元需求分析"初步建立了宏观多渠道资源与口译教学实际需求之间的联系，这其中包括学习者的需求分析、教学的目标分析和口译从业者的需求分析。经过"多元需求分析"形成相对具体的"具有潜在应用价值的资源"。这些语料资源或源自教师的职场实践与日常观察，或源自网络推荐，或来自学生建议，均具有潜在的使用价值。通过对上述资源的时兴性、多样性、真实性与实用性等进行综合考查，并判定语料资源难度与班级学生水平的适应性，以及是否反映了本单元或本课堂的技能及话题训练要求，最终形成面向课堂口译教学的定制化语料资源。

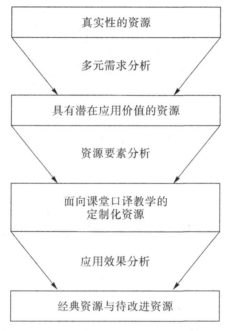

图 3.5   口译教学语料选取的"过滤"流程图

对于口译教师而言，语料的编选过程需要耗费相当多的时间和精力，将有训练价值的语料资源按照一定标准分类和组织起来，并逐渐形成累计效应，则可提升口译教学语料的再利用价值，这也正是创建和应用口译教学语料库的重要动因。合理的语料分类与组织方案既有助于对语料资源进行系统化的存储与管理，也有助于教师和学习者按照口译形式、主题、语言、水平等，在口译教与学的过程中基于一定参数进行检索与应用，同时还有利于口译教学语料库的扩充与动态升级。通过对国内外口译教学语料库的统计与观察，笔者归纳出较为常见的口译教学语料分类与组织条目，如表3.4所示。

表3.4　口译教学语料的分类与组织

分类与组织的条目	内 容 描 述
语言/语对	来源语料所涉及的一种或多种语言组合
口音	来源语料的口音变体
口译形式	联络口译、交替传译、视译、同声传译等
主题	政治、经济、文化、外交、教育、健康、科技等
体裁/话语类型	独白、演讲、访谈、讨论、辩论、记者招待会等
场景	会议室、教室、竞赛场馆、宾馆、法庭、医院等
媒介	音频、视频、电子文本等
难度	根据语音、语速、语篇、逻辑、信息等对语料划分的难度级别

(三)语料上传与信息标注

在语料采集和分类的基础上，可在库中上传语料，并对其基本信息进行标注，相关内容包括语料的版权信息、来源、标题、时长、文字脚本等。同时，与语料相关的事件背景信息、百科知识信息、发言人身份信息、活动参与者身份信息、术语信息、现场环境信息等也需合理添加。语料信息标注的丰富性有助于口译学习者在练习中构筑较为完整的口译训练情境，从而提高口译训练的针对性。

以 EU Speech Repository 为例，其学习界面提供的标注信息包括语料宏观信息和语料细节信息两部分，如图 3.6 所示。第一，EU Speech Repository 的语料宏观信息包括语料的标题、语料版权信息、事件发生时间与地点信息、概括性描述信息等。借助宏观信息，口译学习者可以明确语料的主题框架与话题范畴，并结合自身百科知识预测语料内容的主旨及发言价值倾向。第二，EU Speech Repository 的语料细节信息包括语料的编号、视频时长、源语语言、语料的水平级别、适用的口译形式、语料的话语类型、语料所属领域和相关术语等。其中，语料细节信息中的"术语"是一个比较广泛的概念，涉及语料中的专有名词、专业性术语、缩写形式、数字信息和引语等。上述信息构成口译练习译前准备环节的重要内容，口译学习者基于上述信息可以培养良好的职业习惯与素养，借助相关的背景信息与术语信息减轻话语听辨、预测、理解中的认知负荷，同时掌握相关领域的专业知识与主题知识。

图 3.6　EU Speech Repository 学习界面提供的标注信息

　　除此之外，根据口译教学的具体需求，口译教学语料库的开发者可结合语料的内容特点编制相关的口译训练辅助素材，如语料的参考译文、专项口译技能练习素材（如信息预测与推理、数字听辨、顺句驱动等）、拓展性百科知识及口译训练的相关理论等。

（四）应用与评价

　　口译教学语料库的应用包括支持口译自主训练与课堂教学、辅助口译技能训练、评测口译学习进展、构筑立体多元的信息化口译教学资源体系等多个方面。例如，在自主训练中，口译学习者可结合自身兴趣、知识及技能水平，通过口译教学语料库检索所需语料、锻炼口译技能、开展互动学习交流。以欧盟口译语料库为例，学习者在该库的检索界面中，可以按照水平级别、语言、主题领域、口译形式、话语类型、关键词等进行个性化的语料检索。在自主训练界面中，可先通过事件时间与地点、标题、术语等进行译前训练的知识与语境信息准备，继而进入语料的视频练习界面，利用播放、暂停、进度定位等操作进行基于情景的口译自主训练。随后，还可通过文本对照、译语监听或提交口译表现等方式评价和反思自己的口译表现。再如，在课堂教学环节中，教师可根据口译教学的实践性、技能性、阶段性等原则，利用口译教学语料库中不同场景、体裁、主题、形式与难度级别的语料，通过情景语境辅助、背景知识预热、重点策略聚焦等方式，循序渐进地开展口译课堂教学活动（仲伟合，2007）。除此之外，在口译学员选拔、口译能力测试、机助口译测评、口译教材研编、口译在线课程开发等方面，口译教学语料库同样可发挥诸多应用价值。

对口译教学语料库的评价可从学习者、教师、开发者、技术人员等多个主体展开，其中口译学习者评价是最为重要的方面。如图3.7所示，口译教学语料库的评价框架主要由教学目标、学习者、教学内容和语料特征四个维度组成，每个维度包含若干评价原则和内容（邓军涛，2018）。

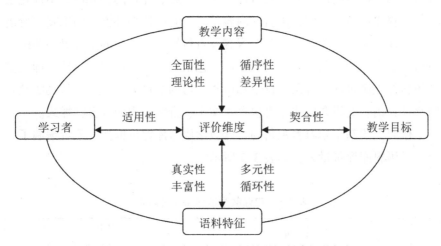

图3.7　基于学习者视角的口译教学语料库评价框架

在教学目标维度中，评价内容所关注的核心问题是语料资源在多大程度上可帮助实现各级大纲中设定的口译教学目标。因口译教学目标具有层次性和针对性特征，因此，无论是阶段性的或是基于单元的评价，都应考察语料资源与具体口译教学目标之间的契合程度，即应遵循框架中的"契合性"原则。

学习者维度旨在评价语料对口译学习者是否具有适用性。这里的适用性表现在多个方面：语料是否有助于引起学习者的学习兴趣和激发内在的学习动机；语料是否体现了口译学习者的目标需求和学习需求；语料对口译学习者的学习风格是否具有适配性；语料是否有助于口译学习者养成积极的学习态度、锻炼坚韧的学习毅力；语料是否有助于培养学习者的口译技能及增强其百科知识的储备；语料是否能满足口译学习者合作学习与自主学习的要求；语料是否有助于口译学习者培养行之有效的学习策略。

　　教学内容维度主要包括四个方面。其一，语料资源对口译技能的覆盖程度，以及语料资源是否包含了核心教学语料及配套的辅助教学资源，两者共同构成框架中的"全面性"原则。其二，语料的难度是否有梯度递增性，呈现的先后顺序是否合理，即框架中所体现的"循序性"原则。其三，所用的语料资源是否反映了有广泛认可度的口译理论与方法，也就是遵循框架中的"理论性"原则。其四，除考虑群体学习者的整体水平外，语料是否包含了为优异学习者和后进生提供的资源可选方案，即"差异性"原则。

　　语料特征维度分为语料的内部特征和外部特征两个方面。内部特征的评价包括：语料的语言方向及所占比例；主题、体裁的多元性；本地化题材在语料中所占的比例；语料的内容是否具有阶段循环性，即主要评价语料在口译技能、双语知识、职业素养及百科知识等方面的复习巩固和螺旋进阶中所发挥的作用。外部特征的评价包括：语料数量的充足性，即提供的语料能否满足学习者课外自学和课堂学习的数量需求；语料的真实性与时兴性；语料的媒介形式是否包含了文本、音频、视频等多种样式。

　　依照上述基于学习者视角的口译教学语料库评价框架，笔者编制了口译教学语料库评价量表，如表3.5所示。

表 3.5　口译教学语料库评价量表

评 价 维 度	认同程度：从 1 ~ 5 依次为不同意~完全同意，请勾选				
学 习 目 标					
1. 语料资源内容与我们的口译学习目标非常吻合。	1	2	3	4	5
2. 语料资源在巩固和加强课堂口译学习中发挥了重要作用。	1	2	3	4	5
学 习 内 容					
3. 语料资源覆盖了需要掌握的各项口译技能。	1	2	3	4	5
4. 每则语料都包含了核心语料和相配套的辅助资源。	1	2	3	4	5
5. 核心语料内容完整，可译性强。	1	2	3	4	5
6. 核心语料按星级标注的难度级别很合理。	1	2	3	4	5
7. 配套资源中的背景和百科知识对理解核心语料很有帮助。	1	2	3	4	5
8. 配套资源中的语料文本和参考译文内容准确，参考价值高。	1	2	3	4	5
9. 配套资源中的典型片段分析很好地把握住了重点和难点。	1	2	3	4	5

续表

评 价 维 度	认同程度：从 1～5 依次为不同意～完全同意，请勾选				
学 习 目 标					
10. 配套练习对提升双语知识、锻炼翻译能力非常有帮助。	1	2	3	4	5
学 习 者					
11. 语料资源非常符合我的口译学习需求。	1	2	3	4	5
12. 我对库中的语料资源有浓厚的学习兴趣。	1	2	3	4	5
13. 语料资源形式非常符合我的学习风格。	1	2	3	4	5
14. 语料资源对我的口译技能提升非常有帮助。	1	2	3	4	5
15. 语料资源对我的百科知识储备非常有帮助。	1	2	3	4	5
16. 语料资源有助于提升我的双语知识与技能。	1	2	3	4	5
17. 通过库中语料资源学习，我掌握了自主选择口译训练语料及配套资源的策略。	1	2	3	4	5
18. 通过库中语料资源学习锻炼了耐心、坚韧、机敏等品质。	1	2	3	4	5
19. 通过库中语料资源学习，我形成了良好的自主学习习惯。	1	2	3	4	5
20. 通过库中语料资源学习，我培养了很好的团队合作精神。	1	2	3	4	5
资 源 特 征					
21. 库中语料资源取材真实，内容时兴。	1	2	3	4	5
22. 库中语料资源与真实的口译任务非常接近。	1	2	3	4	5
23. 库中语料资源数量充足，完全能满足课外自主学习的需要。	1	2	3	4	5
24. 库中语料资源包含了音频、视频、文本等多种媒介形式。	1	2	3	4	5
25. 库中语料资源话题、体裁、口音和语言方向都具有多样性。	1	2	3	4	5
26. 库中语料资源音质好，画面清晰。	1	2	3	4	5
操 作 与 应 用					
27. 该口译教学语料库导航明晰，操作简便。	1	2	3	4	5
28. 该口译教学语料库性能稳定，速度正常。	1	2	3	4	5
29. 该口译教学语料库界面友好，链接准确有效。	1	2	3	4	5
30. 该口译教学语料库检索设置精细，非常适合个性化学习。	1	2	3	4	5
对该口译教学语料库的改进建议：					

第三节　深度加工机制的概念与表现形式

以上分别从产生背景、概念、开发模式和流程等方面阐述了口译教学语料库的创建动因、价值、研究现状、常规建设思路与方法等内容。口译教学语料库的建设不仅在于数量和规模的扩充，也不仅表现为语料资源管理的系统化及检索过程的便捷化，更在于通过探索科学的深度加工机制提升其在口译教学应用中的质量与实效。

口译教学语料库的深度加工机制指在口译教学语料库的建设与应用过程中，综合考虑口译教学主体、资源内容及特征、口译员工作要求、教学要素与设计、平台运行与操作等因素，并通过语言、教学、职业、技术等手段，建立语料资源与口译教学需求之间的有机衔接，进而优化口译教学语料库的设计理念，提升建库质量与开发效率，并最终实现充实口译教学资源、丰富口译教学内容、增强口译教学效果的目的。

就表现形式而言，口译教学语料库的深度加工机制包括内部加工机制与外部加工机制两个方面。其中，内部加工机制是建设高质量口译教学语料库的基础和前提，外部加工机制是确保口译教学语料库集约创建、持续更新和高效运行的关键因素。内部加工机制与外部加工机制紧密关联，相互交织，共同作用于高质量、高效能口译教学语料库的开发与应用。

口译教学语料库的内部加工机制主要与资源库所承载的语料资源相关。语料资源是口译教学语料库的核心内容载体，语料资源的甄选、分类、编排、特征分析、信息标注、呈现方式等直接决定了口译教学语料库的内容质量。在本书中，口译教学语料库的内部加工机制主要论及三个主题，即难度定级机制、语境重构机制与策略聚焦机制，下面分别予以简述。

从本质上说，语料的难度定级机制是口译教学语料库对口译学习者的适用性问题。适用性即指语料资源能否满足个体学习者多元化的需求，如主题、语言、难度、场域、内容、语体等，解决适用性问题的关键在于建立优质语料资源与学习者多元需求之间的有机关联。语料的终端应用对象是学习者，学习者的个性化需求能否得到满足，是检验语料具体使用价值的准绳，并将最终影响口译学习效果。在众多适用性因素中，语料的难度水平是需要首先考虑的要素。对口译学习者而言，在检索和应用口译教学语料库的过程中，都会将语料的难度水平作为遴选语料资源的重要参照因素，语料的难度定级也成为口译教学语料库开发与应用中的常规考虑要素。语料难度水平受诸多因素制约，就语料资源本身而言，主要需要从语音变异、语速、词汇的使用频次、句法复杂性、逻辑清晰度、文化异质性、主题专业度等方面分析。除了语篇分析的视角之外，难度定级机制还需要从口译学习者所处的学习阶段、知识背景、技能水平等个体差异方面予以综合考察。

　　语境重构机制主要涉及语料资源的语境缺失与重构问题。国内外研究表明，语境在口译过程中发挥着至关重要的作用，这体现在话语理解、信息推理和译语表达等方面。数字化口译教学语料资源虽具有获取便捷、数量丰富、媒介多样等特点，但在语境信息的呈现方面存在天然缺陷。例如，因发言者不在现场，诸多语言外的线索得不到呈现，而这会使真实口译任务中口译员的理解受到负面影响——这里论及的"语言外的线索"，便是语境的一个重要方面。经过下载或编辑的数字化语料资源具有一个共同特征，即语境缺失，而语境缺失的语料资源往往对口译员的听辨、理解、信息预测、逻辑关系梳理等造成种种障碍，导致数字化语料资源的教学应用价值大打折扣。因此，基于语篇分析和技术手段重构数字化语料资源的语境便成为口译教学语料库深度开发过程中不容回避的话题。

　　策略聚焦主要论述的是语料资源与口译技能专项训练之间的关系，即探索语料内容特点与拟重点训练的口译技能及策略之间的聚焦关系。口译是一门技能导向型学科，技能训练是口译教学过程中的核心内容。在实际口译工作情形中，任何一项口译任务的完成都是若干口译技能综合应用的结果。但在口译教学过程中，口译技能的培养与习得不可能一蹴而就，而应遵循口译技能的演进规律和学习者知识及技能的发展规律。从现代口译教学法的主流趋势看，基本遵循分项训练到综合训练的培养流程，即先通过技能分解的方式逐个训练学员的单项口译技能，再逐步过渡到综合口译技能训练，并最终向口译实践与实战能力发展。在口译教学语料库的开发过程中，需要考虑语料资源与口译技能训练之间的横向关联，通过研究相关的策略聚焦机制，探寻语料资源内容特点在相关口译技能与策略中的凸显性与聚焦性，进而为语料资源的信息标注提供参考，并最终使口译教学语料库在口译技能专项训练中发挥重要价值。

　　口译教学语料库的外部加工机制主要涉及与口译教学语料库开发与应用密切相关的资源、主体和技术等要素。从整个口译教学体系来看，口译教学语料库是一种重要的信息化教学资源。在实际教学过程中，教学资源不是一个孤立存在的实体，其价值和作用的发挥必然需要考虑与其他横向要素的关联，这些横向要素包括其他类型的教学资源、教学主体、教学技术、教学策略、教学评价等。在本书中，口译教学语料库的外部加工机制主要论及三个主题，即资源整合机制、共建共享机制与技术融合机制，下面分别予以简述。

资源整合机制主要探讨口译教学语料库与其他类型信息化口译教学资源之间的关联与交互问题。在信息技术时代，信息化口译教学资源的内涵和表现形式均发生着深刻变化。就课程资源而言，信息化口译课程资源涵盖口译慕课、口译微课、口译私播课等形式；就教材资源而言，信息化口译教材资源包括口译电子书、口译教材云平台、口译教材专题网站、口译教材专家示范课录像等多种形式；就测试与考证资源而言，信息化口译测试资源包括口译分级测试题库、智能组卷系统、智能评分系统等多种形式。在本书中，笔者重点探讨了口译教学语料库与信息化口译课程资源之间的整合机制。

共建共享机制主要关注与口译教学语料库开发主体和应用主体相关的内容。共建共享是提高口译教学语料库开发效率、扩大口译教学语料库受益范围的有效途径。共建主要涉及口译教学语料库的开发主体，共享则主要涉及口译教学语料库的应用主体，在口译教学语料库的开发与应用实践中，共建共享是密不可分的整体。因不同主体共同参与口译教学语料库的开发，其中必然涉及相互认可的规范化语料编制与加工流程问题，并通过合理的引导和有效监控手段化解建库效率与建库质量的矛盾。同时，还需要通过院校联盟、区域合作、网络协作等多种途径探索互利互惠与可持续发展的口译教学语料库共享机制。

技术融合机制旨在探讨口译教学语料库与其他信息化口译教学技术工具之间的关联与交互问题。当前以人工智能、虚拟现实和大数据为代表的新型信息技术革命正以前所未有的规模和速度影响着口译的面貌，同时，新型信息技术革命也带来了教育理念、内容与方式的重大变革。在口译教学语料库的开发过程中，技术融合机制具有多种探索潜力。例如，可以借助语音识别技术提高音视频语料文本转写的效率，借用虚拟现实技术实现对口译训练语料的情境化呈现，基于智能搜索引擎促进学习者的个性化学习，通过口译教学语料库云平台构筑跨区域、共建共享型语料资源开发与应用体系，利用大数据技术全面跟踪语料资源的学习应用与反馈信息等。

第四章　口译教学语料库的难度定级机制

第一节　语料难度定级概述[①]

一、语料难度的概念与重要性

在建设和应用口译教学语料库的过程中，语料难度定级是深度加工机制中首先需要考虑的因素。语料难度划分和定级的合理性在一定程度上决定了口译教学语料库的建设质量，并将最终影响其在口译教与学过程中的实际价值与效果。语料难度从本质上说是一个相对概念，即反映语料对口译学习者知识能力水平适合程度的参考指标。语料难度的相对性表明，不同学习者群体对同一语料的难度评价可能存有差异，相同学习者群体对同一语料难易程度的感受也会表现出个体差异。在教学过程中，口译教师判定语料难度通常会考虑两个因素：一是语料难度与所在班级学习者平均水平的近似性；二是口译课程进程中前后语料难度之间的递进性，也就是能否体现学习者"最近发展区"的要求。

语料难度定级的重要性体现在四个方面。其一，语料难度定级的合理性决定了其对口译学习者自主选择训练素材的适配性，科学合理的语料定级机制可为口译学习者提供较为精准的语料选择参考。其二，从口译教学语料库的整体建设和布局看，语料难度的层次划分体系有助于建立从初级到高级的循序渐进难度进阶体系，进而有助于口译学习者在不同水平阶段进行口译训练和自主提升。其三，合理的语料难度定级方案可为口译教师提供参考，尤其对于教学经验有限的口译教师，在遴选最新话题的语料资

[①]　本章前两节部分内容选自作者主笔发表的论文，详见参考文献：许明武、邓军涛（2013）。

源时，难度因素是其中的重要因素，难度过大的语料会挫伤学习者的积极性和自信心，难度过小的语料则无法形成对口译学习者的适度挑战性。其四，难度定级机制的建立还有助于推进科学规范的口译教材建设。我国现有以语料资源为主要载体的口译教材大多没有建立梯度递增的难度定级机制，这在很大程度上制约了口译教材的教学适用性。因此，探索口译教学语料库的难度定级机制也有助于推进口译教材的规范化和层次化建设。

从实践层面看，口译教学语料库的难度定级包括语料特征分析法、主观经验判断法、教学应用反馈法、学习数据动态监测法等多种形式。从研究层面看，学界对语料难度制约因素的考察主要围绕语篇特征展开，相关主题包括语料发布的语速、语音的变异程度、词汇的专业性、信息的冗余度、话轮的长度、参与口译交流活动的角色数量及彼此间的关系、主位推进模式、概念语法隐喻、逻辑关系的复杂性、语篇内部的衔接性、所涉专题知识与百科知识的广度和深度等方面。

二、语料难度的相关研究

从国际范围来看，有关口译教学语料难度的研究大致经历了从词汇到句法进而到语篇的历程。根据波赫哈克（Pöchhacker，2010：142）的文献统计，Treisman（1965）和Gile（1984）最早从词汇角度研究语料的难度，具体研究内容涉及词汇的多样性、词频、数量词和专有名词等。在句法层面，除从分句镶嵌结构和分句密度角度探讨影响语料难度的因素之外（Dillinger，1994：155-189），另有研究者尝试通过实验证明句法复杂性与译语输出准确性二者之间存在的显著关联性（Tommola，1998：177-186）。在语篇层面，德国美因茨大学格尔翻译学院的研究者主张以量化的方式，从篇章结构、话题、语言特征及讲话呈现方式等方面对语料难度进行评分定级（Hönig，2002：38-50）；法国释意学派则提倡基于主题熟悉度、语篇体裁类型和用语的专业性等定性方法来衡量语料的难度等级（塞莱斯科维奇、勒代雷，2007：83-112）。除此之外，语篇信息密度（information density）、可读性程度（readability level）和新概念密度（new concept density）等因素影响语料难度的相关实证研究陆续展开（Liu & Chiu，2009：244-266）。在语用层面，幽默语、双关语等给译语表达造成的不利影响也引起研究者关注（Viaggio，1996：179-198）。

比较而言，国内有关口译教学语料难度的研究以宏观原则性描述居多，运用语篇分析、量化分析等方法进行微观探索的研究相对匮乏。在宏观指导原则方面，作为开发口译教学语料的两条"科学性"原则，难度的适宜性和循序渐进性原则得到普遍认同（方健壮，2002：23；吴冰，1999：54；王金波、王燕，2006：43；严志军、张沫，2010：157；刘和平，2009：38）。刘和平认为，语料的难度包括语言和内容两个方面，在处理二者关系时应遵循一条重要原则，即语言难度应以不影响理解讲话人的关键思想为前提（刘和平，2011：33）。另有研究者基于地方性高校口译教学实践中的问题指出，口译教学语料难度过大会给学习者的兴趣、自信心及学习效果带来负面影响（吕颖，2010：97-98；王谋清，2009：47-50）。通过调节语料的外在负荷（如语料的呈现方式）与内在负荷（如话题熟悉度），可以适当控制语料的难度，从而确保学生的精力主要集中于提升口译技能（杨眉，2009：18）。此外，多项研究探讨了影响语料难度的词汇、语篇、文化等具体因素。在词汇方面，相关的因素包括数字、人名、地名、度量衡、形状、组织、社交辞令与成语等（杨承淑，2005：40）。不同源语的语篇类型，如叙述型、对话型、辩论型和假设型，对译语输出流利度和准确度的不同影响得到实验验证（吴磊，2006：41）。语篇中复合句的比例、语篇长度和语篇词汇心理距离总值对汉译英口译语料的难度影响受到关注（唐嘉忆，2011：1-20）。诗词、谚语、典故等文化因素给口译理解及表达造成的障碍受到关注（石晓禹，2012）。除此之外，还有研究者将影响交替传译教学语料的难度因素划分为动态因素和静态因素两大类（黄晓佳、鲍川运，2016：58-60），相关内容如表 4.1 所示。其中，动态因素主要与语音相关，静态因素则主要与文本内容相关。

表 4.1　影响口译教学语料难度的动态因素与静态因素

动　态　因　素	静　态　因　素
语音变异 （相对于标准语音的变异度）	语言因素 （词汇、句法、逻辑）
语速 （与语言方向有关，制约听力理解）	文化因素 （源语和译语之间的文化差异度）
话轮长度 （取决于讲话人，影响信息量）	专题与百科知识因素 （知识含量的广度与深度）

总的来说，影响口译教学语料难度的因素涉及语音、词汇、句法、语篇、语义、逻辑、谋篇机制、文化和知识等诸多因素。国内外有关口译教

学语料难度的多维度研究揭示了判定语料难度的复杂性，这种复杂性决定了在口译教材编制和口译教学语料库的开发过程中，纯粹主观臆断的难度定级方案势必隐藏各种教学风险。故此，需要综合应用语篇分析、量表参照、学习数据统计与分析等多种方法，深入探讨口译教学语料难度合理可行的定级机制。

第二节 难度定级的语篇分析机制

一、功能语篇分析概述

语篇是语料的话语表现形式，语篇特征与语料难度紧密关联。在口译教学实践中，语料难度定级常牵涉到对语料语篇的词汇、句法、功能、衔接、谋篇机制、语体风格、文化背景知识等因素的综合考量。故此，在系统的理论框架下对语料语篇特征进行综合分析，有助于从微观到宏观各个层面详细考察语料的难度，并基于语篇分析的结果综合判定语料的难度水平。本节将借助功能语篇分析方法，探讨口译教学语料的难度定级问题。

功能语篇分析法以系统功能语法为基础而创建，在过去二十年间，功能语篇分析方法已在外语教学、语言研究、文学批评与翻译学研究等领域取得了诸多应用研究成果，但其在口译教学语料编制与开发领域的应用较为匮乏。下面以功能语篇分析的基本理论框架为指导，探讨其在语料难度定级中的应用思路。

简而言之，功能语篇分析即运用系统功能语法所做的语篇分析（黄国文，2001：1-4；2002：25-32）。根据系统功能语法的理论框架，可从文化语境（context of culture）、情景语境（context of situation）和语言三个方面逐层阐述语篇分析的范围。其中，文化语境是一个较为抽象的概念，指语篇在特定社会与文化中所能表达的意义，文化语境具体由语篇体裁（genre）反映出来。情景语境也称为直接语境，指的是与语篇传递交际意义相关的话题、时间、地点、谈话角色及彼此关系等。具体来说，情景语境由语场（field）、基调（tenor）和语式（mode）三个变量构成。语言层次则包括措词系统（词汇-语法）、意义系统和声音/书写系统。语言主要表达三大纯理功能，即概念功能（ideational function）、人际功能（interpersonal function）和语篇功能（textual function）。

运用功能语篇分析方法判别口译教学语料难度具有两项优势。其一，该方法在语篇衔接、外语教学等领域已取得的相关研究成果可为甄别语料难度提供有价值的借鉴；其二，该方法将影响语料难度的非语言因素和语言因素有机整合在一起，有助于从整体和系统的视角综合考察影响语料难度的各类变量。但需指出的是，功能语篇分析方法主要是为判别口译教学语料难度提供宏观理论框架，为理清与分类各种难度因素提供明晰的思路，但在针对具体因素进行分析时，仍需借助相关理论的多维指导。

下面以具体案例为依托，按照"文化语境→情景语境→语言"自上而下、由宏观到微观的方式探讨功能语篇分析在语料难度判别中的具体应用。

二、基于功能语篇分析的难度定级机制

(一)案例简况

为体现口译语料之间难度的可比价值，本节选取了时长、体裁和语速均比较接近的两则语料。其中，语料 A 源自英国广播公司(BBC)的新闻报道，语料 B 源自美国广播公司(ABC)的实况新闻，上述两则新闻均以2013 年 4 月 15 日(美国当地时间)发生在波士顿的恐怖袭击事件为背景。两则语料的基本特征如表 4.2 所示：

表 4.2　语料 A 和语料 B 的基本特征描述

语料	词数	时长	语速	发音	媒介
A	1.31	45 秒	2.91 词/秒	英式	音频
B	127	45 秒	2.82 词/秒	美式	视频

语料 A：

①Boston police said the explosions at the finishing line of the city's marathon were almost simultaneous. ②They say no further explosive devices have been found so far near the finish line, but the investigation is ongoing. ③The Boston Police Commissioner Edward Davis told the news conference that there had been a third explosion. ④"We have, at this point of time, determined that there has been a third incident that has occurred. ⑤There was an explosion that occurred at the JFK library. ⑥So this is very much an ongoing event of this point time. ⑦We are not certain that these incidents are related, but we are treating them as if they are." ⑧Police in Boston have urged the residents of the city to stay indoors and not to congregate in large groups.

语料 B：

①A full scale digital manhunt is underway. ②Record setting web traffic jammed FBI gov. ③After they released photos and surveillance video of two suspects in the Boston Marathon bombings over the past three days, investigators have pored over countless clues. ④But one crucial piece of the puzzle reportedly came from this man Jeff Bauman that severely injured spectator whose ashen face became an iconic image. ⑤Appearing on our screen as responders whisked him away, Jeff lost both legs below the knee, but his brother told a reporter when he awoke from surgery while still in the ICU, Jeff gave a description of a man he saw moments before the blast putting down a backpack. ⑥It may well have led investigators to a dramatic breakthrough we begin with tonight.

(二)难度甄别

1. 语篇体裁与情景语境

首先，从文化语境看，两则语料均属于电台或电视台新闻报道的语篇体裁。在语场的因素中，两则语料均聚焦同一事件，即美国波士顿马拉松比赛爆炸事件，因此不涉及因学生背景知识及话题熟悉程度交互影响而产生的难度差异。在基调方面，两则语料也较为相似，即交际参与者均为主持人与听众或观众。在语式方面，两者都具有广电媒体共同的语式特征，也就是口语和书面语的双重特征。因此，从文化语境与情景语境两方面来看，两则语料不具有显著的难度差异。

2. 人际功能

人际功能主要表现为情态和语气。情态涉及的是介于是与否两极之间的意义领域，讲话人通过情态对自己所述命题的有效性和成功性予以判断（Halliday，1994）。其中，情态动词是实现语篇情态的一种重要方式。在英语中，情态动词虽然数量有限，但意义和用法却较为复杂。在上述两则语料中，情态动词只出现在语料 B 的末尾句中。对于口译员而言，要在短时间内从必然性、可能性、义务性、预见性、意愿性等意义中进行快速且准确的判断，其中的挑战性是显而易见的。再看语气，Lock（1996）总结了英语中的四种语气，即疑问、陈述、祈使和感叹语气。在通常情况下，上述四种语气与特定的言语功能相对应，比如，陈述语气对应陈述的言语行为。但是，如果四种语气的对应出现错位，则可能会产生间接言语行为。在语言表达中，间接言语行为如用非直接的方式表述出来，就会产生"言外之意"。例如，"It's so cold here."在形式上虽为陈述句，但在特定的语境中则可能表达的是祈使或感叹语气，如要求对方关门、关窗或感叹天气寒冷。由此可见，错位情形出现的频次越多，产生言外之意的可能性也就越大，口译员在"脱离原语语言外壳"进行意义转换时遇到的障碍就越大。从句子形式上看，两则语料的句子均为陈述句。再看错位情形，只有语料 A 中存在一处，即"Police in Boston have urged…"。该句实际上是一个间接祈使句。由于该句是用直接的方式阐述祈使内容，故不存在"言外之意"，因此并未对译者的意义理解造成实质性挑战。

3. 概念功能

语言的概念功能由语态系统、及物性系统和归一性系统来体现。在语态系统中，被动语态常常是口译员理解或传译的难点。下面以两则语料中唯一的被动句，即 A 中的第二句予以说明。该句中 "They say *no further explosive devices have been found so far near the finish line*."被译为"他们（波士顿警方）说，目前在终点线附近没有发现更多的爆炸装置"较符合汉语的表达习惯。画线部分的英文为被动语态，而根据汉语的表达习惯，该译文宜转化为主动语态，这便给译者的语言转换过程带来了一定困难。在及物性因素中，参与者人数的多寡与语料的难度存在一定的关联性。简而言之，语料中涉及的参与者越多，口译员理清各角色及相互之间关系的难度也随之增大。语料 B 涉及的参与者包括 Jeff、Jeff 的兄弟、FBI 调查人员、急救员、记者及嫌犯；语料 A 中的参与者相对简单，只包括波士顿的警方、警察局局长和市民。在归一性系统中，否定句的出现会在一定程度上影响语料难度，因为在听力过程中理解否定句通常要比理解与之关联的肯定句更有难度（曹勇衡，2004）。对比来看，语料 A 中共包含三处否定形式，因此在这一点上其难度要高于 B。

除此之外，在概念功能中，概念语法隐喻也为影响语料难度的一个重要变量。Halliday 认为，在"平白体"的英语中，语义和语言形式、语义学和语法之间存在一定的"自然"关系，如描述体现为形容词，动作体现为动词，逻辑关系体现为连词等。但在概念语法隐喻中，常出现这样的情形，即一个词汇语法范畴向另一词汇语法范畴转义而使用，如动词、形容词、介词等转义为名词，动词转义为形容词等，因此，概念隐喻常被视为表示意义的"不合乎自然"的方式（转引自范文芳，2007：13）。上述现象在两则语料中都有体现。比如，在语料 A 中有这样一例，即动词词组"go on"转义为形容词性范畴的"ongoing"。而在语料 B 中，则先后出现了四处概念隐喻的情形，依次为：动词词组"set a record"转义为形容词化范畴的"record setting"；名词性的"jam"转义为动词性范畴的"jammed"；动词性的"describe"转义为名词性范畴的"description"；动词性的"report"转义为副词性范畴的"reportedly"。据此可见，上述概念语法隐喻的存在给口译员的听辨和理解带来一定挑战，要求译员在加工信息时改变惯常的认知与表达习惯，在短时间内接收并应对"不合乎自然"的表达方式。

4. 语篇功能

在语篇功能中，笔者主要从主位结构和衔接加以分析。主位是话语的出发点，通常是交际双方的已知信息；述位是话语的核心内容，通常是发话人要传递的新信息。如果从句子成分的信息传递价值看，述位相对起着更为重要的作用，因为它承载着新的信息；主位通常为语篇的重要构造手段，旨在把琐碎的意义组织成为连贯的整体，但其信息承载量相对较小。如果用 R 表示述位（rheme），T 表示主位（theme），语料 B 的主位推进模式可以大致描述为：T1-R1, T2-R2, T3-R3, T4-R4, T5-R5, T6-R6；语料 A 可以描述为：T1-R1, T2(=T1)-R2, T3-R3, T4(=T1)-R4, T5-R5, T6-R6, T7(=T1)-R7, T8(=T1)-R8。从上可见，语料 A 的主位推进模式与"主位同一型"较为接近（朱永生、严世清，2001：103），即多数句子都以同一个成分（Boston police）为谈论的起点，每个句子的述位都对这个起点作出新的信息阐述，这便降低了口译员的听辨负荷。在语料 B 中，每一个主位和述位都不相同，口译员需要连续不断地接收和适应新的主位与述位信息，因此其听辨负荷及记忆压力都会相应增加。除此之外，语篇 B 中前两句还出现了述位和主位信息量倒挂的现象，也就是句子信息的重心处于主位而非述位之上，这一反常规的信息分布方式也给口译员增加了信息处理的压力。

衔接（cohesion）指的是语篇中两个不受句法结构制约的成分在意义上的相互关联，也就是一个成分的解释需要依赖于另一个成分的解释（Halliday & Hasan，2001）。衔接是影响语篇连贯（coherence）的一项重要因素，而语篇的连贯又是口译员有效理解源语的有效保障。故此，语篇衔接也是判别语料难度的一个重要考察视角。常见的衔接手段有替代、指代、重复、省略、连接词和词汇衔接等，不同的衔接手段会给语料的难度带来不同的影响。先以指代为例进行比较。指代在语篇内部通常表现为预指（cataphoric reference）和回指（anaphoric reference）。回指现象在两则语料中均有出现，如语料 A 中的 they 和 we 均指代第一句中介绍的波士顿警方，语料 B 中第五句的 he 指代 Jeff 等。在通常情况下，无论是句法层面，抑或是逻辑层面，相对于回指，预指都会给口译员的信息加工造成更大挑战。例如，在语料 B 中，第三句的 they 和后文中出现的 investigators 就是一种预指关系。此外，第五句中的 him 同样预指后文出现的 Jeff。在语言交流中，预指情形虽较为鲜见，但一旦出现，口译员在听辨过程中常会陷入信息迷失的状态，因其失去了预期和推理的支点，而这种挑战性在同声传译中表现得更为明显。

连接词(conjunction)指连接句子的各种副词与连词，它们是体现语篇不同成分之间逻辑关系的手段，如转折、递进、因果、时间等。在发言人的讲话中，连接词的使用可使句子间的逻辑联系明朗化和显性化，有助于口译的理解。例如，在语料 A 和语料 B 中分别出现了两个 but，此外 A 中还有一个 so。但是，如果句子间的逻辑关系是隐性的，也就是没有连接词的显性衔接，则会给口译员提出逻辑推理的要求。譬如，在语料 B 第五句到第六句的过渡中，就隐含了因果的逻辑关系，这需要口译员依据上下文进行判断。除此之外，省略通常也会给口译员带来一定的理解负担，因为这一方面要求口译员根据上下文情境在认知理解过程中填补语义的省略部分，另一方面，这有时还要求口译员在译语表达的过程中填补这一空缺。例如，在语料 A 中出现的"We are not certain that these incidents are related，but we are treating them as if they are (*related*)"。在处理这一句时，就需要填补其中省略的信息，即"我们尚不能确定这几起事件是否存在关联，但我们在调查这些案件时暂且认为它们是关联的"。

5. 措辞系统

在措辞系统中，词频是判别语料难度最直观和最具说服力的变量。运用 ROST 词频统计软件可以发现：语料 B 中的不同单词数量为 106 个，词频在 2 次及以上的共有 12 个，其中实义词为 7 个；语料 A 中的不同单词数量为 78 个，词频在 2 次及以上的共有 30 个，其中实义词为 15 个。词频是反映语料信息冗余度(redundancy)的一个重要指标，从上面的数据对比可见，语料 B 的信息冗余度相对较低，因此口译员需要承担更多的记忆及理解负荷。参阅上述的统计结果，再将两则语料中词频为 1、相对生僻的词放入英国国家语料库(BNC)进行在线检索，进而发现：在两则语料的低频词中，语料 B 中的低频词在 BNC 中的实际使用频次远低于语料 A(如表 4.3 所示)。口译语料的难度通常与语篇中低频词的数量呈正比，而与低频词在实际运用中的使用频次呈反比。据此可见，语料 B 在词频层面的难度更大。

表 4.3　两篇语料中低频词在 BNC 中的出现频次

A	congregate	simultaneous	ongoing	explosive
频次	110	637	686	800
B	pore over	manhunt	iconic	ashen
频次	11	27	35	74

综合上述分析，在五大板块中，我们共对比了 15 个变量。其中，语料 A 在归一性、语态和省略三个方面的难度高于语料 B；语料 B 在概念语法隐喻、情态、及物性、指代、主位结构、连接词和词频七个方面的难度大于语料 A；二者在语篇体裁、基调、语场、语式和语气五个方面的难度大体相当。故此，就整体而言，语料 B 的难度大于语料 A。

功能语篇分析方法为判别口译教学语料难度提供了层次分明、系统性强的理论框架。在实际运用过程中，我们既可采取定性的方法，比如基于上述板块和变量进行综合分析与判定；也可采取定量的方法，比如通过给每个变量赋值，进而计算出语料的整体难度值。当然，在上述分析框架和思路中，各项分析指标还可进一步细化，已经列举的变量在具体应用过程中还可细分出多种变体形式。总而言之，各种因素覆盖和分析越全面，难度定级也就越准确，也就更能为口译训练提供更为精准可靠的选材依据，从而保证训练的针对性和教学进程的渐进性。

第三节　基于前测的难度定级机制①

在上一节中，笔者从语篇分析的视角探讨了口译教学语料难度定级的机制，语篇分析的对象为语料，或表现为语料话语的呈现方式，或表现为语料文本的词法、句法及语篇特征，但总而言之，语篇分析的操作范围都只局限于语料本身，只关注和语料语言相关的内容与特点。从这个意义上说，基于语篇分析探讨语料难度的具体实现方式通常需要借助对比的方法，也就是通过横向对比的方式探讨相关语料的语篇特点和难度水平。

---

① 本节部分内容选自作者主笔发表的论文，详见参考文献：邓军涛、古煜奎（2017b）。

从口译学习者的角度来说，语料难度不仅与语料本身的语篇特征相关，还与个体口译学习者动态发展的知识水平和群体口译学习者所处的不同学习阶段紧密关联。口译教学语料库的创建与应用最终以口译学习者为目标导向，口译教学语料的难度定级也必然需要考虑口译学习者的个体水平和群体学习阶段。除此之外，在不同的教学阶段，口译教学的内容和技能重点具有差异性，这种差异性一方面体现了口译技能习得和培养的发展进程，另一方面也要求口译教学中对语料的选择与应用应有所侧重，也就是在内容和特征上对语料素材的选择进行区分，体现出不同学习阶段和不同技能训练的相关要求，而上述要求也直接或间接地影响到语料的难度水平。简而言之，口译教学语料库的难度定级既需要考虑语料的语篇特征，又需要考虑学习者个体和群体的学习阶段与水平因素，还需要考虑不同学习阶段对不同口译技能训练发展的内容要求、关注重点和演进顺序。

就实践层面而言，基于语料语篇因素、学习者因素和口译技能发展因素综合判定口译教学语料的难度，通常可以采取基于前测的难度定级机制和基于后测的难度定级机制。所谓基于前测的难度定级机制，即指在学习者学习和应用语料之前，开发者通过语篇分析、经验判断、亲历试用等方法对口译教学语料库进行难度分级和标注，从而为口译教学语料库的应用提供先导性的实践参考；所谓基于后测的难度定级机制，即指在部分学习者学习和应用语料的基础上，基于学习过程数据、行为数据或口译表现等数据，形成对口译教学语料难度水平的综合统计数据，进而生成口译教学语料库难度水平的后馈性定级数据，且相关定级结果会随着学习者参与数据的增加而发生一定变化，从而以动态变化的方式为口译学习者提供实时更新的语料难度定级参考数据。简而言之，基于前测的难度定级具有相对的静态特征，而基于后测的难度定级具有相对动态的变化特征。

从目前口译教学语料库的开发实践来看，采用基于前测的难度定级机制相对普遍。以 EU Speech Repository 为例，该口译教学语料库的难度定级由欧盟委员会具有实战经验的资深口译员和具有丰富教学经验的大学口译教师共同完成。如表4.4所示，EU Speech Repository 语料的难度级别首先按口译的两种常见形式（交替传译和同声传译）进行区分，并将两种口译形式适用语料的难度水平分别划为5个级别与4个级别。

表 4.4　EU Speech Repository 语料难度定级标准

水平	交替传译(交传)	同声传译(同传)
基础	入门口译训练,侧重记忆力训练;语料简短,结构清晰,关键词明显;技能重点:注意力集中、记忆力、积极听辨、无笔记短交传	(同传已默认具有相关基础水平,故未列出此级别)
初级	记忆力训练与带笔记交传的过渡阶段;语料稍长,信息量更丰富,开始出现名称与数字信息;技能:笔记法、译出大意与关联词等	交传与同传的过渡阶段;语料具有描述性、视觉化与线性特点,不含特定词汇及过多事实性信息;技能:传译大意与逻辑关系,译语流畅
中级	已掌握笔记法基本技能并能熟练应用;语篇更长且具有非线性特征,词汇更难,名称、数字等事实性信息增多;技能:译出大意、逻辑和更多细节信息	已掌握基本同传技能并能经常应用;语言难度增加,包含推理、转折等逻辑关系,事实性信息增多,时长 8~9 分钟;技能:传译多数信息,译出幽默与反语
高级/测试	学习过程后期,期末测试的预备阶段;语料较复杂,非通用性主题,更多事实性信息,本族语者发布,时长约 6 分钟;技能:以职业化方式译出完整语篇	学习过程后期,期末测试的预备阶段;语料复杂,节奏加快,信息量更丰富,包含不同角色,观点与推理富于变化;技能:快速反应,以职业化方式流畅传译,允许少量不明显的信息省略
顶尖	学习过程结束,职业口译的预备阶段;语料长,主题广,要求译前准备,语言较专业,信息量大,包含复杂信息与结构;以职业水准传译,能应对困难情境	学习过程结束,职业同传的预备阶段;语言信息量大,节奏快,逻辑富于变化,汇聚不同观点,包含各种隐性特征;快速反应,双语转换自如,表达流畅

　　从表 4.4 中可以看出,开发者分别从语料特点、学习进程和技能重点等角度对同声传译与交替传译每个水平级别的语料难度分别进行了描述。这套定级方案既以螺旋上升、层层递进的方式阐明了口译技能发展路径中的侧重点及目标要求,又反映了不同口译形式在学习者不同发展水平阶段的能力要求及知识要求,同时还从信息分布、语言特征与呈现形式等微观

的视角标明了每个阶段水平的语料内容及特点，因此对口译教学语料库的定级有着较强的指导意义和参考价值。

为深入了解 EU Speech Repository 语料难度定级标准在口译教学中的参考价值，笔者于 2021 年 12 月底至 2022 年 1 月初对来自北京、广州、厦门、沈阳等地知名高校共 6 名口译教师进行了书面访谈。受访者包括 4 名女教师和 2 名男教师，年龄 30—42 岁，均为博士（包括 1 名在读），职称为 4 名讲师、1 名副教授和 1 名助理教授。受访教师从事口译实践的时间人均 11 年，最长达 17 年；从事口译教学的时间人均 10.8 年，最长为 15 年；从事口译研究的时间人均 10.6 年，最长为 14 年。受访者用于口译教学的语料主要来源于口译实践（如会议口译）、网络、教材或自编素材。

本次书面访谈共包括 5 个问题，主要从理论、实践和经验等方面调查了解口译教师对语料难度定级标准的认知、认可与认同等情况。下面对每个问题的访谈情况予以简述。

访谈问题 1：您在选择或编制口译语料时，对语料难度的把握通常会考虑哪些因素？

受访者表示，对语料难度的把握主要考虑三大方面的因素。第一方面为主题与专业因素，主要涉及学生对相关主题与专业知识的了解程度，以及源语和目的语之间的跨文化交际因素。第二方面为语言因素，具体包括语言层面和副语言层面。其中，语言层面的因素涵盖信息密度、术语、数字、长难句、语料结构和逻辑的清晰度等；副语言层面的因素包括发言的口音、语速、话轮时长、发言方式（如读稿或即兴发言）等。第三方面为学习者因素，如学生的语言、技巧和专题知识的广度与深度。

访谈问题 2：您如何评价 EU Speech Repository 的语料难度定级标准？

受访者总体对上述定级标准给予了较为肯定的评价，如内容体系较为完整，分级比较合理；综合考虑了实际口译工作的复杂程度，符合口译实践情形；遵循口译技能习得规律，循序渐进；有利于提高语料难度分级的客观性，一定程度上减少建库者的主观臆断。同时，受访者也对其中的部分细节描述提出质疑：①"高级/测试"中的"本族语者发布"这一项缺少依据，非本族语者发布的语料可能因为口音等因素难度更高，也有教师建议高级阶段应包含本族语和非母语讲者；②"高级测试"有关"时长约 6 分钟"的表述缺少纵向对比，没有给出其他难度的时长标准，同传的"中级"标准也存在类似问题；③需要主观判断的指标较多，如初级的"信息量更丰富"和顶尖的"信息量大"，具体操作中难以准确把握。

访谈问题 3：您认为 EU Speech Repository 的难度定级方案对一线口译教师的指导价值如何？可操作性和局限性分别是什么？

受访者均表示，EU Speech Repository 的难度定级方案具有一定程度的指导价值。例如，对一线口译教师而言，一则可以直接利用分级的结果来选择课堂教学语料，如本科生选用基础级和初级，对研究生低年级采用中级和高级，对研究生高年级采用高级和顶尖级材料；再则可以借鉴难度分级的方法来指导自编材料的难度设计，在教学中体现循序渐进的规律和要求。

对于定级方案的局限性，受访者的反馈主要集中在三个方面：①缺乏实证研究数据的支撑，质性特征缺少更为细致的描述语及示范性案例；②指标比较庞杂，指标之间的比重尚不明确；③可操作性不高，缺少量化指标或建议的量化区间，很难通过量化的方式准确、快速计算每篇语料的整体难度；④忽略了不同语言对之间可能存在的难度差异，如英法比英汉语言对相对简单。

访谈问题 4：您自己、您的学生是否选用过 EU Speech Repository 中的语料？如有，请从精准性、适用性等方面简要评价您和学生对该库语料难度的定级结果。

受访者中有三位教师回答没有使用过上述库中的语料，一位教师偶尔从初级和中级语料中进行选材。一位教师表示，自己和所教班级的学生均使用过该库的语料，并对语料难度的适用性做出了如下评价：英到中的材料较好，讲话人陈述质量好，选材来源比较统一，难度定级标准较为一致，具有一定的指导意义；中到英的材料一般，很多由参训学员编辑，有的材料陈述质量一般、不够流畅，语速偏慢，题材选择一般，内容比较空洞。该教师进一步分析了产生上述差异的原因：中文不是欧盟的官方语言，对中文材料的选择、编辑和入库在一定程度上缺少统一标准和质量把控，这些因素都会影响到难度定级的一致性和适用性。

受访者中还有一位教师从实证研究的角度评价了该库语料难度定级的情况。该教师在其博士学位论文中设计了如下实验：从 EU Speech Repository 中选取五篇难度不同的语料让学生做口译练习，之后请学生对语料难度进行评分。结果显示，学生的打分结果和分级结果不完全一致，学生对语料难度的个体感受因人而异，并非与库中的难度分级形成严丝合缝的对应关系。该教师认为，难度具有主客观双重属性，分级的指标选择和指标权重需要根据不同学段的学生能力而定，很难概而论之。

访谈问题 5：关于口译教学语料难度划分或分级，您是否熟悉其他的指导方案？如有，请简要描述。

受访教师对该问题的回答呈现较大分歧。第一名教师表示不清楚相关方案，第二名教师认为主要依赖个人的口译实践与教学经验，第三名教师提出了口译教材中的分级方案（如上下册分级）。第四名教师认为可参考语言教学中的易读性指标，用句长、词频等指标来划分语料难度，也可参考有关口译测评材料的难度分级研究成果。

第五、六名教师援引了现有文献中的相关方案，具体包括：塞莱斯科维奇、勒代雷（2007）建议将语篇体裁类型、主题熟悉度和专业术语等作为判断口译源语难度等级的因素；黄晓佳、鲍川运（2016）提出英汉交替传译教学材料难度的评分标准，并使用"难度积分法"对每项难度影响因素按照难易程度进行三个等级（0、1、2）赋分；许明武、邓军涛（2013）将口译语料难度影响因素分为五大板块和 15 个变量；刘建珠（2017）提出控制和甄别语料难度的 ILSS 体系，即语料难度体系可基于信息难度指标（I）、语言难度指标（L）、发言难度指标（S）和场景难度指标（S）综合评判；赵田园（2020）构建了英汉交替传译源语难度评估体系，主要涵盖词汇句法维度、内容结构维度、副语言媒介维度和语用维度四个方面。

综上所述，以 EU Speech Repository 为代表的基于前测的难度定级机制，无论对于口译教学语料库的难度分级，还是对于一线口译教师分学段、分阶段的差异化渐进教学，都具有宏观体系的指导意义和微观细节的参考价值。与此同时，相关难度定级机制的适用范围、实用程度和使用实效还需要综合考虑如下因素：语言和语对之间的差异，方案的科学理据和实证效度，教师的认可度与接受度，操作的可行性和便捷性，学习者的群体差异和个体差异等。

第四节　基于后测的难度定级机制

无论是基于语篇分析的难度定级机制，还是基于语篇分析、学习者水平划分和口译技能发展演进等综合判定的难度定级机制，上述都属于预设型难度定级思路，即语料在用于口译训练之前人为预设的难度等级。现实的问题在于，这种依赖预设的难度定级方案是否与口译学习者实际训练的结果相一致呢？抑或是否可以换一种难度定级思路，将口译学习者实际的语料训练情况与语料的难度定级相关联？这样一来，口译教学语料库的难度定级将主要取决于口译学习者的实际训练过程、行为与数据，口译学习者因素将在语料难度定级中发挥更为客观的支撑效应。近年来，以大数据为代表的前沿信息技术发展成果为破解上述难题提供了创新思路。

从跨学科的视角看,大数据技术在教学行为分析、教学过程监控、教学策略优化等方面取得了诸多进展。相关进展为口译教学开展基于大数据的变革带来了诸多启发。以口译教学各环节和要素的数据挖掘与分析为例,来自口译在线学习平台、口译课程管理系统、口译练习录音、讨论区、留言板、学习日志等常规性的平台化数据,来自教学监控设备、传感器的大量感知式系统数据,以及来自以移动设备和移动互联网为载体的即时性数据,将汇聚成口译教学班级的大数据。对口译学习者而言,通过结合相关大数据和个性化自适应在线学习系统,可全面跟踪学习者在整个课程进程中的学习数据,一方面根据其学习障碍、口译表现、策略偏好等推荐更为合理的个性化学习路径,另一方面可以根据其认知水平、知识结构、兴趣爱好、学习风格等推送个性化口译学习资源。对口译教师而言,一方面可以动态化掌握每个口译学习者的学习数据,在教学中开展差异化教学,另一方面则可从宏观上掌握所在班级学生的教学数据,从而为制定阶段性教学目标、合理控制教学进度等提供科学依据。

大数据驱动的口译教学思路同样为口译教学语料库的难度定级开辟了新的路径。由 Sophie L. Smith 倡导创建的全球协作型口译教学语料库 Speechpool 在难度定级方案中就采取了与学习数据相关的动态化难度定级路径。

不同于 EU Speech Repository 对语料难度提供的预设型层级化检索方案,Speechpool 对语料难度的判定以难度投票(Difficulty Rating)的方式呈现(图4.1),即通过基于学习数据统计的难度值为口译学习者提供语料选

图4.1　Speechpool 的语料难度投票界面

择依据。在具体实施过程中，Speechpool 采用基于学习者反馈的语料难度定级机制，即学习者在练习之后需要对语料难度进行投票，从易到难，依次为一星到五星，后台再基于学习者实际练习的反馈与统计数据，对语料难度水平进行智能化统计与标识。

为收集学习者对语料难度的反馈，在网页中添加投票机制是非常实用和有效的方式。在互联网前端开发的技术栈中该技术已非常成熟。前端的实现方式主要包括两个方面：一方面是整体页面数据同步，用户选择投票项后，点击提交，数据提交至后台，后端完成数据处理，返回页面的重定向，将投票结果返回给用户。另一方面是页面异步数据同步，用户选择投票项后，点击提交，数据通过 AJAX 异步提交至后端，后端完成投票后将处理数据返回给前端页面，页面通过脚本对结果进行处理，并显示给用户。两种实现方式中，页面异步数据同步要优于整体页面数据同步。原因主要表现为三个方面：其一，AJAX 异步提交更有利于前端用户界面与后端数据处理解耦，前后端分离提高软件开发效率。前端人员可以专注前端用户界面设计，后端开发更专注于后端数据处理；其二，数据处理集中在前端，减少后端服务器负载；其三，采用前后端分离技术，后端技术栈选型更加灵活，除传统网页开发语言之外，任何能提供超文本传输协议（HTTP）服务的框架都可以为前端提供接口调用。后端数据处理的实现方式主要体现为：服务端侦听到客户投票请求后，需要提取用户信息与投票结果信息，并对用户和投票结果进行数据绑定，然后存入数据库。之后，将投票结果经过计算后返回给前端用户。后端数据库可以采用关系型数据库和非关系型数据库。在投票这个单项功能里，上述两种数据库仅在后端程序调用和数据计算中存在差异。

上述难度定级机制具有三个特点。其一，语料难度的评价主体为口译学习者，而非口译教师、口译从业者或口译教学语料库的开发者，通过口译学习者群体的广泛协作，共同为口译教学语料库的难度定级贡献学习数据。其二，语料难度的判定依据是口译学习者的实际训练过程与结果，而非语料本身的语篇特征及呈现方式。其三，语料难度的表示方式为动态变化的星级，而非预设且相对固定的水平定级。

对于一线口译教师而言，利用在线问卷的常规功能也可便捷高效地获取学生对语料难度的评价情况。以问卷网（wenjuan. com）为例，该平台提供多种问卷调查模板，支持十余种常见题型，其专业逻辑跳转功能可保证用户快速完成调研流程，并以多渠道方式推送发布。口译教师可在线设计语料难度情况的调查问卷，通过 QQ、微博、邮件等方式将问卷链接或二维码推送给学生填写，继而通过柱状图和饼状图等查看统计图表，并对语料的具体难点进行深入分析。

为了考察以学习者为中心的基于后测的难度定级机制与以教师为中心的预设型难度定级机制之间的关联性，笔者以本章第二节所选语料案例为训练素材，结合学生的训练过程和难度感知，设计了一份在线调查问卷。该问卷以黄晓佳、鲍川运（2016：61）的英汉（汉英）交替传译材料难度的评分标准和赵田园（2020：274）的英汉交替传译源语难度评估体系为参照，主要内容包括总体难度评价和分项难度评价两部分。其中，总体难度评价即学生在训练之后对语料难度综合感知的评价，具体选项包括非常简单、简单、一般、较难和非常难五个等级。分项难度评价包括四个维度：词汇句法维度，分设词汇难度、句式复杂性两个题项；内容结构维度，分设主题专业性、逻辑复杂性、信息密度三个题项；副语言表征维度，分设语音变异、发言语速、环境噪音三个题项；语用与文化维度，分设修辞表达、文化信息两个题项。每个题项指标从易到难，依次标注 1—5 分，语料的难度值根据十个题项的得分均值总和进行计算。

本次调研对象为笔者所在学院，共 25 名翻译硕士研究生参与。笔者先向学生介绍了语料的背景信息，并对调研目的和题项术语的意义给予解释。学生在完成听译练习之后，扫描进入问卷界面进行填写。从表 4.5 的整体难度评价情况可知，绝大多数学生对语料 B 的难度水平评价为较难或一般，而对语料 A 的总体评价则主要为一般或简单。由此可见，学生对语料 B 的总体难度感知高于语料 A。

表 4.5 学生对两则语料的整体难度评价情况

难度评价	非常简单	简单	一般	较难	非常难
语料 A	0.00%	28.00%	60%	4%	8%
语料 B	0.00%	4%	44%	52%	0.00%

从学生对具体题项的难度评价结果来看，语料 A 在主题专业性、信息密度、发言语速三个指标上的难度评价均值相对偏高（图 4.2），而语料 B 除了环境噪音之外，其余九个指标的难度评价均值都在 3.0 以上，且以句式复杂性（3.4）和逻辑复杂性（3.28）尤为突出（图 4.3）。通过对两则语

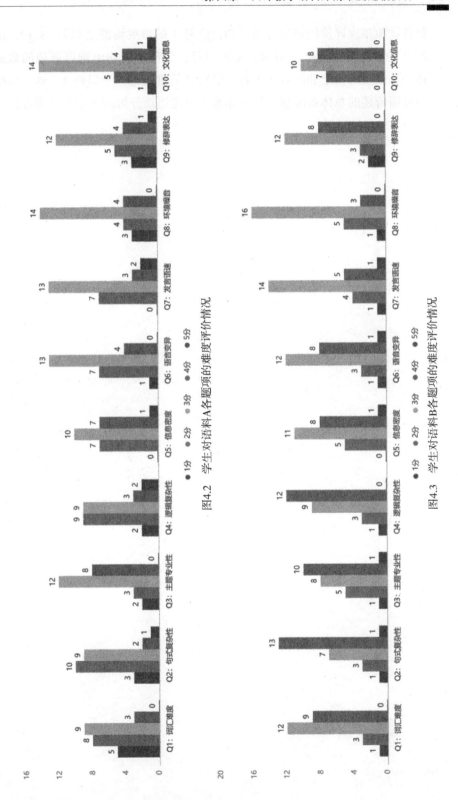

图4.2 学生对语料A各题项的难度评价情况

图4.3 学生对语料B各题项的难度评价情况

料各题项难度评价均值的计算可知，语料 A 的难度均值之和为 28.12，语料 B 的难度均值之和为 31.4。由此可见，无论从高均值难度题项的数量还是从难度均值之和的对比来看，语料 B 的难度都高于语料 A。这一结论与前面所述的总体难度感知结果和基于功能语篇分析的预设型难度评价结果一致。

第五章 口译教学语料库的语境重构机制

第一节 语境概述与口译语境重构

一、语境概述

语境在人文社会科学领域是一个极具跨学科属性的学术词汇。截至2021年10月，在中国知网中以"语境"为篇名的研究文献累计约5万篇，涉及语言学、传播学、教育学、哲学、文化学、政治学等多个学科领域。其中，对语境关注最多的为外国语言文学，相关研究约占总文献量的16.7%。从主题分布情况看，外国语言文学对语境的关注主要包括文化语境、情景语境、认知语境、上下文语境、语境与教学、翻译策略与过程等方面。

语境的跨学科属性决定了其概念内涵的丰富性和复杂性。在语言学领域，语境一般指语言使用的环境，它既包含文字作品的上下文与说话的前言后语，也包括作品或说话背后潜藏的自然环境、社会环境、文化环境、语体环境等（筱筠，1990：48）。胡壮麟（2002：162-166）认为，语境研究主要经历了一元化、二元化、三元化和多元化四个发展阶段。其中，一元化阶段主要关注语段上下文的语篇语境；二元化阶段既关注语言内部的语篇语境，也关注语言外部的情景语境；三元化阶段则在语篇语境和情景语境的基础上增加了更为广阔的背景知识、社会文化、现实世界知识等语境；多元化阶段则涵盖了世界知识、语言知识、集体知识、参与者、背景、正式程度和基调、媒介、语篇等多个语境要素。

在语境类型的划分上，陈治安、文旭（1997：23）从不同角度将语境划分为若干对立统一的情形，如广义与狭义语境、主观与客观语境、显性与隐性语境、真实与虚拟语境、言辞内与言辞外语境、情景与上下文语境等。王建华(2002：7-8)有关语境类型的划分更具层次感和系统性，他们按照周遍性、层次性和简明性原则，将语境划分为宏观、中观和微观三个层次。在宏观层次，语境包括言内语境、言伴语境和言外语境。在中观层次，言内语境分为语篇语境和句际语境；言伴语境分为伴随语境和现场语境；言外语境分为认知背景语境和社会文化语境。在微观层次，语篇语境表现为语篇和段落，句际语境表现为上下文与前后句；伴随语境表现为语体、风格、情绪、媒介、关系和体态，现场语境则表现为时间、地点、场合、境况、话题、事件、目的与对象；认知背景语境表现为整个世界的百科性知识和虚拟世界的知识，社会文化语境则表现为文化传统、思维方式、民族习俗、时代环境与社会心理。

关于语境与语义的关系问题，胡壮麟(2002：161-162)归纳了三种代表性观点：语义与语境脱离论，如乔姆斯基(Chomsky)的句法理论与Herbert Simon 的硬性符号系统假设；语义与语境依存论，如 Leech 有关语境对确定语义作用的观点和 Scollon 所述的"语境的语法"；语义与语境部分依存论，如 Lyons 有关句子和语段意义在不同程度上依赖于语境的论断。白解红(2000：22-24)从语义学和语用学的角度将意义划分为静态意义和动态意义，并从二者兼顾角度阐述了语境对意义的五种作用：使意义单一化，即消除一词多义的问题；使意义具体化，即把模糊的、概括的、抽象的意义转化为具体的意义；使词语获得修辞意义，主要表现为借代修辞的运用；使句子或词语获得临时意义，主要表现为特定语境中仅为对话双方所知晓的有别于常规概念意义的语义；使词语获得社会文化意义，主要表现为不同国家和民族在文化习俗方面的差异。

在翻译学研究领域中，语境历来是备受关注的研究对象，相关议题覆盖广泛。在理论研究层面，关联理论、顺应理论、文化语境、认知语境等都是翻译界热议的话题，且尤以关联理论为盛，所涉子议题包括最佳关联性、交际意图、语境效果、目的语读者、文化缺省、文化意象等方面。在实践研究层面，翻译策略成为学界关注最多的话题，所涉子议题包括中华文化典籍、文化负载词、外宣、公示语、影视字幕、广告语等不同体裁和题材的翻译策略。但总体而言，翻译学对语境的关注主要集中于笔译领域，口译与语境的相关文献约占总数的百分之五，下一节将重点对口译与语境的相关研究进行阐述。

二、口译的语境与重构

国外有关语境与口译关系的研究主要集中在口译认知补充、口译推理、宏观与微观语境辨识以及语境缺失的负面效应等方面。塞莱斯科维奇、勒代雷(2007：89-111)有关"认知补充"的观点认为，背景知识、上下文与专题知识等都构成口译员正确理解与译语表达的必备条件。Chernov(2011)归纳了同声传译中口译员推理(inference)的四种情形，即语言推理、百科知识推理、情景推理和语用推理。这四种情形都构成译者认知语境的重要内容。Diriker(2004)区分了两种同声传译口译员的语境：广义或宏观的社会语境，如词典类的普通参考书、口译职业规范、口译职业性机构等；狭义或微观的情景交互语境，如话题、时间、场合、会场与译员厢、语言、口译员、组织者、与会者、发言者及技术问题等。O'Conaill 等(1993)认为，现场观众或听众对讲话者发言的反应(如点头、掌声、质疑等)也会对口译员的推理判断起到辅助作用。而且，这些反应会伴随会议时刻出现，因而对快节奏的同传理解与预测非常重要。Moser-Mercer(2005)更细致地列举了影响口译理解与输出的四种现场视觉信息，包括译者对周围环境的注视(gaze)，对参与者手势运动轨迹与姿态(gesture)的觉察，对眼睛、眉毛、鼻子、嘴、额等面部表情(facial expressions)的领会以及对体态(posture)的观察。Mouzourakis(2003)还指出，在远程口译中，视觉信息与在场语境信息的缺失会带给口译员诸多生理与心理方面的不适感，如参与感缺失、疏离感、注意力难集中、身心疲惫以及口译质量的自我认同感下降等。

国内相关研究则主要涉及口译理解、信息预测、口译认知加工与构建、意义选择和译语输出等方面。芮敏(2000：100)指出，"时间上的封闭性和空间上的开放性"是口译活动中话语理解的一对突出矛盾。要提高话语理解的速度和质量，口译员必须依靠认知语境、社交语境和语言语境来建立话语信息和语境假设之间的关联性。李芳琴(2003)从语言性预测和非语言性预测两个方面阐述了语境在口译的语义预测和信息预测中发挥的功能。张威(2009)基于真实语料的观察性研究发现，口译中的认知记忆因素会与语境和语篇因素交互作用，共同影响口译认知加工过程，决定口译的表现效果。谌莉文、王文斌(2010)认为，交际中的副语言因素和超语言因素共同构成完整的口译语境系统，并将该系统划分为两部分：在场概念(包括语言、技术与情景框架)与不在场概念(包括社会文化、情感与趋势框架)。他们同时指出，口译的思维理解与两个部分的认知运作有关。黑玉琴(2003)基于关联理论的原则认为，口译中最佳意义的选择必须依赖于认知活动与时间、地点、交际参与者和具体事件等语境因素的有机联系。穆丹(2000)以选词为切入点，通过实例分析阐明了文化语境、情景语境和语言语境在译语输出环节中发挥的重要作用。马霞（2006）还认为，口译中的语境具有动态发展的特征，译语的选择受到心理、社交、物理、人等多种因素的制约，译者既要顺应口译的动态过程，还要顺应语境因素和话语的结构成分。

上述研究表明，语境在整个口译工作流程中发挥着至关重要的作用。语境与口译的紧密关联性同样引发了口译教学研究者的高度关注。刘育红、李向东（2012：45）从职业化培养模式与学术型培训模式的区别出发，提出与实战型口译人才培养目标相契合的基于情境建构的口译教学观。该教学观主张，口译课堂内外的情境建构应包含四个基本要素，即真实口译任务、现场气氛、交际双方和职业化的评价体系。卢信朝（2016：62-64）基于思维适应性控制理论和国内外主流口译教学理论，提出口译教学 4.0 时代的 Practeasearcher 模式。该模式主张，课堂组织形式、师生角色、教学材料等均以口译市场需求和职业要求为导向，强调以"实景、实训、实战、实效"为参照的实践化和技能化教学。在微观教学要素层面，研究者也对语境与口译教学相关的若干议题进行了多维研究。例如，主张口译教师应充分利用信息技术构建真实化的口译训练环境（冯建中，2013：68）；提倡面对面真实口译训练与网络虚拟口译训练情境相结合（王洪林、钟守满，2017：82）；针对国内口译教材存在的诸多职业化语境缺失问题，提出按照情景化、真实化和立体化等原则开发职业导向型口译教材（赵昌汉，2017：60）；以计算机辅助口译教学为视角探讨口译教材、口译微课、口译慕课和口译模拟训练的语境重构方法（陆晨，2022：80-156）。

在口译教学的设计、组织与实施过程中，由于受到现场环境、气氛、物资设备、人员、教学时间与节奏进度等因素的制约，口译训练环境与过程体验必然与真实口译职场之间存在一定程度的语境鸿沟（陆晨，2022：52-53）。对口译教学者而言，通过适当方法及媒介模拟、构造、创设与真实口译任务相似的语境，即为口译教学中的语境重构。口译教学的语境重构涉及口译教学环境、教学过程、教学资源、教学评价等多个要素，本章主要关注语料资源的语境重构问题。针对数字化口译教学语料资源，Gile（2010：137）一方面肯定其教学应用价值，另一方面则指出其存在的缺陷，即说话者不在课堂现场，现场诸多语言外的线索（extra-linguistic cues）得不到呈现。Gile 所述的"语言外的线索"反映的便是口译教学语料资源语境缺失与重构的一个侧面。

与口译教学相关的语境包括情景、文化、语篇、认知、情感等诸多因素。在口译教学的实施过程中，重构口译教学语料的语境需要重点考虑以下四方面：①语料资源的情景语境，其中包括熟悉话语内容的发言者、听众、组织者及其他参与人员，了解话语进行的目的、背景、时间和空间等因素，掌握话语交流的环境因素；②语料本身的语言语境，其中包括构建相对完整的语料语篇内容以及确保语料语篇内容的连贯性与衔接性；③口译学习者的认知语境，其中包括熟知与语料内容有关的百科知识，了解相关的口译技能、职业伦理与临场心理素质，具备相应的双语知识；④现场口译的任务语境，其中包括明确口译员与听众的角色关系及彼此的互动关系，为学生译员提供观察、参与及反思口译活动的机会等。下面以语篇分析路径和技术创设路径为线索，分别对口译教学语料及口译教学语料库相关的语境重构问题予以详述。

第二节　基于语篇分析的语境重构机制

一、案例描述

语料描述：这是一段从美国白宫政府网站（http://www.whitehouse.gov/）下载的演讲视频，内容为 2009 年 11 月 16 日美国总统奥巴马在上海科技馆与中国青年的对话。视频全长约 58 分钟，分为两部分：前面 14 分 50 秒为奥巴马演讲，其余部分为奥巴马回答来自现场和网友的提问。限于篇幅，现以所截视频内容的前 5 段为重点讨论该语料的语境重构问题。

①Nong hao! (Laughter) Good afternoon. It is a great honor for me to be here in Shanghai, and to have this opportunity to speak with all of you. I'd like to thank Fudan University's President Yang for his hospitality and his gracious welcome. I'd also like to thank our outstanding Ambassador, Jon Huntsman, who exemplifies the deep ties and respect between our nations. I don't know what he said, but I hope it was good. (Laughter)

②What I'd like to do is to make some opening remarks, and then what I'm really looking forward to doing is taking questions, not only from students who are in the audience, but also we've received questions online, which will be asked by some of the students who are here in the audience, as well as by Ambassador Huntsman. And I am very sorry that my Chinese is not as good as your English, but I am looking forward to this chance to have a dialogue. (Laughter)

③This is my first time traveling to China, and I'm excited to see this majestic country. Here, in Shanghai, we see the growth that has caught the attention of the world—the soaring skyscrapers, the bustling streets and entrepreneurial activity. And just as I'm impressed by these signs of China's journey to the 21st century, I'm eager to see those ancient places that speak to us from China's distant past. Tomorrow and the next day I hope to have a chance when I'm in Beijing to see the majesty of the Forbidden City and the wonder of the Great Wall. Truly, this is a nation that encompasses both a rich history and a belief in the promise of the future. The same can be said of the relationship between our two countries.

④Shanghai, of course, is a city that has great meaning in the history of the relationship between the United States and China. It was here, 37 years ago, that the Shanghai Communique opened the door to a new chapter of engagement between our governments and among our people. However, America's ties to this city—and to this country—stretch back further, to the earliest days of America's independence. In 1784, our founding father, George Washington, commissioned the Empress of China, a ship that set sail for these shores so that it could pursue trade with the Qing Dynasty. Washington wanted to see the ship carry the flag around the globe, and to forge new ties with nations like China. This is a common American impulse—the desire to reach for new horizons, and to forge new partnerships that are mutually beneficial.

⑤Over the two centuries that have followed, the currents of history have steered the relationship between our countries in many directions. And even in the midst of tumultuous winds, our people had opportunities to forge deep and even dramatic ties. For instance, Americans will never forget the hospitality shown to our pilots who were shot down over your soil during World War II, and cared for by Chinese civilians who risked all that they had by doing so. And Chinese veterans of that war still warmly greet those American veterans who return to the sites where they fought to help liberate China from occupation.

二、文本案例的语境重构分析

在语言语境方面，可以从语音、词汇、句法和语篇四个层面重构上述语料的语境。在语音方面，上述语料的口音为美式发音，音质非常清晰，平均语速为每秒 2.58 个词。上述语音特点为学生提供了较为舒适的语音语境。此外,在开场白中,奥巴马还用上海方言与听众打招呼,拉近彼此的心理距离。在词汇层面,主要需要关注专业术语、缩略词和文化词三个方面。教师可通过直接介绍和提问两种方式构建词汇方面的语境。例如,对于学生相对陌生的美国"中国皇后"(Empress of China)号商船开辟与华通商的历史事件,教师通过介绍的方式较为合适。而对于学生熟知度相对较高的《上海联合公报》(Shanghai Communique)则可以用提问的方式帮助构建语境。在句法层面,教师可以对句子的长度与句式复杂情况作出概要性特征描述,但一般不涉及具体内容。不过,Gile(2010:144)也描述了某些特殊情形,如在非标准化的会议口译课程中,在学生的语言水平欠缺的情况下,教师可对语篇中潜在的疑难词或结构进行解释。

在语篇层面,有两个因素的语境需要予以考虑。其一,所截取的语料与语料所在的完整语篇的上下文关系。因课堂时间有限,教师通常会截取原语料资源的一部分作为训练内容,这时教师就有必要对所选语料的完整语篇语境及其所处的位置给出一些描述。其二,在交替传译中,教师会在语料适当的节点以暂停的方式要求学生传译。这就牵涉到一个问题:暂停的依据是什么?在像总理记者招待会的场合,这种停顿非常明显。但对于本节中所引用的连续性演讲,如何停顿就取决于口译教师对语段独立性的把握。笔者认为,Halliday 和 Hasan(2001)的语篇衔接理论可以作为判别语段独立性的参照标准。比如,第四段"The same can be said of the relationship between our two countries."中的"the same"就属于名词性替代,为保证学生意义理解的相对完整性,该句最好并入前面一句的语段中。又如,第二段"And I am very sorry that…"与"And just as I'm impressed…"中间的"and"属于表示附加关系(additive)的连接词,它们虽未增加话语的新信息,但具有衔接语篇结构的功能,故最好不要将其与前文的话语割裂。再如,第一段中"I don't know what he said…"画线部分的人称指代,第四段中"However, America's ties to this city…"画线部分的转折性(adversative)连接词,这些衔接手段都可以作为判别语段独立性的参考。此外,李佐文(2001)提到的"元话语"(metadiscourse)概念也可作为判别语段独立性的依据。元话语指的是"语篇中能标示话语结构、提请对方注意或表明发话者态度的各种语言手段"。例如,第三段中"Truly, this is a nation…"一句的"truly"就属于典型的元话语。它一方面表明了演讲者的话语意图,即对中国的民族特性进行高度概括,另一方面也体现了所概括的内容与前文中描述中国现状与历史等细节之间的因果关系。而对于学生译员来说,这种逻辑连贯、组织有序的话语结构可以为听辨和理解过程提供较清晰的脉络和语境支撑。因此，为了维系语篇结构上的关联性，此句应与前面四句同属于一个独立的语段。

在原情景语境中，我们将从人、背景和环境三个方面予以讨论。在人的因素中，主要涉及话语活动的组织者、发言者和听众。在上述语料中，组织者是中美两国政府。在发言者和听众因素方面，既需要详细考察其身份、性别、年龄、文化与心理背景，也需要从现场的副语言符号中获取动态的信息。例如，在视频资料的第一阶段，学生既需要了解发言人奥巴马的详细背景信息，又需要对演讲中奥巴马的手势、笑声、面部表情等动态语境信息进行辨识。以学生提问环节中的美国对台军售问题为例，奥巴马在这一敏感问题的回答中就出现了迟疑、停顿、修改语词等行为，捕获这些副语言信息对理解话语含义非常重要。它们可以帮助学生译员建立副语言情景因素与话语意义之间的最佳关联性，从而有助于话语的正确理解与译语的顺利输出。如果这一语料资源是以音频为媒介，教师则需要在重构现场情景语境时给出较为详细的描述。语料中的听众主体是学生，来自复旦大学、上海交通大学、上海外国语大学和同济大学等高校。现场学生对发言者的反应也是构建情景语境的重要方面，其中的点头、笑声、掌声、唏嘘声等可以折射出听众对演讲内容的态度与认知。例如，在所选语料的前两段中先后出现了三次笑声，它们隐含的意义就有差异，如热情、被幽默感染等。

在背景语境中，通常需要关注话语的时间、地点、活动背景、目的、主题与交际方式等内容。根据 Chernov（2011：73-76）的观点，译者对听众、发言者、交际目的与话语动机的掌握构成其语用推理的主要来源；对主题、活动背景与部分时间要素的熟悉度会成为其认知推理的来源；而对话语时间和地点的了解则成为了其情景推理的重要来源。这里以主题为例阐述背景因素的重构问题。在本视频第一阶段的演讲中，核心内容是中美关系的历史、现状与展望。在第二阶段的提问环节，学生分别提到了芝加哥与上海的友好城市关系、全球气候变化、文化多样性、美国对台军售、诺贝尔和平奖、因特网、反恐以及阿富汗等主题。对此，教师可通过课前任务准备的方式让学生提前查找并阅读相关信息。为保证准备效果，教师可采取话题切分方式将任务分配给若干小组。小组成员通过协作分工收集文献资料，然后在口译训练之前以陈述的方式向大家展示话题的背景知识。这样既有助于调动学生的学习积极性与培养小组合作意识，又可丰富其百科知识与专题知识的储备，同时还为口译训练之前的背景知识了解提供铺垫。

环境语境主要包括话语现场的物理布局、技术支持与现场气氛营造。在课堂教学中，由于受条件制约，环境语境的重构相对复杂，因为原场景不可能重现，教师只能通过各种途径尽量模拟或还原现场的环境语境。可供参考的做法有三种：其一，教师以言语或是图片、视频等手段直接描述现场情形，让学生译员在脑海中虚拟或想象当时的情景和自己所处的位置；其二，通过师生角色扮演的方式增加逼真效果，尽量还原当时现场的角色互动情形；其三，邀请外教或是其他访客参加课堂的角色扮演，使训练过程更具实战价值。

学生译员的认知语境主要包括三个方面，即双语知识与技能，常识性百科知识，口译技能、职业道德与心理素质。在口译教学中，学生一般被默认已具备相应的双语知识与技能，为防止口译技能训练演变成语言技能课，训练中一般会弱化这一项，交由学生在课外进行自主训练。不过，教师还是可以根据学生的具体情形对某些疑难问题进行解释，相关内容在前文的语言语境部分已有论述。常识性百科知识涵盖的范围较广，如民族传统、文化习俗、社会体制、历史事实、时代热点、常识规约等。例如，在所选语料的演讲部分，奥巴马通过引用清朝"中国皇后"号开辟对华通商、"二战"期间中国平民营救美国飞行员、20 世纪 70 年代的乒乓外交等史实回顾了中美两国的历史性关系。学生在平时若有基本史实知识的积累，在听到这些内容时就会激活已有的认知图式，形成话语输入与自己百科知识的高度共鸣，从而为话语理解和译语输出提供良好的认知语境。同时，学生平时对时代热点问题的关注与思考也能很好地为听辨与理解话语信息提供辅助。例如，在学生问及美国对台军售问题时，学生若已掌握了美国政府当时对台湾问题所持的立场和态度，也就会对奥巴马在回答中采取避而不谈的策略感到不足为奇了。在口译训练前，教师可通过提问或讨论的方式考查学生相应的百科知识储备，并根据需要提供必要的认知语境补充。

口译技能、职业道德与心理素质也是学生认知语境构建的重要方面。无论是哪一个方面，教师都需要根据语料的内容特点，设计需要凸显的职业性认知语境。这里先以技能为例予以说明。在本语料的演讲环节，定语从句使用较为频繁。英汉语言的结构性差异使得英语定语从句成为传译的一大障碍。鉴于此，教师可先准备一组本语料之外的具有代表性的定语从句作为示范，着重介绍顺句驱动（linearity）技能的运用。待学生训练娴熟后，再撤掉这些"支架"（scaffolding），进而过渡到本语料的训练。这样，学生在翻译语料中"For instance, Americans will never forget the hospitality shown to our pilots who were shot down over your soil during World War II, and cared by Chinese civilians who risked all that they had by doing so"这一长句时，就可套用顺句驱动的技能，译为"例如，美国人民绝不会忘记我们的飞行员在中国受到的礼遇。当年在'二战'期间，这些飞行员曾在中国上空被(日本)击落，但幸存者受到中国平民的悉心照顾，而当时平民们是冒着失去一切的风险去这样做的"。对于口译职业道德与心理素质，教师则可在参照中国翻译协会(TAC)、国际会议口译工作者协会(AIIC)、美国翻译工作者协会(ATA)和澳大利亚口笔译职业协会(AUSIT)等组织相关行为准则的基础上，再结合语料的具体内容，从而锁定需要凸显构建的认知语境。此外，学生还可以通过观摩职业译员的表现，如本语料第二阶段的提问环节就有部分同声传译员的译语，进而体会职业译员在技能、道德与心理素质方面的综合应对策略。

第三节　基于虚拟现实环境的语境重构机制①

有关虚拟现实技术的早期概念与实践可以追溯到 18 世纪的全景图、19 世纪的照相技术和 20 世纪上半叶的有声电影及电视技术(喻晓和，2016：17)。具有现代意义的虚拟现实技术发轫于 20 世纪 50 年代中期，迄今已经历半个多世纪的发展历程。根据国务院颁布的《国家中长期科学和技术发展规划纲要(2006—2020)》，虚拟现实技术、智能感知技术、自组织网络技术被列为信息技术领域的三大前沿技术。由美国新媒体联盟(New Media Consortium)和美国高校教育信息化协作学习促进会(Educause Learning Initiative)合作发布的教育预测性文件《地平线报告》(*The Horizon Report*)多次对虚拟现实及其相关技术给予了持续关注，相关的表述包括"虚拟现实"(virtual reality)、"增强现实"(augmented reality)、"可穿戴技术"(wearable technology)、"虚拟助理"(virtual assistants)、"基于手势的计算"(gesture-based computing)、"增强可视化"(enhanced visualization)、"3D 打印"(3D printing)等。

有关虚拟现实技术特征的表述较为丰富，其中引用次数最多的当属 Burdea 和 Coiffet(1994)归纳的 3 个"I"特征，他们从人、虚拟环境与真实世界的关系出发，用沉浸性(immersion)、交互性(interaction)和想象性(imagination)归纳出虚拟现实技术的三个基本特征。其中，"沉浸性"着眼

---

① 本节部分内容选自作者已发表的论文，详见参考文献：邓军涛(2016)。

于人在虚拟环境中的个体感觉，来自虚拟环境的多重信息表征和感官刺激带给个人在视觉、听觉、触觉、嗅觉等方面产生与现实世界相似的知觉感受，这种感受让人有身临其境的感觉，即所谓的沉浸感。"交互性"强调的是人与虚拟环境之间的互动关系，一方面，虚拟现实系统能从各方面收集并整合个体的输入信号，并以各种感官形式给个体做出实时响应；另一方面，使用者可以借助各种设备操控虚拟环境中的物件，从触觉和力量等方面获得反馈，这就实现了人与虚拟环境的互动作用关系。"想象性"则描述了虚拟环境对人与真实世界的映射关系，一方面，虚拟环境可以模拟和呈现与真实世界相仿的逼真环境；另一方面，虚拟环境也可以创造出人大脑主观想象的，但在真实世界中并不存在的场景与事物。

　　虚拟现实技术是高新技术领域中具有前瞻性、先导性和探索性的前沿技术之一，也是如今和未来影响教育变革的主流技术形式，其所具有的应用价值包括提供情境式的学习体验、改变知识的传递方式、促进深度学习、实现真实世界与虚拟环境的交互等。下面以虚拟现实技术为依托，借助相关案例探讨其在口译教学语料库语境重构中的价值与实现途径。

一、"虚拟现实口译"概况

(一)"虚拟现实口译"项目背景

　　欧盟是一个多语种并存(包含 24 种官方语言和工作语言)的区域一体化组织，翻译在其日常事务中起着至关重要的作用。作为翻译的一种重要形式——口译，在欧盟的官方会议、经贸往来、日常交流等方面发挥着重要的纽带作用。根据欧盟口译司(DG-SCIC)2016 年的统计数据，该机构拥有 529 名全职口译员和超过 3000 名经过官方认证的自由口译员，每天提供的会议口译服务多达 50~60 场。为满足社会对口译员日益增长的需求，提高口译服务质量，欧盟区各高等教育机构纷纷开设口译学位课程和培训课程，并建立了一系列相关的职业伦理、资格认证和操作规范体系。而与此同时，两大矛盾给欧盟口译教育提出新的挑战。其一，随着欧盟一体化的加强，各成员国的经贸往来日益紧密，商务口译的需求量逐年攀升；同时，受移民潮和难民潮的影响，大量非本土居民涌入欧盟，以法庭口译和医疗口译为代表的社区口译需求增长迅猛。但欧盟现有的大型口译教学语料库主要针对的是会议口译，如欧盟口译语料库、欧洲议会口译语料库、在线共享口译教学语料库等，而针对商务和社区口译场景的训练资源较为缺乏。其二，口译是一门实践导向型学科，口译技能的获得必须以大量的口译练习和实践为基础，而且课堂外的自主训练通常占据较多时间。例如，"欧洲会议口译硕士课程"（EMCI）项目要求学员课外小组合作学习和自主训练的时间总和不低于600小时。然而，课外自主训练由于受参与者、环境、资源等因素的制约，学习者通常难以寻找具有真实性、合作性和实践性的口译训练任务，口译训练效果也因此遭遇瓶颈。

在此背景下，"虚拟现实口译"（Interpreting in Virtual Reality，简称IVY）项目（编号：511862-LLP-1-2010-1-UK-KA3-KA3MP）得以启动。该项目受欧盟委员会资助，是欧盟"2007—2013年终身学习整体行动计划"（LLP）系列语言教学创新项目之一。该项目由来自英国、德国、波兰和塞浦路斯等国的七个成员组成，其中英国萨里大学翻译研究中心的Sabine Braun博士担任项目的总协调负责人。该项目的宏观研究目的是设计并开发三维虚拟学习环境，为口译学员创设以商务口译和社区口译为主要场景的虚拟环境，提供涵盖英、法、德、波、希等语种和语言组合的口译训练资源，并通过互动的学习任务和仿真的实践训练提高口译自主训练的效果。其具体的研究目标包括：梳理信息技术在口译教学中的最佳应用途径，探索虚拟环境在口译教学中的具体应用形式；设计与构建三维虚拟环境，开发商务和社区领域的口译训练场景；为虚拟口译场景创建丰富的学习资源与学习活动；从功能与教学两个方面评价该虚拟环境的价值；通过多种方式推广项目的方法与成果；实现虚拟现实技术与口译教学的长期有效整合，同时将相关研究成果移植到其他教育领域（Braun，2013：5）。

（二）虚拟学习环境

IVY项目的虚拟学习环境基于三维多用户协作性虚拟环境Second Life（SL）而开发。SL由美国林登实验室（Linden Labs）开发，根据Ritsos等（2012）的介绍，该平台在四个方面的优势为IVY创建虚拟学习环境提供了有利条件：其一，SL拥有大量用户和开发人员，已创建了诸多插件和附加功能，有助于在此基础上进行定制化开发；其二，SL在高等教育领域拥有众多用户，这为IVY项目实践与理念的传播提供了便利；其三，项目组部分成员先前已具备在SL平台初步探索的经验，这为IVY虚拟学习环境的定制开发奠定了基础；其四，SL有强大的云服务器，可保障整个虚拟学习系统的稳定运行。项目组以SL中的基础物件为依托，以商务口译和社区口译为核心开发适用于具体交流情境的虚拟口译交际场景。

IVY虚拟学习环境主要包括四类用户：口译学员，基于其中的虚拟场景、内容和活动进行自主训练；口译教师与研究者，主要负责开发和管理其中的音视频语料内容，监控口译学习过程并提供指导；开发者，负责虚拟环境的开发、维护与技术支持；口译客户，以观察者与合作者身份参与口译学员的练习活动。

（三）工作模式

IVY 的虚拟学习环境主要包括学习活动（learning activity）、口译练习（interpreting practice）、探索（exploration）和实时互动（live interaction）四种工作模式（working modes）。其中，在学习活动模式下，口译学员可自主学习职业译员所需的口译职业素养，也可以开展社区和商务领域的交替传译或联络口译技能分项训练；在口译练习模式下，口译学员在选定独白或对话语料并阅读相关的语料简介信息后，界面会自动激活关联的虚拟场景，以便学员通过代表其身份的虚拟角色训练联络口译或交替传译；在探索模式下，口译客户与口译初级学员可以借助其中的演示短片、互动面板、提示文字等资源，习得与具体口译任务相关的语言、文化、实践和职业伦理等知识；在实时互动模式下，口译学员和口译客户通过分工协作，共同完成虚拟环境中的口译交流任务。

（四）应用效果评价

IVY 项目组从功能和教学两个方面对项目的应用效果进行了评价。功能评价主要是对虚拟环境的设计、实用性与用户体验的评价，包括使用与导航的便捷性、视频质量、学习素材、沉浸感、现场任务的参与感等。教学评价旨在了解使用者如何利用环境实现学习目标，具体包括用户的学习体验、虚拟环境对口译教学的适用性、平台工具对培养口译客户与口译员合作意识的有效性等。IVY 在虚拟学习环境的创建和应用过程中进行了一系列相关评价研究，其中较为集中的一次是 2012 年 10 月 24 日至 2013 年 1 月 10 日对三个项目成员单位的调研，波兹南密茨凯维奇大学（AMU）、塞浦路斯大学（UCY）、萨里大学（SUR）先后参与其中（Tymczyńska et al.，2013：13-40）。本次调研的主要方式是问卷调查和电子日记：问卷调查旨在了解学生在 IVY 虚拟环境中的学习收获与进展，同时调查其对虚拟学习环境可用性的评价，主要维度包括语言知识与能力、口译技能与素养以及虚拟环境的学习体验三个方面；电子日记旨在以内省和反思的方式从口译学员的角度记录其在虚拟环境中的学习过程与收效，主要包括口译练习的日期与每次练习的时长、在学习环境中选用的工作模式、所选语料的基本信息和目的、练习方式、学习收获与问题五个方面。表 5.1 是上述调研的整体统计结果。

表 5.1　基于问卷与电子日记的统计结果

受访机构	人均学时	知识与技能 显著提高点	对口译训练语料资源与 虚拟环境的评价
AMU	356 分钟	源语理解、记忆、表达、自我监控、口译职业素养	题材丰富，体裁多样，文字脚本实用，活动设计合理，氛围轻松自然
UCY	146 分钟	自我监控、理解、表达	资源丰富，语料内容贴近真实生活，环境真实感强
SUR	211 分钟	术语、双语转换、听辨与理解、记忆、笔记、表达	语料丰富，音质良好，场景真实，工具易用

　　除此之外，受访者还对虚拟学习环境待改进的方面提出了若干建议，主要包括：学员因年龄和文化背景差异，计算机素养参差不齐，教师和技术人员应有针对性地开展操作培训课程；SL 平台运行的稳定性还需进一步提高；语料的专业领域和场景划分应更细化，在语流、话轮和话语插入等方面的设计应更自然，贴近真实的口译交流情形；教师应加强对实时互动模式的管理，组织和鼓励不同语言背景的学员在共同时间段开展在线交流，增强彼此间的实时互动。

二、"虚拟现实口译"的语境重构机制

　　"虚拟现实口译"口译教学语料库（以下简称 IVY 口译教学语料库）的素材主要来源于商务口译和社区口译相关的多语种对话视频。为凸显联络口译和短交传的现场性、交互性和情境性等特征，IVY 口译教学语料库改变了语言类资源库静态检索的资源呈现思路，在借鉴二语习得、心理学、医学、法律等学科应用虚拟现实技术营造仿真教学环境经验的基础上，将语料资源嵌入 Second Life 虚拟环境之中，并利用其中的定制化功能进行深度开发，为学习者营造立体多维的口译训练体验。具体而言，IVY 口译教学语料库在语境重构方面的创新实践可从以下五个方面进行考察。

（一）利用虚拟场景重构环境语境

　　IVY 口译教学语料库的最典型特色在于，借助三维虚拟场景创建仿真的环境语境。该口译教学语料库借助 Second Life 虚拟环境中现存的且可

编辑的设施、器材、建筑物、背景等物件，参照社区口译和商务口译领域
的若干工作场景，例如法庭、医疗中心、会议室、教室、社区中心、警察
局等，打造出立体多维的虚拟口译工作场景，如图5.1所示。上述虚拟场
景由项目组根据两大领域的常规口译工作场景归纳而成，较真实地反映了
口译工作职场的实际情况，具有显著的现实意义与训练价值。

图5.1　IVY中的虚拟口译场景

与此同时，语料选择人员和虚拟环境开发人员密切合作，根据语料内
容对虚拟场景进行深度加工，定制设计和开发与语料内容具有较高吻合度
的口译工作虚拟场景，尽可能地营造出立体真实的口译工作场景，并且确
保所选语料与虚拟环境开发的连贯性和适配性。不仅如此，口译学员可在
虚拟环境中自由移动，从不同视角观察与体会所处的工作环境。上述设计
理念克服了常规口译教学过程中学员只能根据所给语料资源想象其所处口
译工作场景的尴尬情形，有助于帮助口译学习者建立直观可视的环境
语境。

（二）利用虚拟身份重构角色语境

角色语境属于口译教学语料原情景语境中的人物角色因素，相关主体
包括发言者、听众、译员和话语活动组织者等。在IVY口译教学语料库
中，技术员通过虚拟身份植入的方式，为口译学员角色及其服务的潜在口
译客户角色提供了代表各自身份的虚拟形象（avatar）。虚拟身份的赋予有
助于帮助口译学员消除练习口译时"置身事外"的任务疏远感，同时增强
其参与执行现场任务的沉浸感与真实感。与此同时，口译学员还可利用虚
拟环境，理清口译任务中与会者、发言者、听众等人物角色之间的空间关

系、职位关系、数量关系、角色分配关系等，进而形成较为清晰的虚拟角色形象及交互关系，如图 5.2 所示。

图 5.2　IVY 中的虚拟角色

(三)利用活动设置重构认知语境

口译员的认知语境主要涉及常识性百科知识、口译职业素养、双语知识、双语技能和口译技能等。在 IVY 口译教学语料库中，针对社区领域与商务领域联络口译或交替传译所需的主题识别、听力理解、口译笔记法、记忆力训练、公众演讲等技能，学习活动模式为口译学习者创造了丰富的口译技能训练机会，同时，其中的具体口译任务准备活动还有助于帮助口译学习者熟悉相关的专业术语与主题知识。除此之外，学习活动模式还包括口译实践过程中涉及的职业伦理、着装、坐位等行业实践知识及素养，这些练习资源均有助于丰富口译学习者的认知语境。

不仅如此，口译学习者可跳转链接到语料库的拓展资源界面，借助其注释和搜索功能掌握相关的主题百科知识；浏览与源语料相关的口译难点注释，在该语料库中进一步搜索难点相似的语料资源，以便在后续学习中进行巩固强化；除此之外，还可在该语料库中进行双语知识和技能的自主训练。

(四)基于实时互动重构任务语境

在各种语境因素中，任务语境是最具动态性和实时性的语境因素。在 IVY 口译教学语料库的实时互动模式中，参与训练的口译学习者在虚拟环境中扮演口译员，与此同时，具有医学、法律、商业等专业背景的学习者则在虚拟环境中充当口译客户，他们借助仿真的口译训练环境与任务，以合作的形式同步协作完成模拟的口译任务。通过虚拟角色扮演可为学生译员营造身临其境的现场任务参与感，缩短口译学员与潜在口译客户之间的距离；同时，上述操作还有利于不同角色的学生译员从不同角度审视、观察、体会口译的任务实施过程，学会如何与对方合作开展口译工作。

(五)利用语料标注重构语篇语境

口译训练中的语篇语境主要包括语料的上下文语境信息以及与之相关的特征语境信息。在 IVY 口译教学语料库的口译练习模式中，语篇语境重构主要体现在两方面。首先，在语料的选择过程中，口译学习者可依次在语言(源语或语对)、交流形式(独白或对话)、主题(所属领域或全部列表)的语料标注中进行选择，并由此获得整体性的语篇语境信息。其次，在具体的语料资源界面，还会呈现语料概况、语料标题、发言人身份简介、话轮总数及语料的语音变体等细节性语篇语境信息。

三、案例评价与启示

(一)"虚拟现实口译"语境重构的评价

由上可见，IVY 口译教学语料库从虚拟环境营造、认知语境构筑、虚拟身份构建、任务语境创设及语篇语境重构等方面进行了颇有成效和创新的尝试。

从本质上说，重构背景语境目的在于还原语料素材所载事件的背景、时间和空间等信息，从而建立语境和语料资源内容的最佳关联性；重构环境语境目的在于营造仿真的现场交流场景，进而为口译学习者提供身临其境的任务情境；重构语篇语境目的在于还原相对完整的话语内容，同时为口译学习者提供翔实的语料特征信息；重构角色语境目的在于构筑完整清晰的口译活动参与者信息，并同时为口译训练营造任务参与的沉浸感和真实感。

诚然，将复杂的语境因素全部通过虚拟现实技术加以设计并有效实现，难度和挑战性不言而喻，但 IVY 口译教学语料库在角色虚拟、环境营造、认知建构和任务创设等方面重构口译教学语料库语境的尝试，无疑为口译教学者和研究者提供了富有价值的技术创新理念与经验。

由于语境是一个较为复杂的概念，口译语境的复杂性更为明显，故此，在有限的口译教学环境、资源和角色的前提下，数字化口译教学语料库的语境重构面临更大的挑战。综合审视上述 IVY 口译教学语料库的实践，其语境重构机制可在以下四个方面加以改进。

1. 背景语境有待扩充

在背景语境中，口译员常需要关注话语的活动背景、目的、时间、地点、参与人、主题与交际方式等内容。一方面，由于 IVY 口译教学语料库属于二次开发，其来源语料库对固有语料的背景信息描述成为了 IVY 口译教学语料库背景语境重构的瓶颈，来源语料库中相关语境信息的缺失也会给 IVY 口译教学语料库在一定程度上造成背景语境信息缺失的负面效应。另一方面，IVY 口译教学语料库开发者对语料中的发言者和听众话语动机缺乏详细描述，这也给口译学习者的语用推理带来一定程度的挑战。

2. 环境语境有待充实

环境语境属于口译教学语料资源原情景语境的一个分支，主要涉及口译现场的物理布局和气氛营造两个方面。IVY 口译教学语料库在虚拟环境的设计方面较侧重于现场物理布局，并主要开发了物理布局中较具代表性的核心构件与功能构件，但缺乏对物理布局中译员工作设备、技术保障、信息媒介等因素的考虑。与此同时，气氛营造是环境语境中重要的隐性因素，而且与口译员情境的融入、注意力的集中、压力的形成等紧密关联，而 IVY 口译教学语料库在设计时并未对此进行深入考量。

3. 角色语境有待完善

角色语境是构成口译教学语料资源原情景语境中人的因素，主要涉及话语活动的发言者、听众、组织者和口译员。在角色语境的重构方面，IVY 口译教学语料库虽呈现了各人物角色基本的性别、身份、数量与空间等内容，但对人物心理背景与文化背景展示不够充分。与此同时，虚拟角色的肢体语言、手势、面部表情等副语言信息并未得到展现——副语言信息在口译话语的意义理解中同样发挥着重要作用，它有助于帮助口译员建立副语言信息和话语意义之间的最佳关联，并促进口译的理解与表达。

4. 语篇语境有待加强

IVY 口译教学语料库在重构语篇语境方面存在两点不足。其一，在编辑对话类语料的过程中，开发者人为添加了话轮参数，这使得话轮之间的衔接性与整个语篇的连贯性存在一定风险，可能对口译学习者构筑完整的语篇语境带来障碍。其二，IVY 口译教学语料库的核心语料在截取与加工的过程中，开发者对相关上下文信息描述的缺失有可能对口译学习者的完整理解造成负面影响。

(二)"虚拟现实口译"的案例启示

从上面的介绍和分析可以看出,IVY 口译教学语料库绝非单一的虚拟学习环境创建项目,它还整合了口译学习内容(以商务口译和社区口译为场景依托的丰富语料资源)、口译训练过程和各种学习活动。IVY 口译教学语料库不仅为解决口译教学语料语境缺失与语境重构的矛盾进行了富有创新意义的尝试,而且还提供了一套综合性的口译自主训练解决方案。该案例对探索我国口译教学语料库的深度加工机制和推进整个口译教育信息化建设都具有十分重要的借鉴价值。

1. 注重语料衍生价值的开发

口译教学有针对性的教学需求与信息技术环境下过于庞杂的资源分布是自主开发与应用口译教学语料资源的一对突出矛盾。要化解这一矛盾,不能满足于粗放的"复制+粘贴"思路,而应基于教学需求和实际情况对可获取的资源信息进行精细化加工,使之契合具体的教学情境,而这同时也是对已有资源衍生价值的有效开发与利用。IVY 虚拟学习环境在原始语料的选取上有效利用了已有多年应用实践的语料库资源,但同时根据具体口译场景和差异化的技能训练要求予以定制化开发。以单语独白语料的定制化开发为例,语料加工人员以连贯性、真实性和情境性为原则,先通过提问过滤和意群切分截取较为独立的口译训练语段;继而为拟选用的语料编制发言主题、发言人、谈话主旨等基本背景信息;再结合语料具体内容,依托 IVY 虚拟现实环境开发适配性口译语料虚拟训练场景,最终形成基于虚拟场景的情境性口译训练语料。

随着"一带一路"倡议的深入推进,包括口译人才在内的语言服务人才在政策沟通、设施联通、贸易畅通、资金融通和民心相通中发挥着越来越重要的桥梁和纽带作用。除中英语对的口译人才之外,"一带一路"沿线多语种口译人才的培养成为一项紧迫任务。多语种口译人才的培养需要以丰富的多语种口译教学语料库资源为支撑,但如何在有限的时间内高效创建主题丰富、体裁多元的多语种资源成为现实难题。IVY 项目的多语种建库实践可为我国提供借鉴,即借助现有的语料库资源,通过合理设计与系统开发挖掘其衍生价值。该项目采取以英语语料为样板的多语种语料开发方案,即先形成以英语为脚本的样板语料,之后根据需要翻译成法、德、波、希等语种,继而开发各种语言和语言组合的口译训练语料。这种集约化的开发思路既充分挖掘了已有语料的潜在价值,又提高了语料开发的效率,同时还降低了资源建设的成本和重复率。

2. 基于虚拟环境设计系统化口译训练活动

虚拟学习环境只有与课程内容有机融合才能最大限度地发挥其技术媒介的优势。在 IVY 项目中，虚拟场景为学员提供了口译训练的环境与氛围，语料资源为学员提供了口译训练的内容保障，而学习活动则为其提供了内化双语知识和掌握各项口译职业化技能的活动设计方案。要促进虚拟学习环境与口译课程的有机融合，关键在于根据口译的技能化特点设计过程化的口译训练活动，从译前、译中、译后三个环节为口译学习者设计系统化的口译技能训练活动。

"技能性原则"是专业化口译人才培养的主要训练原则，口译教学应将重点放在"各种场合与题材的口译的技巧与技能"之上，并按照循序渐进的方式帮助学生系统掌握口译实践所需的各项技能（仲伟合，2007：7）。IVY 环境中口译学员的技能学习活动分为通用型技能学习活动和专用型技能学习活动（Hoffstaedter，2013：2）。通用型技能学习活动（generic learning activities）以口译技能强化为重点，主要包括通用型口译准备活动（generic preparatory activities）、通用型口译技能练习（generic skills-based activities）和通用型口译反思活动（generic reflective activities）三种形式。专用型技能学习活动（specific learning activities）以通用型技能学习活动的核心技能要求为参照，具体内容依托选定的单语独白语料或双语对话语料展开。在上述两种类型的学习活动中，从与译前环节相关的口译准备活动，到与译中环节相关的语境参照与策略选用，再到与译后环节相关的口译质量评价与反思，口译全流程的核心技能均得到较为全面的涵盖，这有助于学习者技能的系统化训练与提升。

除此之外，IVY 项目在学习活动设计中特别注重培养口译学习者的跨文化交际能力。根据口译的交际中介协调论，口译过程具有双语认知处理、双语信息处理、即时互动和跨文化交际等多重功能属性（王斌华，2020：87）。鉴于此，口译活动的设计不仅需要着力训练语言转换和信息加工的相关技能，而且需要关注口译学习者跨文化交际能力的培养，尤其是社会语言行为得体性、文化模式可接受性、价值概念协调性、语境落差弥合性等方面能力的培养（张威，2008：95；殷东豪，2014：60）。以 IVY 项目在通用型口译准备活动中专设的"探索交际功能"（exploring communicative functions）为例，该练习强调学员在练习之前重点关注风格和语域。例如，在对话口译任务开展之前，学员需要对话语交流目的、发言人拟使用的语域、参与者的身份关系及其对发言风格和语域的影响等因素综合分析，进而从意识、认知和策略应用层面综合训练跨文化交际能力。

3. 促进信息技术与口译教学的多维整合

IVY 项目在探索信息技术与口译教学的整合方面不仅表现为利用虚拟现实技术构筑仿真训练情境的创新性，还表现为技术元素与教学法因素整合的多维性。在整个体系中，从三维虚拟环境与仿真口译训练场景的整合，到平视显示功能与学习模式导航的整合，从语料库检索与口译训练难点及策略的整合，到音视频编辑与单语独白语料和双语对话语料的整合，从内容管理系统与教学流程监管的整合，再到社交媒体网络与口译学习者共同体的整合，都体现了技术元素功能优势与教学法因素需求之间的衔接。就整体与局部的关系而言，上述技术元素与教学法因素的多维整合也为口译教学语料库综合实效性的发挥提供了基础和保障。

不仅如此，IVY 项目还通过建立监管机制和评价机制为确保多维整合效用的发挥提供双重保障。在监管机制方面，一方面协作组成员之间基于 Microsoft SharePoint 实现对项目资源、数据、文件的共享交流与实时监控；另一方面利用对外公共网站广泛征集不同主体的多元反馈，从而确保项目的整体运行质量。在评价机制方面，项目组综合考虑了口译教学法与教育技术两大要素，广泛利用学习反思、电子日记、调查问卷、观察记录、互动交流工作坊等多种形式，广泛采集以口译学员为主体的反馈信息，从技术功能与教学法因素两方面对平台的作用与效用进行综合评价。

4. 建立多元化的项目传播机制

IVY 项目在整个实施过程中都秉持积极分享和主动交流的开放姿态。其在项目传播和交流方面的具体举措包括五个方面：①创建 IVY 项目对外传播网站（www. virtual-interpreting. net），从项目概况、目标设置、合作伙伴、演示视频、进展报告等方面全方位地介绍和展示 IVY 虚拟学习环境及项目研究的阶段性成果。②通过 LinkedIn 和 Twitter 等社交媒介及时对外发布该项目的发展动态与成果，同时收集项目关注者的反馈信息。③发布系列项目报告，从环境构成、语料资源、活动设置、操作指南、教学评价等方面系统地汇报项目研究成果；发表学术论文，从教学语料、教学模式、教学效果等方面与学界展开相关主题的深度交流。④举办专门的项目传播学术研讨会，邀请欧盟官方机构代表（如欧盟委员会、欧洲议会、欧洲联盟法院）、职业性口译协会、口译客户社团机构、职业口译员及口译机构、口译教师、口译研究人员、计算机辅助口译教学领域的技术人员等广泛参加，从政策、职业、教学、技术等领域广泛听取反馈意见，为项目的持续改进提供决策依据。⑤开展后续跟进项目"虚拟学习环境下口译员及口译客户教学评价体系研究"（EVIVA），从学员的体验与能力培养、教学模式的创新与整合、多种虚拟学习环境的对比与评估等方面深入探讨虚拟环境中的口译教学问题，同时在学习数据的动态化收集、仿真任务的适应力培养、基于虚拟环境开展合作式学习等方面继续挖掘 IVY 项目的教学应用潜力。

　　总的来说，上述多元化的项目传播机制实现了分享研究成果、交流行业信息、征集效果反馈和挖掘研究潜力之间的有机统一，保证了项目的研究质量和效益。这对我国口译教学与研究具有四个方面的启示。其一，整合高校、企业、政府及非政府机构等资源，在发挥各自优势的基础上，以协同推进的方式共同开展大型口译教育信息化项目。其二，口译教学与研究项目的开展应秉持开放的姿态，打破区域与高校间的壁垒，形成共建共享的资源与成果交流机制。其三，建立口译教学与科研之间的动态衔接，促进口译教育信息化研究成果的有效转化。其四，通过多种途径和方式客观评价项目实施效果，同时以持续探索的方式确保项目研究向纵深领域延伸。

第六章 口译教学语料库的策略聚焦机制

第一节 策略聚焦概述

一、口译策略概述

口译是一种以口译员为媒介的特殊性口头交际活动。从口译任务的执行过程看，口译员在有限的时间和空间范围内需要面临来自语言、文化、时间、心理、现场环境等多方面的挑战，并在最短时间充分调动自身的知识与技能，有效应对各方面的挑战，从而确保口译交流过程的顺利完成。口译员在上述过程中所采用的潜意识或有意识的方法与对策即本章所述的口译策略。从表 6.1 有关口译策略的表述中可以看出，口译策略有着明显的目标导向与问题解决对策。就目标导向而言，宏观的目标旨在促成口译交流活动的顺利进行，而微观的目标则着眼于应对口译活动中遇到的具体困难与挑战。就问题解决对策而言，口译员需要针对具体的问题情境，充分调动自身的陈述性知识与程序性知识，以步骤化和协调化的方式化解来自语言、文化、现场等多方面的困难。

表 6.1 口译策略的相关表述与内涵

研究者	相关表述	内涵描述	举 例
Kohn & Kalina (1996)	strategy	口译员为应对双语转换中的语言、交际、时间等困难，运用陈述性知识与程序性知识采取的策略性行动	省略、替代、简化、阐释、预测、文化适应、修正、压缩等

研究者	相关表述	内涵描述	举例
Riccardi (2005)	strategy	为实现口译交际目的，译者在学习和实践中逐步培养起来的一种策略性行为	预测、切分、压缩、归纳、应急策略等
Gile (2011)	tactics	译者为解决口译信息加工过程中的精力分配与认知负荷问题而采取的有意识行动	省略、转码、泛化表达等
Jones (2008)	technique	译者在口译交际中针对发言内容、讲话方式与各种语言现象采取的应对技巧	口译笔记、信息重组、长句切分、概括、比喻处理、纠错等

　　从策略辨识和应用的角度看，口译策略具有以下三对特点。其一，稳定性与动态性。从来源看，口译策略源自人们对口译职业和教学经验的总结以及抽象概括，有些策略（如短时记忆、信息预测、注意力集中等）已得到中外研究者和实践者的广泛认可，因而具有相对的稳定性。同时，随着口译实践经验的累积和认识的深化，可识别的口译策略数量会越来越丰富，因此口译策略也会处在动态发展之中。其二，共享性与差异性。不同口译类型在对口译策略的要求上具有一定程度的共享性，如预测策略、注意力集中策略和译后总结策略。同时，策略要求也有差异性的一面，如同声传译对多任务协调策略的要求就十分特殊。其三，分解性与综合性。分解性表现在口译策略可进一步细化的现象，如译前准备策略可分解为术语准备、主题知识准备、心理准备、情景知识准备等，而情景知识准备又可进一步分解为发言人、听众、场景等具体方面的准备。综合性则意味着任何一项口译任务的完成都是基于若干口译策略的协调并用而实现的。

　　口译策略的具体表现形式丰富多样。从类型来看，主要有以下几种划分维度。其一，从口译任务的执行维度看，可划分为在线策略（即译员在口译活动当下所考虑的）和离线策略（在翻译的认知加工之前或之后运用的）（Pöchhacker，2010：144）。其二，从口译场景的维度，可划分为商务口译策略（廖瑛，2006）、记者招待会口译策略（李洁，2010；王大伟，2002）、品酒会现场口译策略（沈福卿，2007）等。其三，从口译内容维度，可分为数字口译策略（黄建凤，2006）、粗话口译策略（刘白玉，2007）、图表口译策略（万宏瑜，2004）等。其四，从口译过程的维度，可分为译前准备（刘进，2011）、听辨（白佳芳，2011）、理解（芮敏，2000）、记忆（张威、王克非，2007）、译语表达（黄建凤、李雪，2007）等策略。此外，Riccardi（2005）从语言组合影响的角度将口译策略分为两大类：通用型策略（general strategies，策略的使用不受语言组合的制约）与适用型策略（specific strategies，策略的使用只适用于具体的语言组合情形）。Dam（2001）则从源语与译语关系的角度提出两类口译策略：基于形式的口译策略和基于意义的口译策略。前者也称转码（transcoding）策略，即译者在很大程度上沿袭源语的文本结构模式来构建译语；后者也称释意（deverbalization）策略，即译者脱离源语结构形式，以意义的概念表征为基础构建译语。

在综合国内外研究成果并结合本研究目的之基础上，本章按口译过程的大致构成序列对口译策略进行归纳和梳理，以便分析和考察口译各环节的策略运作本质，如表6.2所示。从表中可见，有些策略与拟训练的语料之间不存在直接的关联性，如译后总结、减压、情绪调节等。另一方面，某些策略属于口译过程的通用型策略，如译前准备与注意力集中，它们在口译活动中具有普适性，因而在所选的训练语料中也不具有凸显的特征。本章接下来将重点探讨对口译策略运用具有凸显效应的语料内容及特征。

表6.2　基于口译过程归纳的口译策略

口译过程	涉及的口译策略
译前准备	术语准备、专有名词准备、主题知识准备、情景信息准备、心理准备、生理准备、工具准备、预测、语体识别、求助、资源搜索、时间管理等
听辨	注意力集中、预测、激活已有图式、联想发挥、辨别标记词、联系上下文、推理、特殊情形听辨（如方言、非标准口音、背景噪音、吐字不清）等
理解	脱离源语语言外壳、主题思想识别或抓信息层次与主干、词义理解、句子理解、语篇理解、非本族语者意义理解、语境参照等

续表

口译过程	涉及的口译策略
记忆 （脑记+笔记）	脑记：百科知识积累、短时记忆、视觉化、复述、转述、语块策略等； 笔记：符号、缩略语、逻辑、笔记语言、数字笔记、笔记解读、协调性等
精力分配	多任务协调（听与理解、脑记与笔记、译语生成）、集中于信息理解与脑记
双语转换	增译、省译、转换、拆分、合并、顺句推动、倒置、插入、重组等
译语表达	目的语信息重组、搜词、公众演说、根据听众调整译语发布策略、延迟发布、模糊表达（如概括、近似、缩略、仿音、省略、替换、意译）等
应急处理	高语速、背景噪音、询问、简化、重复、填补、省译、延长、纠错等
译后总结	自我评价、反思、口译日志、个性化词汇积累等
其他	减压、恰当的肢体语言、情绪调节、跨文化交际、职业伦理等

二、口译策略聚焦的概念

《高等学校翻译专业本科教学要求（试行）》在翻译知识与技能类课程中列举了翻译专业本科教学中的三种常见口译课程：以工作场景为主线的联络口译课程，以口译技能为主线的交替传译课程和以常见口译专题为主线的专题口译课程。无论是哪种类型的口译课程，口译技能的训练与掌握都是其中不可或缺的要素。根据专业口译教学的技能性原则、实践性原则、理论性原则与阶段性原则，专业口译教学应在有限的课堂时间内，通过循序渐进的方式介绍并训练具有实用性的口译技能（仲伟合，2007）。在课堂环境中，口译技能的强化、内化与熟练运用离不开口译教学语料的支撑。教师在从口译教材、网络、会议资料等多元途径中选取语料时，经常会面临这样一个问题：所选取的语料与拟训练的口译技能之间是否存在关联性？众所周知，任何一项口译任务的完成都是基于若干口译技能来实现的，因此所选取的语料与拟重点训练的口译技能之间并不存在线性的一一对应关系。但同时，在课堂教学中，为了聚焦于某项口译技能的学习和应用，教师又需要结合语料特点对所关注的口译技能予以重点讲解。鉴于此，探讨语料在具体口译技能中的突显性价值便十分必要。从国内外研究看，经细化分解的口译技能一般表述为具体的口译策略，所以本章将所述的命题界定为口译教学语料的策略聚焦。

口译策略的选取与应用受到诸多因素的制约。第一个因素是口译形式，如交替传译、联络口译和同声传译在具体口译策略的应用方面存在各自的特殊性。第二个因素为听众因素，听众的构成、认知背景与即时反馈对口译者的策略选用具有一定先导作用。第三个因素为现场因素，场景类型、技术使用、应急突发状况等都要求口译员适时拿出相应的策略应对方案。第四个因素为口译者的自身因素，包括心理调适、时间管理等。第五个因素为语言因素，包括语言组合与口译的语言方向、语言的呈现方式（如即席发言或读稿）、语言的内容与形式等方面。其中，语言因素是本章关注的重点。

Kohn 和 Kalina（1996）认为，源语的内容及语言表现形式与译员的策略选择存在显著的关联性，并从语体、语言结构、源语呈现形式等方面给出了例证。譬如，从语体上看，口述的书面文稿在语言结构、信息密度、修辞等方面都会给译员带来诸多障碍，译员可相应地采取语块加工、模糊表达、时间延宕等策略；如遇到复杂的语言结构，可采取句子切分、阐释、重组等语言简化策略；如遇到快速读稿或原文信息冗余度高的情形则可采取译语压缩策略。据此可见，语料与口译策略之间存在动态的对应关系。下面先按语篇分析的思路，从语音、词汇、句法和语篇层面探讨口译教学语料的策略聚焦路径。

第二节　基于语篇分析的策略聚焦机制

一、语音层面的策略聚焦

在语音层面，语料潜在的策略聚焦价值可以从两个方面进行挖掘。首先，发音的多样性与特殊性角度。多样性关注的是一定授课周期内所选语料在国家、地域、阶层、性别以及年龄等变量上体现出的差异性。显然，口音覆盖面越广，语料整合产生的集群效应（cluster effect）越有助于训练学生对源语语音听辨策略与适应策略的培养。特殊性针对的是单个语料中发言者的方言口音问题，这在母语和外语中均存在。在众多国际交流场合，发言者使用非母语陈述的现象日益普遍，掌握方言英语的应对策略也成为课堂教学不可回避的话题。方言语料除给译者提出听辨的挑战外，还对其译前准备策略、注意力集中策略、心理调试策略、跨文化策略和译语输出策略等方面提出了综合性要求（Mazzetti，1999；田甜，2012；唐丽莉，2012）。诚然，方言发言若是出自非本族语者之口，其挑战还会超出语音领域，进而渗透到词汇、句法、语用等多个层面。

其次，从语料的韵律特征加以分析，具体涉及讲话的语速（tempo）、语调（intonation）、重音（stress）、节奏（rhythm）、停顿（pause）等超音段特征。其中，高于正常表达速度的语速对听辨、理解和记忆等带来的挑战较为明显。除听辨策略外，上述韵律特征还对译者的理解、预测、推理、跨文化等策略提出要求。以语调为例，其在具体情境中的不同表现形式就会带来不同的意义与情感效果。例如，英语中"You deserve it"是译为汉语的"实至名归"还是"罪有应得"就取决于不同的语调呈现方式。同时，韵律节奏的丰富性也是听辨策略的一个考量因素。以押韵为例，美国前总统奥巴马在本·拉登被击毙后所发表的演讲中有这样一句："…we continued our broader efforts to disrupt, dismantle, and defeat his（Bin Laden's）network."画线部分的三个动词使用了头韵（alliteration）修辞，学生在翻译该句时可能用到听辨、词汇搜索、双语转换与译语压缩等策略。除此之外，异常的停顿、节奏、语调等现象还会对译者的注意力集中、情绪调节和应急处理等策略提出要求。

二、词汇层面的策略聚焦

在词汇层面，可以从生僻词、关联词、惯用语、名词化和名词性列举等方面加以分析。生僻词可以根据不同情形用于具体的口译策略训练之中，如推测、省略、释义等。以推测为例，2008 年 J. K. Rowling 在哈佛大学毕业典礼开场白中有这样一句："…the weeks of fear and nausea I have endured at the thought of giving this commencement address have made me lose weight."该句意在表达 Rowling 应邀参加哈佛演讲的心情。其中的"nausea"一词对学生会相对陌生，但通过借助"fear"（恐惧）、"endure"（经受）等语境提示，学生亦可推测出该词蕴含的"不安、紧张"等意思。

关联词的使用既有助于译者理清前后文之间的逻辑关系，也具备信息预测的功能。同样以 Rowling 的演讲内容为例："I was convinced that the only thing I wanted to do, ever, was to write novels. However, my parents…"句中的转折性关联词"however"无疑给译者暗示了这样的信息，即 Rowling

的父母不赞成自己从事小说创作的职业选择。在课堂教学环节，教师可以通过暂停的方式让学生预测后面的信息，从而凸显关联词在信息预测策略中发挥的作用。

惯用语又称习语、套语、固定搭配、预制语块等，具有结构程式化、意义固定化、组合动态化等特点，是语言表达中的常见现象。语块策略（chunking）是惯用语传译的有效策略，这一结论已为越来越多的研究者所证实（王建华，2012；王文宇、黄艳，2013）。以汉英会议口译为例，诸如"始终坚持以……为指导""深入贯彻落实……""实现中华民族伟大复兴""空谈误国，实干兴邦""撸起袖子加油干""社会主义核心价值观""绿水青山就是金山银山"等耳熟能详的惯用语，学生完全可以利用平时对百科与双语知识的积累，通过语块策略流利且地道地实现双语转换。

名词化（nominalization）主要指的是动词或形容词转用作名词的现象，具有使过程静态化、信息浓缩化、施事隐含化等功能（朱永生，2006）。鉴于此，在传译名词化词语时可采取词性转换、意义分解等策略。以奥巴马在 2014 年 1 月 4 日每周例行演讲中的一句为例："Right now, a bipartisan group in Congress is working on a three-month extension of unemployment insurance-and if they pass it, I will sign it."句中的"extension"是由动词性的"extend"（延长，延期）转化而来，在原文中主要充当凝练信息的功能。翻译此句时，若沿袭原文顺序将该词与前后的修饰语译作"三个月的失业保险延期"，译语会很生硬。但若采取词性转换策略，以动词化的方式传译，译语则顺畅自然，如：目前，一个国会两党小组正在讨论将失业保险延长三个月——如果国会通过该法案，我将签署它。此外，原文中若出现名单、数字、日期、专业词汇、列举等内容时，译者倾向于采用转码（transcoding）策略。当然，对于过于庞杂且无关紧要的信息还可采取概括或省略等策略。

三、句法层面的策略聚焦

在英汉两种语言的句法层面，研究者们较为认同一个典型差异，即英语更注重形合（hypotaxis）而汉语更注重意合（parataxis）。任晓霏（2002）、连淑能（2010）等阐述了上述观点的理据，如英语具有诸如词缀、词形变化、连接词等丰富的形式组合手段，而汉语是表意文字，主要借助词或句子的意义或逻辑联系实现意义的隐性连贯。这一典型差异为洞悉英汉口译中的句法传译策略提供了观察视角。以英译汉为例，译者在实现从显性形式衔接到隐性逻辑意义转换时就可以灵活采用拆分、合并、省译、顺句推动、重组等双语转换策略。下面着重从英语中的定语后置、从属结构与被动句三种情形加以分析。本部分的例句取自 2009 年 11 月 16 日美国前总统奥巴马在上海科技馆与中国青年的对话。

定语后置在英语中非常普遍，通常可采取合并、拆分或顺句驱动等策略。后置定语较短时可通过合并方式置于所限定的词之前，如"But the notion that we must be adversaries is not predestined"可译为："我们必然是对手的概念并非是注定不变的"。若后置定语较长则可采用拆分或顺句驱动。例如，"Today, we have a positive, constructive and comprehensive relationship that opens the door to partnership on the key global issues of our time."可通过拆分译为："如今我们享有积极的、建设性的、全面的关系，这种关系为我们在当今时代的关键性全球问题上建立伙伴关系打开了大门。"

从属结构在英语中也非常普遍，常用的翻译策略包括合并、拆分与句序调整等。例如："And just as I'm impressed by these signs of China's journey to the 21st century, I'm eager to see those ancient places that speak to us from China's distant past."该句前面从属部分的"as"是传译的难点，因为译者要在短时间内从时间、因果、方式、让步等逻辑关系中作出判断并非易事。若采用拆分法，将前面除 as 之外的部分先译，再将 as 确切的意义置于后面主句之前，则既可降低译者的记忆负荷，又有助于准确译出 as 表示的逻辑关系。故此，原句通过拆分法可译为："中国迈向 21 世纪的这些景象给我留下了深刻印象。同时，我也期盼看到展现中国悠久历史的古迹。"再如："It is no coincidence that the relationship between our countries has accompanied a period of positive change."该句在译为"我们两国之间的关系历经了一个积极变化的阶段，这不是偶然的"时就采取了句序调整的策略。

被动句在相对正式的英语演讲中较为常见。根据连淑能(2010：119)的观点，被动句的使用可以保持句子的末端重量(end-weight)和句尾开放(right-branching)，同时达到简化主语、明示意义脉络的目的。比较而言，汉语中带"被"的明示化被动句较少见。鉴于此，在翻译英语的被动句时可以采取意义重组、主动转换等策略。例如，"A different kind of connection was made nearly 40 years ago when the frost between our countries began to thaw through the simple game of table tennis"在译为"近 40 年前，一个小小的乒乓球带来了两国关系的解冻，使我们两国建立起另一种联系"

时便采用了意义重组策略。"乒乓球"在原句中为 game 的限定成分，但在译语中升格为主语，这一重组策略既合乎汉语的表达习惯，又实现了意义的完整传递。在下面一例中主动转换策略的运用使得译语也收到顺畅自然的效果：It took time for women to be extended the right to vote. （译文：妇女获得投票权经历了一段时间。）除此之外，英语中各种类型的特殊句式也是考验理解双语转换策略的良好素材，具体包括强调句型、祈使句、感叹句、倒装句、省略句和"there be…"句型等。

四、语篇层面的策略聚焦

在语篇层面，我们可以从信息冗余、语料体裁、意群语境和语用功能等方面予以探讨。信息冗余是语篇分析中的常见现象，它对口译策略的训练至少有两个方面的启示：一是理解环节的主题思想识别策略，二是译语表达环节的压缩策略。对于冗余度相对较低的正式语篇，由于信息密度大，因而对训练主题思想识别策略更有训练价值，如美国总统每周例行演讲、新闻发布会等。而对于即兴演讲、随机访谈、非正式对话等语料，由于信息冗余度相对更高，压缩策略则更有施展空间。Chernov（2011：113-120）提供的四种译语压缩策略非常有价值，分别为音节压缩（syllabic compression）、词汇压缩（lexical compression）、句法压缩（syntactic compression）和语义压缩（semantic compression）。例如，将"他所从事的工作"译为"his work"、将"不切实际的幻想"译为"illusion"等均运用了语义压缩的策略。

在体裁方面，叙述类的语料对于训练视觉化策略（visualization）非常有价值。塞莱斯科维奇、勒代雷（2007：20）与刘和平（2011：79）均认为，叙述类的讲话很适合做视觉化练习，理据是可以充分利用叙述类语料中的时间、地点、情节等要素将话语意义以视觉形象勾勒在译者大脑中，这样可达到减轻记忆负荷、增加记忆效率和提高译语输出质量的目的。以莫言在获得诺贝尔文学奖后所做的题为"讲故事的人"演讲中的片段为例："我记忆中最痛苦的一件事，就是跟着母亲去集体的地里拣麦穗，看守麦田的人来了，拣麦穗的人纷纷逃跑，我母亲是小脚，跑不快，被捉住，那个身材高大的看守人扇了她一个耳光。"该片段尽管文字信息丰富，但意思表达采用的是故事叙述的方式，形象生动，富有视觉化特点，故适合采用视觉化策略。

意群语境主要关注语篇中处于同一意群内句子之间的相互联系。在意群语境中，具有高度语义依赖性的句子一旦脱离前后文则会给译者的理解带来不可预知的风险，因而翻译质量也得不到保障。例如，习近平总书记在中共"十八大"第一次全体会议中提到一句俗语：打铁还需自身硬。现场口译员译为"To be turned into iron, the metal itself must be strong"。单从俗语的本意看，该译文似乎也有欠妥之处，因为原语强调的是打铁者自身要硬而非"metal"。随后，各家外媒也给出了译文，如英国每日电讯报的"To forge iron, you need a strong hammer"，以及美国 CNN 的"To forge iron, one must be strong"等。为了澄清总书记的讲话意图，中国日报网站避开了"究竟是谁硬"的纠葛，而是采取了"脱离原语语言外壳"的策略，译为"To address these problems, we must first of all conduct ourselves honorably"。仔细查看讲话原文就会发现，总书记在该句之前论及的是党内存在的贪污腐败、官僚主义等问题，后文则给出的是党建责任与目标，上述译法的出发点正是基于意群语境概念的考虑。可见，通过对意群语境的观察可以着重训练两种口译策略，即语境参照策略和语言"脱壳"策略。

　　意群语境关注的是语篇内部的语境因素，而语用功能则着眼于剖析语篇外部的社会、文化、认知等语境因素。何自然（2012：235）认为，话语"编码→解码的表面功夫只能让交际双方互相知道说了些什么"，而"认知→推理的办法可以让双方互相明白双方的话"。在言语交际中，真正的理解必须透过自然语言的表层信息，通过语境来构建信息的最佳关联，继而根据话语与语境的具体关联进行意义推理。口译是一种特殊的交际活动，讲者、译者和听众构成口译互动的主体。译者要实现讲者与听众的有效沟通，除了要充分借助语境因素准确理解讲者的话语含义之外，还要尽力弥合译者与听者之间存在的认知语境不对称情况。例如，在 2013 年"两会"的记者招待会中，李克强总理在论及两岸关系时引用了一句俗语：打断骨头还连着筋。海峡两岸乃骨肉同胞，总理用这一俗语形象地传达了两岸同胞的手足亲情。但现场的记者来自世界各地，对中华文化的认知千差万别，并非一定能理解句中"筋骨"象征的同胞亲情。现场口译员采取直译加阐释的双重策略将此句译作"Bones may be broken but not sinews because we are compatriots"。画线部分的阐释就弥补了译者与听众之间可能存在的语境信息落差，有效传达了讲者的话语意义。当然，除了阐释外，"脱离原语语言外壳"、译语添补等策略也常用于化解语境信息不对称的矛盾。

　　以上分别从语音、词汇、句法和语篇四个层面探讨了口译教学语料自主选编中的策略聚焦问题。上述分析为探索口译教学语料与具体口译策略之间的聚焦关系提供了一定理据和实践参考，同时也使得课堂口译教学内容的针对性与目的性更强。当然，从整个口译教学环节来看，语料特点分析的预设性作用不可能涵盖策略训练途径的全部。分析与观摩基于职业译员的经典案例、编制专项练习（specially-made exercises）开展策略分解训练、教师在训练前明示或暗示具体策略的使用、在训练环节随机引出某项策略以及在口译实践中积累各种应变策略等均可被综合利用。

第三节　基于语料标注的策略聚焦机制

以上从语篇分析的视角阐述了口译教学语料策略聚焦的深度加工机制。在创建口译教学语料库的过程中，策略聚焦的具体实施还可以与语料特征标注结合起来，利用语料库中语料文本信息特征标注的基本方法和思路，为口译教学语料进行多视角和多层次的标注，从而为语料资源的使用者提供检索便捷、定位精准、阅览清晰的口译策略专项学习体验。接下来，本节将先对语料库口译研究的基本情况进行概述，建立对口译语料库功能、价值与实践的基本认知，并在此基础上，通过具体案例的介绍与分析，阐述以语料库为载体的语料标注方案在策略聚焦机制中的具体应用路径。

一、语料库口译研究概述

最早提出将语料库语言学技巧与方法应用于翻译研究的是 Mona Baker。Baker（1993：243）曾预言，"基于大规模源语文本与译语文本语料库的使用与语料库相关研究方法的使用会有助于译者探索译文作为媒介交流活动的本质"。1995 年，英国曼彻斯特大学翻译研究中心创建了由 Baker 主持创建的世界上第一个翻译英语语料库（Translational English Corpus，简称 TEC）。二十多年来，语料库翻译学研究迅猛发展，涉及的研究话题涵盖了语言对比、翻译语言特征、翻译批评、译者风格、语料的代表性、平行语料库的优缺点以及语料库与翻译教学研究等。

相比之下，基于语料库的口译研究起步稍晚，Shlesinger（1998）最先提出语料库口译研究（Corpus-based Interpreting Studies）的概念，并将其视为语料库翻译学研究（Corpus-based Translation Studies）的一个分支。Shlesinger（1998）指出，不同于纯文本形式的笔译语料库研究，语料库口译研究在方法论层面存在三个障碍。其一是口语语料创建的技术障碍。在语料库语言学领域，口语的研究比不上书面语的研究，主要是由于对没有文字的口语数据的收集和转写更为耗时费力。这种情形同样存在于语料库口译研究中，创建大样本口译语料库与实际可行性常成为一对矛盾。其二是口译语料库变量设置的复杂性。Shlesinger（1998）指出，鉴于口译过程的复杂性，要获得有效的结论就必须尽可能多地控制变量，诸如口译活动类型、口译方式、发言者及其言语特征、目标听众与口译员自身等。Bendazzoli 和 Sandrelli（2005）也认为，自变量众多是制约口译语料库规范化建库的重要制约因素。以会议口译中的发言人变量为例，其中就涉及发言的语言（母语或外语）、发言的语体（正式或非正式）、发言的口音（方言或标准口音）、发言内容的预设性（即兴发言或带稿发言）、发言的语速、发言人的立场（表述自己观点或代表他人的观点）等。其三是真实语料的获取问题。真实语料的收集至少存在两大阻力：一是机密因素，会议组织者与发言者无法公开相应资料；二是心理抗拒因素，职业口译员通常会比较抗拒以其作为研究对象，因为这可能是在评价其工作水平。这就使得收集大量具有代表性的同质化口译语料难度加大。

经过近二十年的实践探索，口译语料库在建库规模、语料标注与加工、检索技术等方面取得了初步成就，下面简要介绍部分国内外口译语料库案例。

欧洲议会口译语料库（European Parliament Interpreting Corpus，简称EPIC），由意大利博洛尼亚大学的翻译、语言和文化跨学科研究系于2004年创建（Bendazzoli & Sandrelli, 2005）。EPIC 是一个开放性多语种平行语料库，涉及的语种包括意大利语、英语和西班牙语。该库收集的录音均来自欧盟议会全体会议的口译。该库容量约为 18 万词，采用 POS 词性标注，包括三个源语文本（分属意大利语、英语和西班牙语）的子语料库和六个译语文本的子语料库。除用于研究外，EPIC 语料库还广泛应用于多个口译教学场景。

日本名古屋大学综合语音信息研究中心的同声传译语料库（Simultaneous Interpretation Database of Nagoya University）。据李婧和李德超（2010）、张威（2012）介绍，该库是目前世界最大的同传语料库，收录了总时长达 182 小时的录音资料，转写后的文字总数约为 100 万词。该库涉及英语和日语两种语言，语料的言语类型包括对话和单独演说。文本单位同时具备时间标注和文本识别标注。该库的创建目的在于研究语言信息处理技术，提高语言翻译技巧以及完善口译理论。由于该库的语料采集环境为口译训练教室，而非真实的口译工作环境，其生态效度（ecological validity）受到一定程度的局限。

　　国外还有一些专业领域的机读口译语料库项目，如 DIRSI 和 FOOTIE。DIRSI 的全称为"Directionality in Simultaneous Interpreting"，即"同声传译中的译语方向研究"，主要探究源语与目的语的语言组合以及传译的语言方向性问题。DIRSI 的语料素材主要取自往年举办的国际健康会议音频资料，按照开场白、辩论、陈述、闭幕式会议等部分进行分类。FOOTIE 的语料素材来源于 2008 年在瑞士和奥地利举行的欧洲足球冠军赛的同声传译记者招待会。除此之外，还有涉及医院工作场景的 K2 口译语料库和涉及环保议题的 K6 口译语料库等（张威，2012）。

　　上海交通大学研发的汉英会议口译语料库（CECIC）。据胡开宝、陶庆（2010）介绍，该库于 2006 年 11 月开始建设，以国内外新闻发布会口译语料作为主要素材来源。该库由三个子库组成，即新闻发布会英语原创语料子库、新闻发布会汉英平行语料子库和政府工作报告汉英平行语料子库。CECIC 的语料标注采用"标准通用标记语言"（SGML）格式，中英文词性赋码分别利用 ICTCLAS 3.0 和 CLAWS 软件，并辅以人工校对。CECIC 应用的研究领域主要包括：翻译共性研究，如简化、范化、显化、隐化等；英汉会议口译语言特征研究，如高频词的使用与被动式的应用。

　　中国大学生英汉汉英口笔译语料库（简称 PACCEL）是由我国文秋芳教授等建立的包含中国大学生口译和笔译语料的大型学习者语料库。根据文秋芳、王金铨（2008）的介绍，PACCEL 语料库收集了 2003 年到 2007 年全国 18 所高校英语专业的学生在大三、大四时进行英汉/汉英互译测试的语料，总规模为 210 万字。PACCEL 主要分为两个子语料库：口译对应语料库（简称：PACCEL-S）和笔译对应语料库（简称 PACCEL-W），规模分别为 50 万字和 160 万字。PACCEL 语料库的口译语料主要收录的是英语专业八级测试中的口试部分。该库旨在帮助研究者了解中国学生学习英语的过程，对口译教材研编、口译教学与研究、口译测试以及远程教育的开展都具有重要意义。

　　中国总理"两会"记者会汉英交替传译语料库（CEIPPC）。据王斌华（2012）介绍，该库共收集了 1998 年至 2011 年 14 年间中国总理"两会"记者会汉英交替传译语料。每年的总理记者招待会时长约在 1 小时 15 分至 2 小时之间，14 场记者招待会的录音时长共计 20 多个小时。该语料库的主体部分于 2007 年完成，之后陆续增补了历年新发布的语料素材，双语平行语料库共计约 10 万多字(词),原始数据主要通过录像及录音的方式收集。

中国口译学习者语料库(CILC)。据张威(2015)与(2017)介绍,该库为当时国际上最大规模的英汉平行语料库,库容规模约为 200 万词。不仅如此,该库还是国际上首个口译学习者语料库,对开展口译策略教学、口译失误分析、口译质量评估等具有重要意义。在标注体系上,该库涵盖了超语言信息、词语语法性质、副语言性质、句子类型和语篇等层次,标注对象包括文本头(如主题、文体、语言难度、口译方式、译员属性等)、词性、副语言(如停顿、音高、语速等)、英汉句法特征、核心信息与翻译策略。

从全球范围看,口译语料库的建设和研究均处在初级阶段,但口译语料库为口译研究开辟了新的研究方法和路径,亦为口译教学拓展了广阔的应用前景。从规模来说,我们一方面应鼓励大型口译语料库项目的开发,另一方面口译教师也要学会自己制作小型面向课堂教学的口译语料库。

小型语料库与微观教学相衔接,对口译教师来说更具可操作性和实用性。谢家成(2003)总结了小型个人教学语料库的四大优势:目标明确,语料收集针对性强,适合班级教学对象的难度和兴趣;语料可不断扩展,并及时更新;本地机操作,方便、快捷且经济,检索语料时选择自由,易于突显语言的语域特征;自主设计,标注灵活,功能更广,能提供更大语境,可发挥文本库的功能。赵宏展(2007)也指出,大型语料库公认的优点在于语料样品多、语料数量庞大、产出数据复杂而且代表性强。但对个体教师而言价格昂贵,可及性不高,而且还有数据冗余的问题。应用于课堂教学的语料库则有所不同,它通常是教师精心采集的,旨在帮助学习者理解语言现象的小型语料库。小型语料库在辅助教学、研编翻译教材和教辅材料方面更具针对性、时效性和新颖性。

小型口译教学语料库属于双语语料库的一种形式,也符合双语语料库建设的一般程序。钱多秀(2011)将双语语料库的建设分为五大步骤:确定建库目的、收集双语材料、语料处理、双语语料库对齐和检索软件开发及后期维护。构建小型口译教学语料库既有上述步骤的共性,也有自身的特性。例如,在语料选取的过程中,应综合考虑语料的典型性、主题的时代性、语体的口头交际性和难度水平的多样性等因素;在语料特征的标注过程中,需要将语料的语言及非语言因素、口译技能因素、口译教学主体的需求因素等予以综合考量,从而实现口译教学语料库服务学习需求与教研需求的双重目的。

二、基于语料标注的策略聚焦案例①

本节案例选自 Backbone 语料库，该语料库的前身为 ELISA 语料库。ELISA 语料库的全称为"作为第二语言应用的英语访谈语料库"（English Language Interview Corpus as a Second-language Application），由德国图宾根大学应用英语语言学研究小组开发，素材内容为英语本族语人士参与录制的系列叙事性访谈视频（Braun，2005）。访谈者来自政府、银行、旅游、农业、体育、环境技术等多个行业，访谈内容围绕受访者的职业工作展开，如创业背景、专攻领域、日常工作内容与未来规划。访谈过程以视频形式录制，并进行文字转写。ELISA 语料库的标注体系主要包括三个范畴：内容范畴，如主题与关键词；语言范畴，如词汇、语法、语篇与语用特征；学习者范畴，如水平级别、相关的知识要求、拟训练的技能、潜在的挑战与障碍。不仅如此，该语料库还基于同步多媒体集成语言建立了语段文字与对应视频片段的连接。

Backbone 语料库受欧盟资助，由来自七个欧洲国家的八个成员共同创建。其创建理念借鉴了 ELISA 语料库，主要内容包括多语种（英、法、德、波、西、土）本族语者口头采访视频，以及部分由非本族语者录制的英语作为通用语的采访视频。其视频内容也进行了文字转写，并从主题、词汇、语法属性、交际功能等方面加以层次化标注。下面从素材遴选、语料切分和信息标注三个方面阐述其加工机制。

（一）素材遴选

该语料库的素材来源包括：ELISA 语料库中的英语采访视频，Backbone 语料库中的英、法、德、波四个语种的采访视频，以及参照 Backbone 语料库新增的希腊语、希伯来语及俄语采访视频。一方面，该语料库以社区口译与商务口译相关的资源主题为参照，从两个语料库中选取相关的主题性资源；另一方面，结合社区口译与商务口译互动交流的特征，对固有的语料素材进行编辑加工，使其符合社区口译与商务口译场景中真实性口译交流的要求。

该语料库最终开发的语料类型包括：单语独白语料（monologues）与双语对话语料（bilingual dialogues）。从素材选取方法看，单语独白语料与双

---

① 本节部分内容选自作者主笔发表的论文，详见参考文献：邓军涛、刘梦莲（2020）。

语对话语料都体现出语篇连贯性、内容真实性与媒介整合性。语篇连贯性表现在经编辑后的话语可独立形成语篇片段，具有较为完整的对话交流意义。真实性表现为语体的口语化，即整个采访过程均按自然交流的方式进行，表达中的修改、停顿、重复等现象均加以保留，适合作为联络口译和短交传的训练素材。在媒介方面，二者都实现了剪切加工之后的音频、基于音频语料内容转写的文本和口译训练虚拟场景之间的有机融合。该语料库在素材遴选方面综合考虑了语料库深度加工过程中的语篇、语体、媒介及主题等因素，对于创建选材真实、内容完整、主题聚焦、模态多元的口译教学语料库具有较强的应用价值，该视频语料库的检索与浏览界面如图6.1所示。

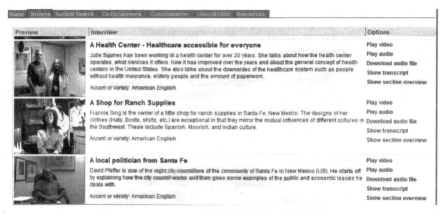

图 6.1　Backbone 视频语料库的检索与浏览界面

(二)语料切分

　　Backbone 视频语料库对单语独白语料和双语对话语料均进行了切分，其目的在于方便学习者按联络口译和短交传的职业化要求进行口译练习（Hoffstaedter 2012：3）。切分过程中参考了两个因素：其一是课程与测试因素，由于项目组各高校在课程设置与测试内容上存在差异，其对语料的具体切分方式体现出不同情形；其二是语料的内容特点，按照词汇密度、句法结构、主题性知识、数字与日期的占比等加以切分。

　　经切分后的单语独白语料由若干话语片段(sections)组成。语料开发者先从原视频文件中萃取需要编辑的音频文件，继而剔除原采访中的提问部分，再根据语料内容特点对其进行切分，使其符合短交传训练的要求。

在此基础上，语料开发者为切分后的语料编制了主题、发言者、谈话目的等背景知识，为口译训练提供了必备的译前准备信息。在操作流程上，双语对话语料的编制相对复杂，如图 6.2 所示。开发者首先从原语料库视频中萃取音频内容，继而剔除原语料内容中的提问环节，再按话轮对语料进行切分。在此基础上，开发者编制与语料相关的谈话目的、主题、发言者等信息，同时创建新对话中的发话者话轮。随后，对新增的发话者话轮录音，并对新增话轮与先前切分的录音进行音效匹配处理，合成新的双语对话语料。

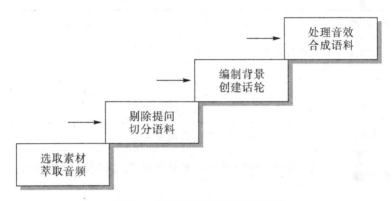

图 6.2　双语对话语料的开发流程

据此可见，Backbone 视频语料库在语料切分环节主要考虑了语料库深度加工过程中的职业因素。譬如，通过配备相关语料的情景信息与背景知识，帮助口译学习者构筑符合职业口译工作情境所需的译前准备知识体系，利用话轮切分真实再现社区对话与商务口译中动态交互的职场工作形式。此外，基于内容特点合理切分语料意群也有助于口译教师根据授课对象水平和层次开展个性化、差异化与阶段化教学，从而体现口译教学法在学习者认知、学习风格和学习阶段等方面的差异化要求。

(三)信息标注

为帮助学习者更有效地检索与应用 Backbone 视频语料库的内容，语料库开发人员在来源库原有标注体系的基础上设计了新的信息标注内容，主要包括基本信息标注和精细化信息标注。首先，基本信息标注既保留了来源库中固有的词频、词汇及句子语境检索等功能，同时新增了与口译训练过程关联紧密的一系列信息，诸如语料所属的主题领域、交流场景、语料的语言(或语言组合)、话语交流形式(独白或对话)、时长、话轮总数、发言人、交流活动的参与者以及事件的时空信息。

在精细化信息标注方面,Backbone 视频语料库对 ELISA 语料库中采集的 39 个英语本族语者录制的叙述性采访视频进行了标注,且关注的重点是因语料内容特点及呈现方式所引发的诸多口译挑战,如发音含混、事实性错误、高密度信息、语义表述不清等(Hoffstaedter 等 2012:11-12),如表 6.3 所示。

表 6.3　Backbone 视频语料库的口译挑战与策略聚焦内容

维　　度	涉及的口译挑战与策略聚焦
语篇维度	话语标记语、高密度信息、非语言辅助、衔接性弱等
词汇维度	专业词汇、固定短语、文化词汇与概念等
记忆维度	列举、数字、日期、专有名词、引语等
表达维度	方言口音、高语速、发音含混等
话语维度	复杂命题、事实性错误、碎片化句式、插入语、话语重组、表意不清等

从上表可知,Backbone 视频语料库在信息标注体系中对教学法因素给予了较为精细的考量。例如,其设计的精细化信息标注体系有助于口译学习者根据语料的语篇内容与呈现特点,定位检索到具体的口译疑难问题,进而通过策略聚焦和类比强化的方式训练口译过程中的各项技能;其设计的基本信息标注体系则有助于口译学习者根据自身需求,并按照一定的检索参数获取自身所需的个性化资源,从而开展相关的译前准备活动、利用词频及语境信息开展研究性学习、基于语料进行口译自主训练等。

由此可见,Backbone 视频语料库的开发者从语篇、词汇、记忆、表达和话语等方面对与语料内容及呈现方式相关的各种口译挑战情形进行了详细标注,以利于口译自主学习中专项策略的训练与培养。其设计理念将语料库的功能要素与口译教学语料库的实践需求有机结合,从而实现了口译教学语料库策略聚焦的精准化标注与便捷化应用。其建成前的信息标注如图 6.3 所示,建成后的学习应用界面如图 6.4 所示。

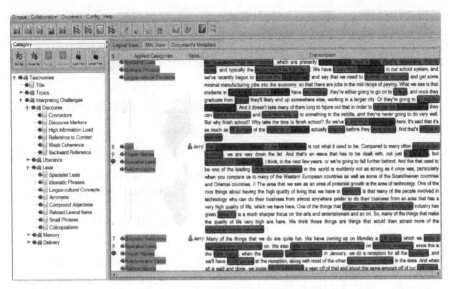

图 6.3　Backbone 视频语料库的信息标注示例

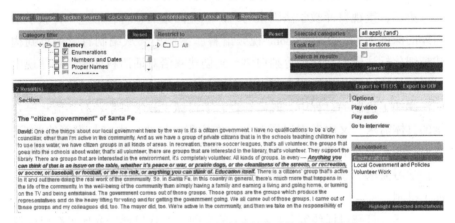

图 6.4　Backbone 视频语料库的策略聚焦应用界面

三、案例评价与启示

　　Backbone 视频语料库在实现语料库功能与口译教学语料库需求衔接与整合的过程中，从新增语料信息标注体系到创设互动应用场景，从整合媒介到编制背景知识，均体现了语料库深度开发机制的重要理念，即实现研究驱动向教学驱动的转化。诚然，Backbone 视频语料库仍有改进空间，如信息标注中的非语言特征有待细化，语料难度的划分标准尚不明晰，教学反馈中教师角色需要加强。但总体而言，其素材遴选、语料切分与信息标注分别对素材、职业和教学法因素给予了综合而全面的考量，特别是双语对话语料的开发流程与基于口译挑战设计的语料信息标注体系，均对相关领域的探索具有借鉴价值。

基于 Backbone 视频语料库案例的介绍与分析，同时结合我国口译教学语料资源开发的实情，笔者提出以下三点启示。

第一，结合口译教学语料语篇完整性、语体口语化、交流真实化、媒介立体化等要求，对国内外语料库展开调研，挖掘对口译教学和自主训练具有潜在应用价值的语料库资源。统计显示，国内外目前口译语料库的数量和规模均十分有限，口译语料库的建设面临着方法论、技术、工作量等诸多挑战（张威 2017：53）。在此背景下，口译教学语料库的开发可转变思维，从 Backbone 视频语料库的实践中获得启发，利用视频语料库、口语语料库、双语平行语料库等已有资源，根据语料库的内容、类型与功能等特点，开发适合不同教与学需求的口译教学语料库，并发挥其在口译技能强化、译语质量评价、口译错误类型分析等方面的应用价值。

第二，重视口译教学法因素与口译职业因素的整合，推进口译教学语料库的深度加工。在 Backbone 视频语料库案例中，从编制背景信息到构建精细化标注体系，从切分独白语料到创建双语对话语料话轮，均体现出口译教学法因素与口译职业因素的有机整合。故此，在探索口译教学语料库深度加工机制的过程中，既需结合教学目标、教学对象、教学流程等要素的具体需求，又应考虑口译职业工作流程、形式、内容与素养的要求，并通过两大要素的整合，建立符合口译学习者认知发展规律、契合口译个性化学习需求、反映口译技能关键细节、覆盖口译工作全流程的资源深度加工机制。

第三，打破口译研究与口译教学的界限，实现口译研究成果在口译教学中的有效转化与应用。从 Backbone 视频语料库策略聚焦的案例中可以看出，以研究目的为主要导向的口译语料库在口译教学语料库的深度开发过程中有着巨大的潜在应用价值。从本质上说，策略聚焦是将口译技能体系进行分解，并以凸显和聚焦的方式在口译教学中予以呈现，帮助口译学习者循序渐进且有针对性地对相关口译策略进行专项训练。上述教学需求与口译语料库的设计思路及应用功能不谋而合。通过标注新的语料特征信息体系，并借助相关检索工具，便可实现对所聚焦口译策略的便捷化检索与语境化呈现，从而将语料库的功能特色与口译教学语料库的策略聚焦机制有机整合。

第七章　口译教学语料库的资源整合机制

第一节　资源整合概述

一、资源整合的概念

以上分别从难度定级、语境重构和策略聚焦三个方面阐述了口译教学语料库以语料为核心的内在深度加工机制。如果将口译教学语料库放在整个口译教学体系中加以审视，其必然与口译教学的其他要素产生关联和交互效应。换言之，口译教学语料库的价值发挥，只有当其与其他口译教学要素深度融合，才能最大限度地发挥其教学价值。这些要素涉及教学资源的其他表现形式，也就是本章所述的资源整合机制。同时，还涉及口译教学语料库的开发与应用主体，即下一章将要论述的共建共享机制。此外，口译教育信息化是一个由多种信息技术工具、要素与流程构成的整体，从技术融合的角度来看，还需要探讨口译教学语料库与其他技术工具的融合机制，如与语音识别、机器翻译、语音合成、机助口译测试等人工智能技术的深度融合机制。

在大数据时代，信息化口译教学资源的内涵和外延都发生了巨大变化。从口译教学的场域维度来看，口译教学资源可划分为线上资源与线下资源。其中，线上资源包括口译微课、口译慕课、精品在线课程、主题知识网站等，线下资源包括音像资料、口译工作坊资源等。从口译教学的功能维度来看，口译教学资源可划分为教研资源和学习资源。其中，教研资源表现为电子课件、教案、口译语料库、学术资源库等，学习资源则表现为语料资源库、术语库等。从口译教学的学评维度来看，口译教学资源可划分为案例资源和测评资源。其中，案例资源包括口译教学案例库、口译学习者语料库、口译赛事资源等，测评资源则包括口译测试、口译题库与口译考证资源等。从口译教学的实践维度来看，口译教学资源可划分为课堂资源与职场资源。其中，口译课堂资源包括电子教材、口译技能导图、演示视频等，口译职场资源则包括口译职场社交平台、口译行业协会、口译直播平台等资源。

由上可知，口译教学语料库是整个口译教学资源体系中的一个重要组成部分。从整个资源体系的角度来看，口译教学语料库的建设必然与其他口译教学资源形式发生关联。换言之，口译教学语料库的开发质量和效用发挥必须考虑其与其他口译教学资源之间的联系和整合。在诸多资源形式中，在线口译课程资源是近年来发展较为迅速的资源形式，这与口译教育的信息化变革关联紧密，尤其在新冠肺炎疫情常态化防控的背景下，在线教学形式成为口译教学的新常态。受此影响，在线口译课程资源建设成为学界关注的热点话题(Xu et al., 2020；邓军涛，2020)。鉴于此，本章将以在线口译课程资源为主要观察点，探讨口译教学语料库与在线口译课程资源的整合机制。

在线口译课程资源的表现形式多样，如口译微课、口译慕课、口译直播课等。在众多在线课程资源形式中，口译教学专题资源网站是近年来较受关注的一种资源。口译教学专题资源网站指专门针对口译教学而开发的系统性、专业性网络在线课程资源。此类资源在框架上是一个覆盖全面、结构科学的口译教学资源体系，在设计理念上强调对口译学科核心知识与技能的专业化编排与呈现。不同于个体口译教师开发的碎片化口译微课资源，口译教学专题资源网站对口译知识、口译技能、口译素养有着较为系统的覆盖性。有别于口译慕课，口译教学专题资源网站不是针对某一门课程与特定教学对象，而是将口译教学的知识体系进行模块化与层次化构建，并以科学合理的架构方式呈现出来，因而对口译教学的实施与应用有着更为广泛的适用性，其所提炼的知识和技能要点通常为主流口译教学流派广泛认同的教学要点。

二、资源整合的意义

探讨口译教学语料库与口译教学专题资源网站的整合机制具有五个方面的意义。其一，有助于形成完整的口译教学观和口译教育信息化观念，从宏观的口译课程视角规划和推进口译教学语料库的开发方向与内容重点。其二，有助于将口译教学语料库纳入整个口译教学资源体系之中，加强语料资源、课程资源、测评资源、教研资源等之间的横向联系，使口译教学语料库与其他相关的口译教学资源形成聚合效应。其三，有助于将口译教学语料库与口译教学进程整合，使其在单元教学设计、课程内容编排、教学流程演进、口译技能强化、口译自主测评等方面发挥更为突出的价值。其四，有助于口译教师与口译学习者在同一资源平台便捷高效地应用各类信息化口译教学资源，避免因重复建设、平台切换、功能重叠等带来的不利局面，提高口译学习者对口译教学语料库及其他信息化口译教学资源的应用效率与效果。其五，对于平台开发者和建设者而言，在同一平台将各类资源、各类应用整合在一起，有助于提高开发效率，通过与语料资源的对接丰富其辅助口译教学的功能，同时优化其应用与设计理念，发挥资源共享、平台共享、信息共享与数据共享的优势。

本章将以"会议口译员训练在线资源"（Online Resources for Conference Interpreter Training，官方网址：www.orcit.eu/）平台（以下简称 ORCIT 平台）为主要案例，从平台概况、内容体系、开发理念、应用价值等方面阐述以口译教学专题资源网站为载体的口译教学语料库资源整合机制。

第二节　一站式口译在线教学资源平台

一、平台概况

（一）ORCIT 平台的创建背景与框架

ORCIT 平台由欧盟委员会资助，自 2010 年起创建，是一个以会议口译训练为主要用途的在线资源平台，面向全球会议口译师生及从业者开放使用。该平台的领衔创建单位为英国利兹大学，其他创建成员还包括立陶宛维尔纽斯大学、希腊亚里士多德大学、捷克布拉格查理大学、西班牙柯米亚斯宗座大学、法国巴黎跨文化管理与传播学院（原高等翻译学院）、德国海德堡大学、斯洛文尼亚卢布尔雅那大学、西班牙拉古纳大学等。ORCIT 平台资源以多语种形式呈现，目前包括英语、法语、希腊语、德语、西班牙语、捷克语、立陶宛语和斯洛文尼亚语等八个语种。

ORCIT 平台的资源开发遵循技能分解的原则，将会议口译的核心技能划分为"信息听辨"（Listening）、"公众演讲"（Public Speaking）、"交替传译"（Consecutive）、"同声传译"（Simultaneous）和"研究技能"（Research Skills）五大资源板块，每个资源板块由"导论"（Introduction）和"练习"（Exercises）组成。此外，平台还设有"额外资源"（Extra Resources）和"资源评价"(Resource Evaluation)板块。整个资源平台的框架主界面以书架形式呈现(图7.1),简洁直观,用户可根据需要点击相应的资源板块并跳转至具体的资源学习板块。

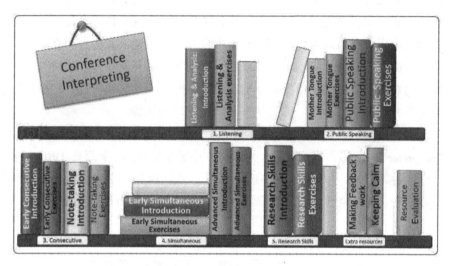

图 7.1　ORCIT 平台的框架主界面

(二)ORCIT 平台的内容体系

如前所述,ORCIT 平台主要包括与会议口译相关的五大板块的技能性资源,以及与译员心理素质、口译质量反馈及资源应用体验等相关的拓展性资源。下面就该平台的内容体系予以简述。

1. 信息听辨板块

信息听辨板块由听辨与分析导论及练习两部分组成。该板块从意图识别、线索分析、信息分层、结构把握、语义理解等方面将话语听辨与意义分析过程切分为七个分项技能,如表7.1所示。

表 7.1　信息听辨板块的分项技能

编号	分项技能名称	内 容 简 述
1	听词取意	对输入信息去粗取精,听词取意,领会发言人的意图与意义
2	辨识线索	辨识区分建设性线索、干扰性线索与反常规线索
3	识别主要信息	从事实性信息、逻辑关联词、发言主旨等方面识别主要信息

续表

编号	分项技能名称	内 容 简 述
4	识别次要信息	从重复话语、题外话、列举、琐碎细节等方面识别次要信息
5	理清结构	从叙述性结构、对比性结构、论证性结构三方面理清话语结构
6	应对理解障碍	分析因词汇与话题不熟悉引发的理解障碍并给出应对方法
7	审核理解	通过常规问题检核、信息表征图解、要点归纳等方式审核理解

2. 公众演讲板块

公众演讲板块包括母语导论及练习、公众演讲导论及练习两部分。母语导论部分主要从交际、听众、感染力、表述内容及方式等方面讲述了译语表达的基本要求，相关练习包括词语搭配、习语、同义词与反义词、词缀、多样化表述、接触不同的发言者及熟悉各类讲话题材等，旨在全方位拓展译员在不同语境和知识领域的词汇储备及实战应用能力。公众演讲导论部分从主题文献查阅、信息视觉化导航、知识驾驭、笔记使用、语体把握、现场互动、逻辑衔接、话语开篇与结束等方面介绍了公众演讲技能的训练要点与步骤，同时编制了与发言主旨聚焦、讲话意图传递、语体识别、语篇信息组织、前后话语衔接、与不同听众群体互动等任务相关的系列配套练习。

3. 交替传译板块

交替传译板块包括无笔记交传导论与练习、交传笔记导论与练习两部分。其中，无笔记交传与交传笔记在学习进程上构成前后相继的推进关系，而导论与练习之间则构成技能要点讲解与练习巩固的搭配关系。无笔记交传导论包括概念界定、实践与教学的必要性、认识误区、技能要点、用于练习的语料、实施方法、应对策略、记忆技巧、卡壳与应对、提问策略、向带笔记交传过渡等内容。交传笔记导论包括引言、口译笔记的误解与正解、数字与名称的笔记、观点信息的笔记、口译笔记的原则、口译笔记职场经验概述等六项内容。在知识型内容的呈现中，界面设计采取分屏显示的方式，主界面为教师的授课视频，同屏辅助显示与讲话内容相关的关键词、观点与问题等。在实战型内容的呈现中，综合运用演示、讨论、对比等多种视频案例，帮助学习者在情境中观察、思考、领会与交替传译相关的口译技能。

4. 同声传译板块

同声传译板块包括初级同传导论与练习、高级同传导论与练习两部分。其中，初级同传导论旨在从同声传译的基本特征与流程、外在表现方式、内在质量要求、听众意识与互动等方面讲述同声传译的基本知识与技能，具体涵盖信息输入与分析、声音质量、同传间礼仪、表意的完整性与清晰性、传译质量的自我监控、译语内容的前后一致性、听众的需求与感受等七个方面。高级同传导论旨在从典型困难情境的表现与应对、口译任务之前与过程中的资料应用、同传间的协作等方面展示实战层面的高级同传技能，具体包括句子拆解、信息的权衡与取舍、信息遗漏的应对策略、发言意图分析、超负荷信息的归纳提炼、译前与译中文档资料的应用、同传间的团队协作等七项内容。

5. 研究技能板块

研究技能板块由研究技能导论与练习组成。此处所述的研究技能主要指口译任务之前对发言人、讲话主题、与会者信息、会议开展形式、时间与地点等相关内容的准备工作。与译前准备相关的研究工作对口译任务的顺利开展、口译员主题知识与专业知识的充实、口译职业工作素养的培养都至关重要。研究技能板块主要阐述了七个方面的内容，如表 7.2 所示。

表 7.2　研究技能板块所涉的译前准备事项及内容

编号	译前准备事项	内 容 简 述
1	语言	口译工作中的语言组合及语言方向
2	发言人	发言人的身份、语言背景、语言水平、是否使用母语发言
3	会议性质	会议的组织机构、会议的性质、与会人员之间的关系
4	主题	讨论的主题及与主题相关的行业领域知识
5	术语	关键性术语与词汇列表
6	名称	关键性名称的发音与拼写、人名在不同语言中的发音差异
7	潜在信息	隐性动机、偏好与喜恶、真实需求、先发事件背景等

6. 额外资源板块

额外资源板块包括"保持镇定"（Keeping Calm）与"口译质量反馈"（Making Feedback Work）两部分。其中，"保持镇定"主要涉及口译工作中的心理素质培养问题，分为焦虑、紧张、压力、肢体、呼吸、心理准备等六个专题。在教学视频中，主讲教师通过舒缓眉头、面部肌肉按摩、舒展双肩、矫正站姿、调整呼吸等方法示范各种心理减压技巧，声情并茂地展示了口译工作中的心理调适策略。"口译质量反馈"主要从评价主体、评价内容、评价方式、评价取向等方面介绍了与口译练习及实践相关的质量反馈技能，如表7.3所示。

表7.3　口译质量反馈的资源内容

编号	质量反馈条目	内 容 简 述
1	自我意识	意识到评价与反思的重要性，重视评价对质量提升的反拨效应
2	自我反思	录制口译表现，征集各方反馈，记录、回溯并拟订行动计划
3	同伴评价	秉持开放的心态，积极采纳有效建议，乐意与同伴分享和合作
4	客户反馈	与客户建立信任感，对客户反馈态度与方法的认可
5	自我评价	培养自我评价的意识与策略，彰显口译练习的意义和价值
6	提供有效反馈	提醒评价者从宏观结构和微观细节两个层面进行综合评价
7	建设性评价	明示表现优异的具体细节，同时指出有待加强的方面
8	非建设性评价	只评价好与坏，不提供原因或对策，无改进建议

7. 资源评价板块

资源评价板块主要通过在线问卷的形式征集不同用户对平台使用的反馈情况，从而为资源质量的改进及教学应用体验的优化提供参考依据。例如，针对口译教师的调研问题包括使用该平台的目的、平台在教学中的应用方式、教师对平台的认可程度与推荐意愿等；针对口译学习者的调研问题包括选用该平台的原因、平台对课程学习的促进价值、使用平台的方法、对平台的改进建议等。

二、平台开发理念分析

(一)核心技能整合

ORCIT平台主界面以"书架"形式一站式呈现，五项核心技能以模块化方式分布于"书架"之上，彼此自然衔接，共同构成会议口译的核心技能体系。听辨与分析模块是整个口译技能体系的基础，其所包含的话语听辨与意义分析技能是口译学习者的必备技能，为译语表达、交替传译、同声传译等技能的学习提供基础和前提。公众演讲模块是译语表达技能的专设模块，旨在从有效交流、听众意识、清晰表达、得体传译、逻辑衔接、现场融入等方面培养口译学员的译语表达能力。交替传译模块与同声传译模块均采取阶段划分的方式，分别从无笔记交传与带笔记交传、初级同声传译与高级同声传译两个阶段，以难度进阶的方式训练学员的专业化技能。研究技能模块旨在培养译前准备活动中需具备的各项技能，即如何从语言、讲话者、会议性质、谈论的主题、专业术语、关键性名称、未知信息等方面训练学员的译前准备技能。此外，补充资源模块还包括口译心理素质与口译质量反馈相关的技能与练习。

（二）教学要点凝练

针对每个核心技能模块的内部资源，ORCIT 平台采取科学分解与要点凝练的方式，简明高效地组织与呈现具体教学内容。以听辨与分析技能模块为例，该模块将话语听辨与意义分析的技能分解为七个分项技能：听词取意、分辨线索、识别重要信息、识别次要信息、理清结构、应对理解障碍和审核理解。从编排顺序看，这七个分项技能依次从微观层面的词汇、中观层面的线索与信息、宏观层面的结构与语篇对听辨与分析技能进行了科学的编排与组织。为使口译训练更具目的性与实操性，ORCIT 平台根据每个分项技能的内容与特点凝练出若干教学要点。例如，关于识别重要信息，平台归纳了三个教学要点：首先，区分话语中的事实性内容与情感性内容，事实性内容为主体信息，情感性内容旨在传达讲话人的情绪、情感、态度或语气，通常为强化事实性信息服务；其次，留意话语中的逻辑联结词，如并且、但是、因此、除非等，它们有助于把握话语间的线索，形成逻辑清晰的意义理解；再次，关注讲话人的个人观点，它们常出现于发言的结尾部分，这是讲者向听众传递的重要信息。

（三）内容组织优化

在对每个视频片段内容的组织上，ORCIT 平台优化设计方案，采取理论讲授与示例解说相结合的思路，深入浅出、有理有据地阐明具体知识与技能。其中，理论讲授主要采取分屏显示的呈现方法，即主画面为主讲教师的视频授课录像，同屏辅助显示理论讲授过程中的关键词、短语、观点与问题等。除用文字辅助显示主要观点之外，辅助画面还根据讲话内容，适时通过卡通、动画、示意图等手段增强讲授内容的趣味性与直观性，从而提升资源内容的表现力。示例解说主要通过文字对比、视频演示、互动讨论、动画模拟等方式帮助口译学习者在具体的案例中观察、思考、领悟相关的口译知识与技能。例如，在呈现口译"应对策略"技巧时，主讲专家先从实践经验角度归纳了口译员可能遭遇的各种复杂发言情形，如长串列举性信息、迂回性表达、生词、生僻概念、陌生名称等，进而从理论层面归纳了各种应对策略，如采取阐释性表达、信息归纳、省译、前后语境推测等，并通过对比展示成功与失败的模拟案例视频，让学员在具体情境中加深对具体口译技能的理解与认知。

(四)配套练习精编

为强化巩固所学技能与教学要点，ORCIT 平台为每个核心技能模块编制了一站式配套练习。ORCIT 平台的配套练习非常具有针对性，每项练习的名称大都直接体现出训练的内容或要领，如"基于文本的口译笔记练习""语调的策略性使用""使用话语标记语"等。在具体练习的编制过程中，平台开发者体现出灵活多变的编制理念。以交传笔记练习模块为例，其编制理念强调夯实基础与发挥协同效应。在夯实基础的过程中，平台开发者特别重视运用"脚手架"，其典型表现是让学员通过"阅读+笔记转写"的方式将报纸文章的内容以口译笔记的方式呈现出来，此种练习有助于初学者免去听力的压力，从语篇深层体察原文本信息到笔记的转化过程，从而为后续的听辨与记录练习奠定基础。该练习还强调发挥多种信息化资源在口译笔记学习过程中的协同效应，如口译员博客、专家讲座、演示视频、网络资源等，帮助学员从多元渠道的信息输入中获得感知、知识、经验与反思。

三、平台应用价值探讨

(一)自主训练

在口译自主训练中，ORCIT 平台的应用价值体现在三个方面。其一，学习者可以根据自身兴趣、水平、进度等学习需求，结合相关模块与主题的资源进行专项口译技能训练。同时，还可以结合所学口译课程与所处的阶段，定位选择具体的知识点进行拓展学习与复习巩固。其二，基于平台练习开展交互式训练。例如，在"逻辑迷宫游戏"中，学员借助屏幕上的论点选择相应的逻辑关联词，通过层层递进的方式逐步勾勒发言的逻辑结构图。如选择错误，屏幕显示"路径错误，请重试"，如选择正确，则可进入下一环节的论点与逻辑关联词选择，直至到达结论，学员通过此项交互式练习可以检测对发言逻辑线索的把握情况。其三，培养学习者自主学习与合作学习的能力。例如，对于无笔记交传阶段口译训练语料的编制，该平台提倡同伴之间相互创建语料，并阐述了语料创建的具体要求，如内容简短、结构清晰、信息易于视觉化、包含个人观点等。在此项活动设计中，学员从语料的被动接受者转变为主动创建者与合作使用者，其自主学习能力与合作学习意识均得到提升。

（二）教学设计

对口译教师而言，ORCIT 平台在教学设计方面具有三项应用价值。第一，变革课程组织形式，构建口译翻转课堂。教师可将平台中的资源视为课堂教学的有益补充，在引入某项新技能之前建议学生先自学其中相应的模块，继而在课堂中以专项练习为主，集中突破重点与薄弱环节，也可就疑难问题开展小组与班级研讨，还可从平台中选取练习模块的素材用于技能强化训练。第二，拓宽教学视野，借鉴多元化教学策略。通过观摩学习平台中富有创意的技能训练方法，口译教师可适时选用或加以改编，从而丰富课堂教学策略。例如，在同声传译的初级训练阶段，可运用多种方法降低训练难度以增强学习效果：用之前做过交传训练的素材进行同传练习；运用头脑风暴法预测与推理传译内容；邀请同伴描述图片信息，学员在译员厢基于同一图片进行视听同传练习。第三，参考视频设计理念，开发优质口译微课。ORCIT 平台中包含多种形式的短视频，这些短视频具有知识点聚焦、内容精简、结构清晰、模态丰富等特点，对教师开发优质口译微课视频作品具有重要的参考价值。

（三）教材开发

ORCIT 平台对开发口译教材的价值体现在内容、形态与难度进阶三个方面。其一，在内容方面，该平台中每个核心技能模块都可视为一部完整的立体化口译教材，它们一方面可以充实和完善现有教材中已有的内容框架体系，另一方面可以弥补国内口译教材中心理素质与研究技能等内容的不足。其二，在形态方面，该平台有助于推进口译教材的数字化建设。当前，我国口译教材的主要构成形式以纸质为主、音频为辅，这种单调的资源形态已很难适应新时代移动学习、泛在学习、个性化学习等学习需求。以 ORCIT 平台的设计理念为参照，对现有口译教材进行数字化改造或开发全新的数字化教材，有助于口译教学内容的多模态与非线性呈现，实现口译教材与信息技术媒介的深度融合。其三，在难度进阶方面，该平台对教学内容与练习素材的编排次序可为开发口译教材提供参考。以交替传译资源为例，从无笔记交传到有笔记交传，从概念辨析到技能分解，从案例观摩到深入分析，从分项训练到综合演练，整个资源组织严密且进阶有序，符合口译学习的自然发展规律，有助于学习者由浅入深、循序渐进地掌握交替传译的系统技能。

（四）学业测评

在学业测评方面，ORCIT 平台的应用价值体现在标准参照、方法借鉴与素材示范三个方面。其一，针对每个学习阶段与模块的技能，平台拟定了参考性评价标准，如同声传译初级阶段的标准包括声音的悦耳性、语调的恰当性、节奏的舒适性、表述的连贯性、语气的坚定性与习惯的良好性，这些标准可为相关学业测评提供参照。其二，译语质量评价是口译学业测评的重要内容，ORCIT 平台对此提供了多种评价方法，如学习者自我评价、同伴互助评价、客户反馈评价等，并且对每一种评价方法给出了具体的操作建议。例如，在自我评价中，学习者应充分认识其在学业进步中的重要性，学会利用各种音视频工具录制自己的口译表现，从信息、逻辑、语域等方面综合自评，并坚持用日记方法记录学业进展，定期拟定后续改进方案。其三，发挥 ORCIT 平台中练习素材的示范效应，既可通过直接移植的方式将相关素材嵌入课堂测评的环节，也可借鉴其中的设计理念与实施方法，编制类似的测试材料，用于检测和评价口译学习者的水平进展情况。

四、资源整合机制探讨

ORCIT 平台为在线口译课程资源开发提供了框架体系完整、结构组织有序、内容编排精巧的综合设计方案，其对教学要素的关联与整合、教学流程的规划与实施都有着广泛的借鉴意义。下面以平台中的语料资源建设为观察点，从课程资源、练习资源、情境教学资源和任务模拟资源四个方面探讨语料资源与上述资源的整合机制，进而为口译教学语料库的资源整合机制提供参考。

其一，语料资源与课程资源的整合机制。在 ORCIT 平台中，语料资源与课程资源的整合可从横向课程内容维度和纵向学习进程维度两方面予以考察。在横向课程内容维度，语料资源与课程资源在宏观层面的整合表现为口译课程体系建设。就教学层次而言，语料资源属于微观层面的教学资源，而课程资源则属于宏观层面的教学资源。鉴于此，该平台将课程体系建设放在首位，并构建了融信息听辨、公众演讲、交替传译、同声传译等于一体的口译课程体系，而语料资源的采集与应用都以服务课程体系建设为导向，克服了语料资源碎片化分布的局面。在微观操作层面，开发者根据具体口译课程内容，对语料资源的遴选与应用进行了相关编排。例如，在信息听辨板块，为系统讲解和训练口译听辨环节的分析技能，教师编制了一则题为"素食"（Vegetarian Diets）的语料。该语料围绕素食是否健康这一核心议题展开，将支持素食与反对素食的两派观点分别阐述，并通过实例论证两派观点的利弊，最终得出结论。与该语料相配套的学习任务包括要点归纳、关联词查找、逻辑线索回溯、细节展示和观点总结。在该案例中，教师将语料资源与课程内容有机整合，学习者则从中领会到发言人如何将信息与论点融合，并逐步推演到结论的思路运作过程，进而达到有效训练分析能力的目的。在纵向学习进程维度，语料资源与课程资源的整合主要表现为循序渐进的语料选取与应用方式。以交替传译板块的口译笔记为例，编者对语料资源的使用强调有序推进，如先通过泛在型语料的听或读积累个性化高频词汇笔记符号库，继而利用新闻媒体类语料训练口译笔记的转写，再基于实战型语料强化训练口译笔记的精简使用与高效解码技能，让不同类型和层次的语料为不同阶段的学习进程服务，进而实现语料资源与课程内容的有机整合。

其二，语料资源与练习资源的整合机制。语料资源是口译教学素材的一种常规表现形式，也是练习资源的重要来源，而实现语料资源与练习资源的有机整合关键在于合理的教学设计。在 ORCIT 平台中，"一料多用"是一种较为常见的教学设计思路，即将同一则语料用于多种练习活动，从而达到不同训练目的之效果。例如，在无笔记交传练习部分，教师围绕主题为"Gardening"的语料资源编制了四项配套练习。其中，第一项练习旨在训练大意获取能力，要求学员重点关注发言中的主要事件，并按事件发生的先后顺序绘制时间轴；第二项练习旨在训练泛化表达策略，学员在重听语料的基础上聚焦发言中的棘手细节，将一系列生僻的草本植物名称词汇用上位词或短语替换；第三项练习旨在训练话语解释策略，学员先重听从原语料中截取的讲话片段，继而将其中与建筑学相关的专业术语用通俗化的语言进行解释；第四项练习旨在训练意义串联和话语组织能力，要求学员用自己的语言扼要译述整段语料的发言内容。从该案例可以看出，从语料资源到练习资源并非简单的随取即用关系。实现语料资源与练习资源的整合需要综合考虑教学目的、教学阶段、学习者水平、技能训练重点、教学实施步骤等因素，通过合理的教学设计实现语料资源内容与训练目的、任务活动和练习过程之间的有机整合，进而既充分挖掘语料资源的训练价值，又确保其在实现口译练习预期效果中发挥资源保障的作用。

其三，语料资源与情境教学资源的整合机制。情境教学资源是在线口译课程资源的重要载体，即通过一定的技术手段和多媒介呈现方式，将教学环境、教学主体、教学内容、教学过程等置于一定的情境之中，以直观形象、立体多维的方式优化视听体验与学习效果。在 ORCIT 平台中，语料资源与情境教学资源的整合表现在核心知识解说、技能过程分解、师生互动交流与学习进程控制四个方面。其中，核心知识解说由主讲教师主导，围绕口译相关的基本概念、理论原则、方法要领等内容展开，以语料素材案例为依托，借助文字、卡通、动画、示意图等多种媒介形式，实现语料素材案例分析与基本理论认知的有效融合。技能过程分解即以实录与展示的方式，将职业情境与教学情境中的口译工作方式聚焦呈现，并通过观察和对比透视口译技能过程。以交替传译笔记为例，界面先播放现场发言语料，继而全程实录口译员笔记过程，并逐页展示口译笔记的页面与内容，学习者则可从信息提炼、逻辑衔接、时态标记、符号及缩写应用等方面深入探讨口译笔记的技能要点。师生互动交流主要通过教学情景模拟、互动问答、细节研讨等多种方式进行，目的在于以互动协商的方式探究语料资源训练中的重点与难点。在学习进程控制方面，口译学习者可根据自身水平和学习需求选择相关视频资源，并根据学习进展情况对资源进行定位、跳转、截屏、回放等操作，从而实现对资源的个性化与自主化应用。

　　最后，语料资源与任务模拟资源的整合机制。任务模拟资源以真实口译任务为导向，包括与口译任务执行相关的工作环境、内容和过程等要素，是衔接课堂训练与口译实践的重要桥梁，也是在线口译课程资源的重要组成部分。在 ORCIT 平台中，语料资源与任务模拟资源的整合主要表现为译语输出质量监控、突发情形应对和团队协作三种形式。其中，译语输出质量监控包括自我监控和客户反馈两个方面。译员对译语输出质量的自我监控包含内容和形式两个维度：内容维度关注意义理解的准确性、信息传递的完整性和逻辑表述的清晰性；形式维度关注吐字的清晰度、语调的自信度和节奏的舒缓度。平台通过对比展示不同内容与形式的译语输出方式，旨在让口译学习者重视语料资源自主训练过程中的质量监控环节。客户反馈旨在强化口译训练过程中的客户服务意识，要求口译学员换位思考并体会客户的需求与感受，具体则通过学员之间互换角色或邀请不熟悉源语的模拟客户参与评价与反馈。口译实战中的突发情形众多，涉及现场环境、发言者、听众、物质媒介等要素。该平台围绕发言人要素，设计了若干与发言内容和讲话方式相关的突发情形，如发言语速偏快、信息密度偏大、方言口音浓厚、话语逻辑松散等，进而将语料资源的训练置于更为复杂多变的任务情境之中，综合训练学习者的临场应变技能与心理抗压能力。团队协作要求口译模拟训练超越个体学习者的范畴，通过模拟会议组

织中的不同角色分工、同传厢内同事间的任务协作等方式，赋予语料资源
更为多元的任务协作属性。

第三节　案例反思与启示

目前，我国口译教学平台主要包括个体教师用于课程管理的 Moodle
平台、基于课堂的口译教学平台、口译自主学习网站等表现形式，这些平
台在推进翻转课堂教学模式、提升口译课堂教学实效、助力口译自主学习
等方面发挥了积极作用。但同时，由于上述平台多限于单个课堂或高校，
其受益规模较为有限，且不利于院校之间开展口译教学成果交流与资源共
享。鉴于此，ORCIT 平台基于欧盟区多所高校合作创建的模式对我国开
发跨区域、校际联合的通用口译教学平台有着重要的示范意义。

通用教学平台是口译教育信息化的基础设施，建设该平台需要政府、
高校、行业等多方努力。其一，教育行政部门应发挥组织引领职能，为通
用口译教学平台的基础设施建设与常规运行提供政策支持与资金保障。其
二，各高校应打破壁垒，加强合作，通过专家会商的方式制定平台的开发
框架与资源建设的标准。其三，口译教学专家、口译职业专家、信息技术
专家、教育技术专家等应密切合作，充分考虑平台建设的学科性、职业
性、技术性、教学性等因素，在共同框架下逐步建成架构合理、内容丰
富、操作便捷的一站式在线口译教学平台。

平台是基础，而平台中的资源则是发挥其效能的关键因素。对口译教
师与学习者而言，ORCIT 平台的最大吸引力在于其汇聚的优质口译教学
资源。这种优质性具有四个典型特征：体系化，即各个模块的资源共同构
成核心口译技能体系；科学化，即教学内容组织符合口译学科的知识逻辑
与学习者的认知发展规律；一体化，即理论讲授与示例解说、教学视频与
配套练习、课堂模拟与职场实战构成彼此关联的一体化结构；简约化，即
宏观资源布局与微观资源的应用简洁明了，便于用户高效操作与应用。上
述四项特征可作为我国创建优质信息化口译教学资源的参考。

在推进口译教育信息化的过程中，不仅需要建设数量丰富的优质资
源，还需要建立优质资源之间的关联性，发挥其整合效应。在本案例中，
笔者以语料资源建设为观察点，从课程资源、练习资源、情境教学资源和
任务模拟资源四个方面探讨了语料资源与上述资源的整合机制。这些整合
机制对探讨口译教学语料库的资源整合机制具有四个方面的参考价值。首

先，口译教学语料库的建设应有整体的口译课程体系观和具体的口译课程知识观，即口译教学语料库的整体规划布局应以口译课程的体系建设为宏观导向，并在微观层面的素材遴选和层次划分上体现具体口译课程的教学需求。其次，口译教学语料库的建设应充分重视教学设计的作用，即从教学目的、教学阶段、学习者水平、技能训练重点等因素出发，探究语料资源内容与诸教学要素之间的关联性和契合性，从而实现语料资源与训练目的、任务设计与实施之间的有机整合。再次，口译教学语料库的建设应注重发挥实体与虚拟教学手段和媒介的作用，使其在具体知识技能的讲解和演示中起到形象直观的效果，并通过语料资源与情境教学资源的整合，提升学习者在多模态情境中的视听学习效果。最后，口译教学语料库的建设应注重对职场任务要素的考量，将译语输出的质量监控、现场听众或观众的体验、突发情形的应对、团队协作等因素予以综合考量，缩短语料资源训练与真实口译任务体验之间的距离。

除此之外，ORCIT 平台的交互学习环境建设对探索多种教学资源之间的整合机制也具有较强的参考价值。交互学习环境旨在建立学习者与信息化教学工具之间的双向动态融通，最大限度地发挥平台和资源作用以促进学习的效能。学习环境的交互性有多种表现形式，如学习者与操作界面的交互、学习者与教师和同伴之间的人际交互、学习者自身新旧概念之间的交互等。在 ORCIT 平台中，交互学习环境的创设主要体现为以下三个方面：其一，可自主操作的界面。例如，在视频学习中，口译学习者可根据水平自主选择次序、进度与频次；在练习中，应用程序支持试误与修正，对应答结果给予智能化评判与分析，并为学习者提供促进学习的方法建议。其二，直观形象的学习情境。通过动画、视频、音频等多元媒介表现手法，将口译教学中的抽象概念、复杂技能、问题情境等直观化呈现，运用演示、对比、夸张等手法强化学习者对相关技能的认知，促进基于情境的深度学习。例如，在口译笔记过程的情境化展示中，通过对比播放职业口译员与口译学员笔记，帮助学习者在观察、借鉴与反思中深刻体会口译笔记的要领。其三，模拟的口译任务情境。通过过程演示、角色扮演、模拟会议、情境仿真等方法帮助建立口译任务情境与口译学习者之间的多维交互，让学习者在模拟的口译任务情境中习得知识与锻炼技能。例如，在口译心理素质的教学视频中，教师声情并茂地通过舒缓眉头、面部肌肉按摩、舒展双肩、矫正站姿、调整呼吸等亲自示范心理减压法，讲解和演示过程形象生动，易于学习者模仿与掌握。

ORCIT 平台是一个开放式的口译在线教学资源网站，其对资源应用没有设置使用权限，既服务欧盟区域，也惠及全球口译及语言学习者。为使平台资源具有广泛的传播与移植效应，该平台的初始资源以英语为蓝本，并支持其他国家和地区根据其语言与文化特色进行定制化改编、加工与应用。这一操作模式对我国创建"一带一路"背景下多语种口译在线教学资源平台具有重要的参考价值。因"一带一路"沿线国家与地区语种众多，我们可以先以汉语为中心，根据翻译本科专业与翻译硕士专业学位的教学要求，开发适合国内口译人才培养需求的资源体系与通用平台，进而根据不同语种、热点主题与文化特色，持续开发具有语言特殊性和地域特色的多语种口译在线教学资源平台。

开放的应用机制不仅体现在广泛的用户覆盖与移植效应，还在于平台与用户之间的交流与反馈机制。ORCIT 平台专设资源评价板块，重视与平台使用者之间的互动交流，结合各方的反馈意见，不断改进平台的内容布局与应用效果。其针对口译教师的调研内容主要包括平台具体的教学用途、是否以及以何种方式将其推荐给学生、平台在哪些方面对学习者具有帮助等；针对口译学习者的调研内容主要包括使用该平台的缘由、平台内容与所学口译课程之间的关联性、如何使用平台中的资源等；针对平台本体的评价内容主要包括资源导航的简明性、内容解释的通俗性、界面呈现的灵活性、资源素材的趣味性与实用性等。上述交流与反馈机制有助于形成对平台的反拨效应，通过广泛与动态化地收集用户反馈，为平台设计与内容质量的改进提供决策依据。

第八章　口译教学语料库的共建共享机制

第一节　共建共享机制概述

从实践层面看，口译教学语料库近年的发展呈现出四种演进态势。其一，主体协同。创建主体从封闭自建转向共建共享，基于单个口译教师或院系的小范围建库模式（如 IRIS）逐步向校际联合、区域协同乃至全球共建共享（如 Speechpool）的协作开发模式转型。其二，需求定制。建库思维由资源供给转向需求定制，口译教学语料库的创建不再局限于教师向学生单向提供语料，学习者的需求、反馈、过程数据等成为语料采编与更新的重要参考依据。其三，功能集成。口译教学语料库的功能突破了原有的语料检索与应用范畴，更多融入了个性化学习服务、互动交流、评价反馈等功能（如 EU Speech Repository）。其四，精细加工。语料资源呈现形式不再满足于简单的"复制+粘贴"模式，而是在技术的辅助下体现出角色融入、情境创建、互动交流等特征，譬如 IVY 资源库。

在上述四种演进态势中，共建共享机制主要涉及口译教学语料库的主体，且主要表现为开发主体与应用主体。简而言之，共建主要与开发主体相关，共享则主要与应用主体相关。诚然，开发主体与应用主体也存在一定的交互重叠现象，如在一些口译教学语料库的开发过程中，学习者在口译教师的指导下参与语料的采集与加工工作，在建成之后，学习者又以应用主体的身份参与口译教学语料库的共享使用。从这个意义上说，共建共享是一个不可分割的整体，既是一种资源开发行为，又体现了口译教学语料库开发与应用主体的有机统一。

从国外大型口译教学语料库的建设经验看，基于项目创建跨校、跨区域的口译教学语料库已成为一大趋势。这种项目式创建模式对于推进口译教学语料库的共建共享具有四个方面的优势。其一，资金与平台优势，通过政府、高校、企业与社会等多元投入，可以为项目式口译教学语料库的建设与完善提供充足的资金保障；同时，由于项目式创建的口译教学语料库平台是开放性的平台，因此可以通过广泛的用户监督机制和评价机制共同完善其设计模型、操作方案、语料质量与应用效果。其二，科研与技术优势，通过高校科研团队和企业技术人员的密切合作，可以实现口译教学语料库教学设计与技术应用的有机衔接。其三，人力与规模优势，通过技术专家、科研人员、口译教师、学习者、口译从业者等多方力量的协作，可以创建大容量的口译教学语料库，从而扩大其受益范围，增强教学效果与社会效益。其四，内容建设的多元化优势。首先，随着我国"一带一路"战略的深入推进，包括口译在内的语言服务需求、范围和涉及的语种都将扩大，因此，在共建共享机制框架的指引下，口译教学语料库在未来的建设中可逐步将沿线国家和地区的非通用语种纳入建设的范畴，以循序渐进的方式逐步建成多语种的口译教学语料库（仲伟合、许勉君，2016）。其次，就口译形式而言，口译教学语料库既要重视常规的交替传译与同声传译语料资源建设，也要加强对电视口译、视频会议口译、手语翻译等多元口译形式的口译教学语料库建设，而共建共享机制可在其中发挥重要的整合优势。再次，就语料内容而言，口译教学语料库在素材获取、主题与体裁细分等方面也应体现出多元化特征，共建共享机制可为此提供多元渠道和资源储备支撑。例如，可通过电视、电台、网络、报纸、现场等多种途径扩大语料素材的获取渠道，还可基于对口译职场与市场需求的调研加强对语料主题和体裁的细分，使口译教学语料库覆盖的主题范围更广泛、涉及的话语体裁形式更多样。最后，依托共建共享机制有助于建立从本科生到研究生、从通用到专业、从基础到顶尖的多层次口译教学语料库架构格局，从而提高口译教学应用的针对性与适用性。鉴于此，国内高校应改变孤立分散的建库格局，打破院校、区域、行业之间的壁垒，通过政、产、学、研的联动机制，在统一的建库标准基础上，以共建共享的方式创建大规模、高质量的口译教学语料库。

共建共享机制有着诸多优势，但在具体实施过程中，也存在一定挑战，主要表现为三个方面。其一，共建标准问题。共同框架与标准是开发共建共享型口译教学语料库的前提，这里所述的框架与标准不仅涉及技术层面的平台与操作功能因素，还涉及语料编制与开发的一系列标准与内容因素，如语料的取材渠道与标准、语料采集的模板与条目、语料信息标注的范围与内容、配套资源的界定与开发等。其二，项目统筹与过程监管问题。在共建共享机制下，参与共建的主体较多，需要相关的项目协调者对各个开发主体的分工、进度与信息交流进行统筹，以确保口译教学语料库的建设在共同的框架与标准下有序推进。同时，为保证建库质量，还需要建立相关的语料采编与开发监管制度，确保口译教学语料库的规范化与高质量建设，及时规避和化解语料开发过程中的质量风险。其三，共享模式问题。建成后的口译教学语料库以何种方式共享，如全面开放、部分开放、资源交换式共享、互助协作式共享、试用与付费相结合等，都需要进行探索和总结。

由上可见，共建共享机制是推进口译教学语料库深度开发过程中的一个重要环节，其相关内容涉及开发主体的建库标准与规范、建库流程与过程监管、共享方式等多个方面。在下面两节中，笔者将以两个典型案例为依托，对口译教学语料库的共建共享机制进行深入探讨。

第二节　基于院校的共建共享开发机制①

一、SIMON 的开发背景

根据 Seeber(2006)的介绍，欧洲会议口译行业在服务数量与工作内容两方面的变化带来了欧洲会议口译教育的繁荣。一方面，欧洲大型的国际组织数量不断增长，以欧盟为例，成员国由原先的 6 个扩大至 25 个，工作语言由 4 种增长为 20 种，每年会议日大约为 11 500 天，而相应的口译工作日高达 145 000 天。另一方面，随着战区口译、国际法庭口译等工作场景的细化衍生，国际社会对特殊用途口译员的需求量也急剧增加，此外还包括罕见语言组合的口译任务、受时空限制的口译任务等。为了满足上述需求，各高校均开始考虑译员厢之外的口译教育与培训问题，以适应市场新的需求变化。日内瓦大学高级翻译学院引领了这一潮流，于 1996 年推出了口译员培训师的学位课程，2005 年继而推出了口译员培训师的混合式课程(blended course)。在第一期的混合式课程中，共有 20 个学员，学员与教师相距数千英里，时差长达 9 小时，但所有课程均在该学院的官方网络平台顺利完成。这一模式之后逐渐发展成为如今的"虚拟学院"(Virtual Institute)。该虚拟学院由五部分构成：

---

① 本节部分内容选自作者已发表的论文，详见参考文献：邓军涛(2015)。

虚拟口译员培训档案板块（EVITA, ETI Virtual Interpreter Training Archives）、口译师资培训板块（TOT, Training of Interpreter Trainers）、口译员培训板块（Interpreter Training）、学员跟踪板块（Student Tracker）和在线共享口译教学语料库板块（SIMON, Shared Interpreting Material Online）。实践证明，上述混合式课程已取得骄人的成绩。为了进一步挖掘其技术工具价值以及合作型环境的优势，参与者倡导协作创建综合型口译教学语料库。该库的创建初衷是充实现成的虚拟教学环境的内容，为口译教师搭建一个可以共创共享的教学资源库，其整体结构如图8.1所示（Seeber, 2006）。

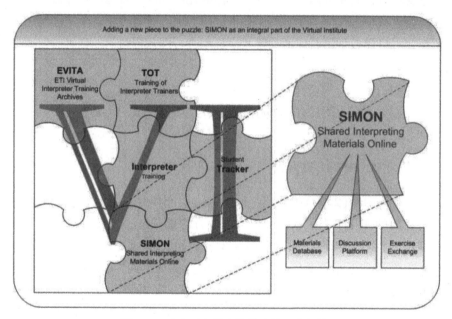

图 8.1　日内瓦大学虚拟学院的五大板块

　　从图8.1可以看出，SIMON在日内瓦大学的网络虚拟学院中扮演着至关重要的资源供给角色。从口译教师培训到口译学员培训，从口译学员跟踪到口译学员档案，每一个教学领域、每一个教学主体及每一个教学行为都与SIMON产生着直接或间接的联系。

　　在开发SIMON之前，日内瓦大学高级翻译学院一方面就口译教师对教学语料资源的共建共享需求进行了细致深入的调研，另一方面对口译教学语料资源开发与应用过程中普遍存在的问题进行了归纳与分析。该学院口译教师群体对语料资源共建共享的需求情况如表8.1所示。

表 8.1　口译教师对语料资源开发与应用的共建共享信息

语料需求信息	语料分享信息
寻求获得录制的语料资源	持有好的教学素材，愿意分享
想获得特定语言与级别的语料	发现有价值的网络资源，愿意分享
想获得特定主题与场景的语料	用过某个练习，想分享更好的练习素材
持有相关素材，想听取大家的看法	愿意分享曾使用过的优质专项练习素材
想到一个练习方案，但缺少相关素材	拥有相关素材，但没有合适的练习方案
想了解某口译技能的提升方法	用过某素材资源，想就此发表评论
遇到资源使用问题，想一起讨论	用过某练习素材，想分享应用的突发情况

除了对口译教师语料资源共建共享的需求信息进行调研与汇总之外，该学院还对口译教学语料资源开发与应用过程中普遍存在的问题进行了归纳与分析。例如，因特网拥有各种语言的丰富语料资源，文本和声音文件也可轻易获取，这常被视为解决口译教学语料资源短缺的良药，但如果不对文本的特征加以分析，不对其难度加以评估，囫囵吞枣地将网络资源引入课堂，势必带来一系列问题，如该语料与学生实际水平的适合性、与前后课程内容的关联性、与话题的衔接性等。鉴于此，许多老师开始根据经验自创语料，但单个口译教师的努力往往费时耗力，话题的时兴性、内容使用周期等因素往往使得口译教师的时间精力投入与语料资源的教学使用率不相匹配。简而言之，单个口译教师自主开发语料资源费时耗力，且存在重复劳动的隐患，孤立分散的语料使用模式只会降低资源的使用价值与受益范围。故此，有必要创建一个共建共享的语料资源平台，以便口译教师共同创建、改进、开发和分享口译教学资源。在此背景下，在线共享口译教学语料库的构想在学院口译教师的共同呼吁下付诸实施。

二、SIMON 的设计理念与架构

SIMON 自 2006 年开始创建，其开发初衷是充实学院虚拟教学平台的教学内容，为口译教师搭建一个可以共建和共享的教学资源库，从而提升口译教学质量。该库的突出创建特色是强调跨学科理论的指导（包括心理语言学、神经语言学、认知科学等学科的理论）与重视建库前期的需求分析（对一线执教口译教师的教学需求分析）。

根据 Seeber(2006)所述，SIMON 在架构上由三部分组成：资源数据库、讨论平台和练习交换平台。其中，资源数据库（Materials Database）包括以视频、音频和文本形式储存的口译教学语料资源以及配套的术语和背景阅读材料。上述资源的储存与搜索按照如下标准进行：水平级别（初级、中级、高级）、练习的种类（同传、交传、释意等）、源语语言、话题范畴（法律、经济、政治等）以及 DNA（标题、日期、来源、语言、速度、口音、内容等）。点击任何一段语料素材，均可弹出一个包含四大分支项目的链接：链接（声音文件、文本文件与背景信息）、配套练习（练习描述、理想训练效果、评论、作者）、讨论（评议素材与练习、分享经验、提出改进建议、运用头脑风暴法创想其他相关练习等）以及 DNA。SIMON 的内容架构如图 8.2 所示（Seeber，2006）。

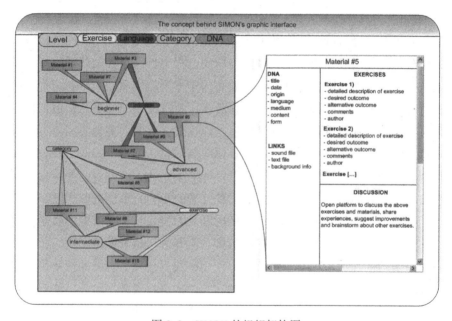

图 8.2　SIMON 的组织架构图

在讨论平台（Discussion Platform）中，用户可发布其对训练素材与练习的需求，使用者可以对其中的训练素材与练习的有效性、实用性进行评价，保留经典素材，改进欠缺的素材，删除无效的素材。

此外，练习交换平台（Exercise Exchange）与训练素材匹配，且二者之间有灵活的对应关系，如同一则素材可用于不同的口译练习，同一口译练习也可基于不同素材来具体实施。

从上述设计理念与组织架构中可以看出，SIMON 特别重视三组要素的整合，即语料素材与教学内容的整合、资源内容与学习主体的整合、学习反馈与资源改进的整合。首先，在语料素材与教学内容的整合方面，SIMON 强调语料素材特点与口译技能教学之间的衔接，即通过对语料素材语篇特征的分析挖掘其在具体口译技能训练练习中的应用价值。其次，在资源内容与学习主体的整合方面，SIMON 强调资源内容对口译学习者的适用性，如语言或语对的适用性、难度水平的适用性、主题内容的适用性等。再次，在学习反馈与资源改进的整合方面，SIMON 强调通过讨论、评价、创想等多种方式建立对资源库应用效果的反馈机制，从而优化共建共享型口译教学语料库的内容组成与应用方式。

三、SIMON 案例的启示

从上述案例分析可以看出，SIMON 在探索共建共享机制方面的经验主要包括四个方面的启示。其一，注重需求分析。SIMON 在创建之前对口译教师和学生进行了深入的需求分析，这为提高教学资源的针对性和实用价值奠定了坚实基础。完整的需求分析包括教学目标分析、教学内容分析、学习者需求分析、教师需求分析和社会需求分析。就我国而言，教学目标与内容分析应以教学要求为指导，涵盖语言知识与能力、口译知识与技能、百科知识与能力三个方面。师生需求分析可通过问卷调查与访谈进行，维度涵盖学习者特征分析、学习需求分析、就业需求分析、教师特征分析与职业需求分析等。社会需求分析可通过职业口译员采访、人才市场调研等方式了解市场对口译人才的职业技能要求。

其二，加强理论指导。主观随意的、纯经验式的资源选取方式势必令资源的科学性与系统性大打折扣。无论是 Marius 语料资源库还是 SIMON 口译教学语料库，在资源的选取与组织上均参考了相关的理论研究成果，如心理语言学、神经语言学、认知科学、口译过程理论、信息技术与课程整合理论等。上述跨学科理论不仅为改变我国凭经验直觉选取语料资源的现状指明了出路，而且为建立相对客观的语料选取与分析标准提供了参考，更是为口译教师开发难度适中、分类科学、衔接自然、系统性强的口译教学资源提供了保障。

其三，注重教学资源与教学内容及过程的有机整合。在 SIMON 的创建过程中，开发者列出了三个相互关联的词汇，即语料（speech）、素材（materials）和练习（exercises）。从概念的上下位关系来看，语料是素材的一种表现形式，二者又隶属于口译教学资源的范畴。从教学要素的角度来说，语料与素材都属于口译教学资源的范畴，而练习则属于口译教学活动，据此可见，语料、素材和练习之间属于教学内容与教学形式的关系，三者共同服务于口译学习者的知识增长与技能提升。从口译教学语料库的深度开发来说，需要处理好三者之间的关系，即口译教学语料库的建设不能只关注语料资源本身，而应关注其与更为宽泛的素材资源以及口译教学活动实施和口译练习方案编制之间的纵向和横向关系，从而充实口译教学语料库的内容，提升其教学应用价值。

其四，实施多元化的资源评价。SIMON 的学生反馈板块与讨论平台均表明，在资源的应用过程中应持续性地关注使用者的评价，并基于反馈意见改进设计方案与资源质量。国内口译教师也应对教学资源实施多元化的评价，如自我反思、同事互评、学生反馈、专家评价等，内容包括资源设计维度、资源内容维度、资源库工具易用性维度和教学时效性维度，且资源评价应贯穿口译教学资源设计、开发与应用过程的每一个环节。这样才能及时修正设计环节、开发环节与应用环节中的不足，确保口译教学效果的最大化。

SIMON 原定的实施过程包括三个阶段：第一阶段，原始素材填充，仅限本院教员进入，目的在于确保素材内容开发的一致性，为后续开发提供规范和参照；第二阶段，所有参加欧洲会议口译硕士培训项目的教师均可进入，共享库的水平进阶和质量要求可进一步提升；第三阶段，全球口译教师共享共建，最大限度地发挥共享库的潜力和优势（Seeber，2006）。从过去十多年的实施情况看，SIMON 最终只实现了第一阶段的既定目标，出于种种原因，其最初规划的全球共建共享愿景未能实现。但无论如何，其基于学院进行的共建共享建库尝试对我国探索基于学院或开展院校之间的共建共享建库实践都具有积极意义。

第三节　全球共建共享开发机制

一、Speechpool 创建背景与概况

在共建共享型口译教学语料库中，Speechpool 是合作共建、开放共享、互利互惠的典型代表。Speechpool 的创始人为 Sophie L. Smith，她曾是欧盟口译司会议口译员，之后在英国利兹大学从事口译教学与实践工作。在利兹大学的教学过程中，Sophie L. Smith 经常听到一个令学员们普遍感到困惑的问题：从哪里可以获取优质口译训练语料？起初，

Sophie 建议学员之间相互创建语料，并在课后以小组合作的方式开展练习。之后，为了扩大语料共享的范围，大家继而将录制的音频语料上传到共享网站。但同时，新的问题接踵而至。由于班级学员来自世界各地，对语料语种的需求五花八门，而在有限的班级范围内，实现语料语种的广泛覆盖是不太现实的。面对这一难题，Sophie 萌生了一个更为大胆且富有创意的想法，也就是将原先基于班级的语料共建共享模式扩展到全球，这样一来，语种、主题、层次等多样性问题都可迎刃而解。Sophie 创建全球共建共享型口译自主训练语料库的想法得到众多口译教学机构、师生、校友、从业者的响应和支持。自此，Speechpool 于 2013 年正式启动，并建立了专属网站（网址为：http://www.speechpool.net/）。随着参与人数的增加，Speechpool 的规模日益扩大。截至目前，其涵盖的语种包括英语、法语、德语、汉语、西班牙语、日语等 25 个语种，涉及政治、财经、外交、教育、文化、农业、科技、旅游、人道救援、医疗卫生等 30 多个主题。

本节以全球共建共享型口译自主训练语料库 Speechpool 为例，着重从开发主体维度、语料编制维度、交流机制维度和应用功能维度阐述和分析其共建共享的开发机制，并为我国相关领域的研究与实践提供参考。

二、Speechpool 共建共享机制分析

(一)开发主体维度

Speechpool 的运行得益于多方共同努力与协作。其一，专家指导团队。以 Sophie L. Smith 为代表的口译实践与教学专家为该库的设计理念、内容布局、语料编制流程、应用功能等进行科学引导与规划。其二，语料开发志愿者。语料创建主体由全球范围的口译学习者组成，大家有着共同的口译训练需求，并遵循"互助互惠"（Scratch my back and I'll scratch yours.）的原则，在获取所需语料的同时，也利用自身的语言优势与专业背景为他人创建多语种语料。其三，技术开发人员。Speechpool 的专属网站由信息技术专家 Matt Clarke 主导开发，其所涉及的互动交流、视频云平台功能则由 Facebook、YouTube 提供。其四，经费赞助方。Speechpool 初期的创造性投入由 Matthew Perret 与 Andrew Gillies 提供，其常规运行的经费支持主要有两大来源，一是英国全国口译网（NNI），二是网络募捐。其五，其他相关人员。资深会议口译员团队，负责网站内容监督，定期审核上传语料的质量；志愿翻译者，利兹大学会议口译与翻译研究的校友们为

该库网站的相关内容提供翻译服务。

通过广泛参与和协作开发，Speechpool 在内容和功能上体现出三项优势。其一，人员整合优势，通过整合专家、口译学习者、技术人员、赞助者、志愿者等多方力量，为语料库的优质开发和稳定运行提供持续保障。其二，库容规模优势。利用网站平台将全球口译学习者汇聚起来，将不同地域、不同语言与专业背景口译学习者的语料训练需求与其固有的语言、专业优势结合起来，在共建共享理念的引领下为建设大容量口译自主训练语料库奠定坚实基础。其三，突破班级、院系、国别与区域等限制，将语料资源的取材范围扩大至全球，形成对语种、语言变体、主题、场景等的广泛覆盖，资源类型和内容得到大幅充实，从根本上解决语料适用性受限的问题。

（二）语料编制维度

Speechpool 注重语料开发的原创性，摒弃将政治演说或议会辩论等实况录像直接用于口译训练的做法，要求开发者在规范化流程的基础上创建对口译自主训练具有适用性的语料资源。如图 8.3 所示，其规范化流程包括六个步骤：选择话题、专题研究、谋篇布局、摘录要点、表述内容与录制上传。

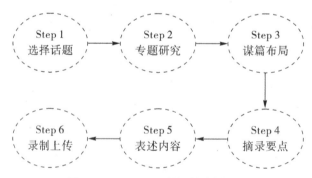

图 8.3　Speechpool 的语料编制流程

首先，选择具有时效性和趣味性的话题，避免涉及过多复杂细节，适当控制话题难度。其次，围绕所选的话题开展研究性工作，通过搜索新闻、观看纪录片、查找网站、阅读书籍等多种方式收集与话题相关的信息，记录各种渠道资料的来源细节。再次，基于基本素材信息、以话题为中心对演讲进行谋篇布局，理清演讲的话语结构与逻辑发展顺序，确定导言、行文脉络、结尾等框架结构，以大纲、思维导图等方式视觉化呈现。在此基础上，用笔记形式摘录演讲中的要点，并写下其中的标题、名称、数据等事实性信息，为后续演讲提供辅助与提示。然后，表述并录制演讲内容，要求以自然、接近即兴的方式进行演讲，其间与屏幕前的观众进行自然的眼神交流，并辅以恰当的肢体语言。在演讲过程中，提倡自由表达个人观点，将事实信息与切身经历结合起来，做到生动活泼、内容充实、富有趣味性。最后，录制长度为 4~12 分钟的演讲视频，上传视频语料并填写相关的内容与特征信息。

上述规范化语料编制流程具有三个方面的价值。其一，打破会议口译语料资源主导的建库格局，极大地丰富了口译训练的语料类型与内容。纵观国内外相关口译训练语料库，从 SIMON 到 EU Speech Repository，再到"中国总理'两会'记者会汉英交替传译语料库"，会议口译语料都是主导。Speechpool 的原创性建库理念有助于开发更多体裁、题材与层次的语料素材，从而满足广大学习者多样化与循序渐进的口译训练需求。其二，由口译专家指导拟定规范化语料编制流程，为参与语料创建的口译学习者提供具有科学性、实操性的参考流程，克服网络协作模式下自发性、随意性的操作行为，为语料质量提供了保障。例如，在内容方面，要求创建者勾勒话语结构或是绘制思维导图，进而确保演讲内容的相对完整性；在表述方面，要求讲者在笔记的辅助下以自然交流的方式进行演讲，凸显口译训练语料的口语化及现场化特点。其三，学习者参与语料创建的过程同时也是学习的过程。一方面可以扩充其知识面，通过聚焦相关话题研习具体领域的百科知识与专业知识；另一方面可以通过语料编制过程洞悉书面信息、话语结构、口头表述等之间的内在关系，切身体会从文字到话语、从思维到表达的转化过程，进而为其提高听辨与分析、话语意义理解、信息重组与转换等口译技能提供帮助。

(三) 交流机制维度

Speechpool 是一个互动性较强的口译自主训练语料库，其交流机制主要体现在四个方面。其一，借助官方 Facebook 账号，每周向会员发布前沿话题并征集相关语料，从而为库中语料资源的动态性更新提供保障，并使语料内容体现出时代特征，维持其对口译学习者的持久学习兴趣。其二，个体学习者可以借助语料库中的网络社交平台，根据自身的兴趣、水平、主题、语种等需求，发布库中暂时没有的语料资源信息，提出自身的学习需求。其三，针对语料中的音质、图像、内容等缺陷，学习者可以点击质量预警按钮(quality alert button)，以电子邮件形式向资源管理人员反映相关问题，管理人员在核实后移除有瑕疵的语料视频。其四，基于用户反馈的语料难度定级机制。Speechpool 在难度定级方面采用后测法，即学习者在练习之后需要对语料难度进行投票，从易到难，依次为一星到五星，后台再基于学习者实际练习的反馈与统计数据，对语料难度水平进行智能化统计与标识。

上述交流机制对推进 Speechpool 的动态化与多元化建库具有诸多价值。其一，通过官方社交平台定期发布语料主题的方式，对体现时代热点的语料素材进行广泛征集，在宏观层面引导和统筹语料资源的内容分布，促进资源库内容的可持续性发展。其二，突破了以往建库与用库相分离的思维，将学习者的个性化需求与语料创建活动适时对接，使资源创建活动更具目的性和针对性。其三，改变了以往资源供给式的单一建库思维，通过网络社交媒体为学习者、组织者、行业从业者、教师等搭建互动交流平台，赋予语料资源库更多学习、互动等功能。其四，其提供的开放式建库思路与用户反馈机制对提升建库质量具有重要价值。此外，其基于用户学习数据形成的动态化语料难度定级机制有助于将学习者语料学习的大数据与难度级别形成有机关联，更客观地反映语料在实际应用中的难度级别情况，从而为后续使用者提供更为精准的语料检索参考。

(四)应用功能维度

Speechpool 的应用功能包括语料检索、语料应用、语料编辑、语言学习、职业交流等多个方面，本节主要介绍与口译自主训练密切相关的前两项功能。

在语料检索界面(图8.4)，口译学习者可以输入关键词，也可以按照主题与适用的口译形式进行检索。其中，适用的口译形式包括全部、无笔记交传、交替传译、高级交替传译、同声传译、高级同声传译六个选项。除此之外，还可以点击页面中上部的排序按钮，按照发布时间的先后顺序、语料标题字母顺序、点击次数等显示排序后的语料。在检索显示的语料列表中，学习者还可以根据标题内容、所属主题领域、口音变体、难度星级、评价反馈等信息进一步锁定拟选择的训练语料。

语料应用界面包括两个部分，文字描述信息与视频练习窗口。以 Sophie L. Smith 创建的示范语料"Food and Nutrition"为例，其文字描述信息(表8.2)既包含语料的标题、适用的口译形式、术语及相关来源素材的链接信息，又包括语料创建者的身份简介、母语及方言变体信息，还包括语料练习的评价与反馈信息。在视频练习窗口中，可以根据练习的需要选择"字幕模式/非字幕模式"，即是否要求显示语料的文本信息，同时还可以对语料的速度、字幕、画质进行设置。

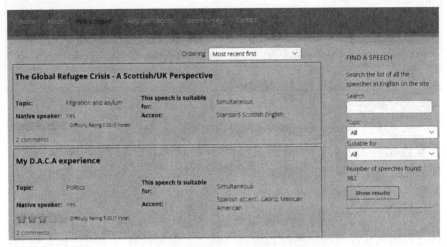

图 8.4　Speechpool 的语料检索界面

表 8.2　语料应用界面的文字描述信息示例

Topic	Food and Nutrition
This speech is suitable for	Consecutive
Are you a native speaker?	Yes
How would you describe your accent?	Southern English（close to RP）
Brief information about the author	I have recently returned from 2 1/2 years as a staff member at SCIC（European Commission）. I have been an interpreter trainer for 15 years, and have prepared speeches for aptitude tests, final exams, etc. I am also Speechpool's creator!
Useful information	Around 6'30 This speech contains many examples, so is good for practicing editing.

Topic	Food and Nutrition
Link to source material	www.britishsandwichweek.com https://www. theguardian. com/lifeandstyle/2017/nov/03/if-you-buy-a-ready-made-lunch-every-day-youre-t
Topic and descriptive keywords	Sandwiches, lunch, UK, packed lunch
Add comment	

从上述内容看，Speechpool 在应用功能上体现出三个优势。其一，多元素材与学习需求的结合。通过设置不同的参数，学习者可以在众多素材中高效便捷地获取适合个体学习需求的语料。其二，语料内容和相关情境的结合。口译训练语料既有可视化的视频界面，也有相配套的背景知识与情境化信息，为学习者开展基于情境的口译自主训练创设了条件，口译训练过程的真实性与现场感得到增强。其三，学习内容与学习过程的结合。学习者可以根据不同的学习阶段与目的，开展相关的口译训练与测评，如根据自身的听译水平调节视频播放速度、基于字幕比对自己的口译训练表现等。

三、Speechpool 案例简评与启示

从上述介绍和分析可以看出，Speechpool 的开发机制体现出完整性、科学性、适用性、可操作性和互惠性五项特征。首先，Speechpool 涵盖了创建主体、开发流程、学习应用、质量评价、互动交流等多个要素，建立了一套较为系统完整的口译自主训练语料库开发机制。其次，其规范化的语料选编、加工与录制流程为语料创建者提供了科学的操作指引，避免了主观随意的创建行为，保证了建库质量。再次，其基于网络社交途径的多元化交流机制有助于协调建库与用库之间的关系，化解内容统筹与碎片分布之间的矛盾，增强优质语料对口译学习需求的适用性。另外，其应用界面实现了多元素材与学习需求、语料内容与配套情境、学习内容与学习过程之间的有机衔接，易于学习者便捷操作，开展智能化、个性化、情境化的口译自主训练。最后，通过语料共建与共享的互惠方式促进全球范围的协作学习。每个口译学习者既是语料的使用者与受益者，同时也是语料的创建者与贡献者，这种彼此协作、互利互惠的网络协作模式对于高效建库、提高自主学习能力、增强网络环境下的协作能力等都具有重要价值。

诚然，Speechpool 也有待改进的地方。其一，语料质量的审核与准入机制。语料质量审核是一项浩繁且持久的工作，尽管有规范化操作流程的参照，但在具体开发过程中，语料质量的审核仍需要专业、敬业的工作人员持续跟进。其二，语料录制设备与环境缺乏专业化的技术指标。在 Marius 与 EU Speech Repository 等语料资源库中，为保证视频语料的呈现效果，增强口译训练的现场感和真实性，对录制环境和质量均有具体的技术参数指标，而 Speechpool 只要求用常规摄像机、电脑摄像头或手机录制自己的发言，语料视频的录制质量具有局限性。其三，自主训练的反馈机制有待完善。在 Speechpool 中，口译自主训练效果评价主要依赖于发言文字字幕比对，而教师引导评价、同伴交叉互评、口译从业者指导参评等机制有待完善。

通过对上述案例的介绍与分析，结合我国口译教学语料资源开发与应用的具体情况，笔者就相关领域的实践阐发四点启示。

第一，借鉴案例中的网络协作开发模式，整合国内资源，建设覆盖"一带一路"沿线国家和地区的多语种口译教学语料库。近年来，在"一带一路"倡议的深入推进下，多语种人才的培养如火如荼，其中也包括各层次多语种口译人才。多语种语料资源是多语种口译人才培养的基础性教学资源，故多语种口译教学语料库建设势在必行。我国具备翻译本科专业与翻译硕士专业学位培养院校和人数规模的双重优势，但在语料资源建设方面未能建立有效的共享机制（徐琦璐，2017：89）。通过搭建共建共享平台，以网络协作方式共建多语种口译教学语料库，可以整合全国高校的人力、物力、财力、智力等资源，避免语料创建中的重复性劳动，推进资源建设方式由教师个体、院系内部的小范围封闭式格局向共建共享的协同创新机制转变，着力提升语料资源的开发效率和应用效益。

第二，注重原创语料的编制与开发，加强对语料精细加工机制的深入研究。一方面，倡导语料采编的多元化路径，避免动辄"两会"主题的单一选材局面，结合我国口译教学多层次、多领域的具体需求，开发契合不同教学对象、不同学习阶段的原创性口译训练语料。另一方面，改变简单复制、直接移植的粗放型语料应用思路，注重对语料精细加工机制的研究。譬如，可借鉴本案例的规范化语料编制流程，探索包括选择话题、专题研究、谋篇布局、表述内容等在内的科学化编制方案，为开发具有适用性的口译训练语料提供科学可行的操作依据。同时，上述研究对推进我国高质量口译教材建设也具有重要意义。当前，我国口译教材多属于语料资源类教材，其中有关语境缺失、素材书面化、口音单一化等问题（赵昌汉，2017：61），均可从本案例中获得启示，而教材难度的编排问题则可借鉴其中的动态化定级机制。

第三，建立语料资源设计、开发、应用、评价、更新、维护的一体化机制。口译训练对语料时效性、动态性、多层次性等方面的要求，决定了口译教学语料库的建设不可能一蹴而就，而是一个长期持续、渐进完善的动态过程。语料资源在口译自主训练过程中效用的发挥与语料库本身内容质量建设及动态改进机制密切相关。故此，在设计与开发口译自主训练语料库的过程中，应突破静态、单向的思维，采取动态化和互动式的建库思路，将语料资源建设与学习者动态化的学习需求、学习过程的即时性数据、资源应用体验与效果评价等结合起来，适时调整语料资源的主题分布、参数设置、开发路径与呈现方式，不断优化语料库的设计理念、内容构成与应用实效。

第四，在功能属性方面，实现口译自主训练语料库由单一的资源供给向多元教学服务功能转变。如今，以人工智能为代表的前沿信息技术不仅给口译服务模式、口译工作效率、口译员能力发展、口译员职业发展带来深刻影响（王华树、杨承淑，2019：73-75），而且引发口译教学环境、教学资源、教学过程、教学评价等要素的系列变革（邓军涛、仲伟合，2019：90-94）。与此同时，前沿信息技术还催生了多种新型学习理念与方式，如泛在学习、自适应学习、深度学习、智慧学习等。在此背景下，口译自主训练语料库的建设应顺应口译职业与口译教学的信息化发展趋势，并在功能设计上体现与口译教学需求相关的新型学习理念，充分利用各种信息化工具，使其在满足口译学习者个性化诉求、整合口译教学多元要素、适应口译职业技术性变革、构建口译职业共同体等方面发挥更多功能与价值。

口译自主训练是整个口译教学环节中不可或缺的环节，但一直以来，从研究到实践，学界更多关注的是口译课堂场域中的内容、方法与资源等问题，对自主训练的重视不足。语料是口译自主训练的基础性资源，而契合个性化学习需求的优质语料是全球口译学习者面临的共同难题。个体学习者的需求千差万别，语料资源的内容和形式也纷繁复杂，建立二者对接的有效出路是基于网络协作模式开发共建共享型口译自主训练语料库。从本节的案例可知，优化的网络协作开发机制包含创建主体的协作性、编制流程的规范性、交流机制的互动性、应用功能的集成性等多个方面。在微观层面，我们可以鼓励口译学习者参与本案例的建设与应用，通过真实的语料编制活动体会话语与意义、要点与逻辑、篇章与口述之间的深层次关联，通过自主训练亲历不同教育背景、不同口音、不同风格的讲者发言，提高真实情境下口译训练的实战能力。在宏观层面，可以借鉴本案例共建共享的建库理念与开发机制，根据我国口译教学多目标、多层次、多领域等人才培养的需求，开发契合我国实际的多语种口译自主训练语料库共建共享平台。

第九章　口译教学语料库的技术融合机制

第一节　技术融合机制概述

一、口译技术概述

就技术工具的学科属性而论，口译教学语料库属于口译技术的范畴。鉴于此，在探讨口译教学语料库的技术融合机制之前，有必要先了解其上位概念，即口译技术。如果进一步将口译纳入整个翻译学的框架下进行考察，口译技术与笔译技术可以并驾齐驱，共同构成翻译技术的两翼。

然而，从现有研究看，学界对翻译技术的界定主要局限于笔译的范畴。例如，王华树、李智(2020：88)从技术在笔译工作流程中具体表现形式的角度，将翻译技术定义为"翻译服务人员在翻译过程中综合应用的各种技术，包括译前的格式转换、资源提取、字数统计、重复率分析、任务分析、术语提取、重复片段抽取技术、预翻译技术等；译中的辅助拼写、辅助输入、电子词典和平行语料库查询及验证、翻译记忆匹配、术语识别等；译后的质量检查、翻译格式转换、译后排版、翻译产品语言测试，以及语言资产管理等技术"。鉴于此，就翻译学内部要素的综合协调发展角度而言，翻译技术的内涵与外延都亟待扩充，应将口译技术纳入其概念范畴体系。在宏观政策层面，如在《普通高等学校本科翻译专业教学指南》(2020)和《翻译硕士专业学位研究生教育指导性培养方案》(2011)中，翻译技术都被列为翻译人才培养必不可少的教学内容。在此背景下，口译技术的相关内容与要求也需要及时体现在教学指南与培养方案之中。

在口译学科领域，口译技术的相关表述与概念内涵也存在一定分歧。口译技术作为一种客观实体已毋庸置疑，但口译技术究竟包括哪些对象和范畴，学界并无定论，相关的表述包括"计算机辅助口译"（CAI）（Fantinuoli，2018a：153）、"计算机辅助口译教学"（CAIT）（Sandrelli，2015：111）、"口译技术"（Interpreting Technologies）（Jiménez Serrano，2019）等。有关口译技术的概念内涵，现有文献主要存在宏观和微观两个层面的理解。在宏观层面，口译技术被认为是"完成口译任务所需的能力、方法、工具及规则体系的总和，由与口译相关的智力要素、实体要素和协作要素构成"（赵毅慧，2017：66）。上述定义旨在从技术哲学的视角阐明口译技术的主体、客体及各要素之间形成的关联体系，这显然已超出纯粹技术工具的范畴。在微观层面，口译技术被视为与口译实践和口译教学相关的各种信息技术工具。例如，王华树、杨承淑（2019：71）将口译技术定义为"在口译实践、口译培训中使用到的综合技术，包括对口译过程（编码、输出、传递、输入、解码、储存）进行辅助及处理的技术"。

关于口译技术的分类，王华树、杨承淑（2019：72）从技术依托、技术特征、自动化程度、口译过程、作用模式和作用对象等六个维度进行了划分。在技术依托维度，口译技术主要包括软件和硬件技术；在技术特征维度，口译技术主要包括资源型、工具型和交互型等类型；在自动化程度维度，口译技术可分为计算机辅助口译技术和机器口译技术；在口译过程维度，口译技术可从译前、译中和生成三个阶段划分为不同技术类型；在作用模式维度，口译技术可分为传递口译服务的中介型口译技术、强化或支持口译员工作流程的辅助性技术、替代口译员直接产出结果的生成型口译技术；在作用对象维度，口译技术包括口译员、口译客户、口译服务商等使用的相关技术。

综上所述，口译技术在上下位关系中实际上涉及两个基本划分维度，即在上位关系中，口译技术与笔译技术并列，共同隶属于翻译技术的范畴；在下位关系中，口译职业技术与口译教育技术并列，共同隶属于口译技术的范畴，如图9.1所示。但是，在实际工作情形或教学场景中，口译与笔译并非两种完全独立的翻译工作方式，口译职业与口译教育也并非截然区分的两大领域。故此，该结构体系中各要素之间并非处于孤立隔绝的状态，而是会存在一定程度的交互重叠与彼此影响的情形。

参照上述口译技术结构体系图，口译教学语料库主要可纳入口译教育技术的范畴。无论在口译教育技术内部，还是在口译职业技术或是笔译技术领域，口译教学语料库教学功能的发挥都有赖于其与相关技术要素之间构筑协同运行机制，对此下一节将具体论述。

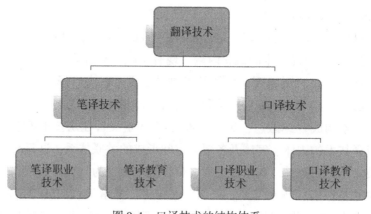

图 9.1　口译技术的结构体系

二、技术融合的概念

口译教学语料库的技术融合机制指的是将与口译职业和口译教学密切相关的信息技术融入口译教学语料库的设计、开发与应用流程，如需求分析与模型构建，语料选取、分类与组织，语料上传与信息标注，辅助素材编制，语料应用与评价等环节，进而达到优化口译教学语料库建库流程、提升口译教学语料库开发效率、增进口译教学语料库应用实效、推进口译教育职业化与信息化变革等目的。

探讨口译教学语料库的技术融合机制具有四个方面的意义。其一，对口译教学语料库的开发过程而言，通过相关信息技术的融入可提高语料资源获取、加工与存储的效率，并减少相关环节的人工投入。其二，对口译教学语料库的库容规模和建设质量而言，通过技术融入有助于扩大主体参与范围，并在主体之间形成协同共建的外部机制和交叉互审的内部机制，从而扩大口译教学语料库的受益范围和提升资源供给水平。其三，对口译教学语料库的应用对象而言，可借助相关技术的功能优势实现对语料资源的智能检索与精准定位，从而满足口译教学师生的个性化教学需求。其四，对口译教学体系而言，技术融合机制还有助于建立语料资源与教学环境、教学主体、教学流程、教学媒介等之间的有机联系，从而使口译教学语料库的教学价值得到充分发挥。

在构建口译教学语料库技术融合机制的过程中，需要处理好三组关系。其一为通用技术与专用技术的关系。概而论之，只要对口译教学语料库的设计、开发与应用流程具有优化和增效目的的技术都可纳入技术融合的范畴，但与口译职业信息化变革和口译教育技术创新密切相关的技术类型应作为重点考虑对象，换言之，在通用技术与专用技术的关系上，为凸显口译的职业特征和学科内涵，应秉持专用技术优先的原则。其二为工具手段与目的导向的关系。在技术融合的过程中，应始终以服务口译教学实际需求为目的归宿，技术元素的丰富性、工具性能的前沿性、融入形式的多样性等均不是首要考量的因素。其三为教学资源与教学体系的关系。从教学要素的角度来说，口译教学语料库是一种信息化口译教学资源，它与信息化口译教学环境、教学主体、教学内容、教学流程、教学媒介、教学评价等共同构成完整的信息化口译教学体系。鉴于此，探讨口译教学语料库的技术融合机制不应只局限于教学资源本身，而应将其纳入整个口译教学体系来考察，注重教学实效的整体提升。

由此可见，在形式上，技术融合机制探究的是口译教学语料库与其他信息技术工具之间的关联与交互问题。但从本质来看，技术融合机制反映的是教学主体需求、教学适用性与实效性、教学体系的要素构成及交叉融合、教学应用的内外效度、教学与职业信息化变革等深层次问题。本章选取与口译技术相关的语音识别技术和口译术语管理技术，尝试探讨口译教学语料库开发与应用过程中的技术融合机制。

第二节　语音识别技术的融合机制

一、语音识别技术概述

语音识别技术属于多维模式识别与智能计算机接口的范畴，是一种"让机器通过识别和理解过程把人类的语音信号转变为相应的文本或命令的技术"（詹新明等，2008：43）。从人机交互的角度来说，语音识别旨在让机器能够"听懂"人类的语音，并通过信号处理与模式识别把语音信息转化为文字信息，从而为实现人机交互的智能化应用提供前提。从人工智能的感知智能来说，语音识别与人脸识别、指纹识别、虹膜识别等都属于生物特征识别的重要研究方向，其共性是将人类的生理特征信息转化为可供计算机加工处理的信息，并为后续的认知智能奠定基础。语音识别技术涉及多个学科的交叉综合，包括声学、生理学、心理学、认知科学、模式识别、数字信号处理、人工智能、计算机科学、概率论和语言学等多个学科领域。

根据禹琳琳(2013：43)、王海坤等(2018：2)对语音识别技术发展历程的梳理，语音识别技术主要经历了五个发展阶段：①第一阶段为萌芽期(20世纪50年代)，只聚焦于元音、辅音、数字和孤立词的识别；②第二阶段为初创期(20世纪60—70年代)，如开展连续语音识别的研究，基于语音信号的线性预测编码有效提取语音信号特征；③第三阶段为延展期(20世纪80年代)，语音识别的对象扩展到大词汇量、非特定人及连续语音的识别，同时，以隐马尔可夫模型(HMM)为代表的基于统计模型方法逐步在语音识别研究中占据主导地位；④第四阶段为缓进期(20世纪90年代)，一方面语音识别技术在产业应用方面进行了初步尝试，另一方面在框架模型和实用水平方面遭遇发展瓶颈；⑤第五阶段为突破期(2006年以来)，2006年Hinton构建的"深度置信网络"(DBN)解决了深度神经网络训练过程中的瓶颈问题，开启了深度学习的大幕，之后，Hinton带领其团队先后在小词汇量连续语音识别和大词汇量连续语音识别领域取得重大突破，基于深度神经网络的建模方式也由此成为主流语音识别建模方式。

当前，语音识别技术主要面临四个方面的发展瓶颈问题：恶劣场景下的识别问题，如语音混叠问题与远场噪声识别问题；多语言混合识别问题，其中以中英文混杂的话语风格最具代表性；特定领域专业术语的识别问题；低资源小语种的识别问题(刘庆峰等，2019：29-33)。对于未来语音识别技术的突破创新，侯一民等(2017：2245)建议朝着仿脑和类脑计算的方向发展，通过模拟人脑语音识别的特性，进一步提升语音识别的准确率和实用水平。

语音识别技术的应用领域非常广泛，包括语音导航、智能客服、智能检测、智能家居、车载智能语音控制系统、语音输入法、智能语音问答、语言教育、自动语音翻译等。其中，自动语音翻译与口译职业关联最为紧密，对口译职业和口译教育的影响也最为深远。自动语音翻译主要整合了语音识别、机器翻译和语音合成等技术，可实现从源语到目的语的快速转换，且不受语种、词汇量、知识领域和工作时间的限制。

2020年底至2021年初，国际会议口译员协会(AIIC)英国与爱尔兰分部以"人工智能与口译员"为主题举办系列在线研讨会，对自动语音翻译的方法、机制、用途、挑战及其带给口译职业和口译教育的变革等议题进行了深入研讨。与会者认为，相对于人工译员，自动语音翻译在速度、价格、可及性、记忆容量、灵活性、性能改进、语言及方言覆盖广度等方面具有明显优势，但在社交礼仪、语境意识、文化理解、话语意图把握、言简意赅传译、同理心、直觉、经验、情感、洞察力、创造性等方面，人工译员的优势更为明显。与此同时，与会者还从经验与理念两个方面对自动语音翻译与人工译员的协同发展表达了各自观点（邓军涛等，2021）。

在下一节中，笔者将以语音识别技术为重点，对自动语音识别及相关的自动语音翻译与口译教学语料库的融合机制进行探讨。

二、语音识别技术的融合案例

语音识别工具众多，国内外诸多技术企业都在语音识别领域研发了功能各异的应用产品，如 Nuance 公司的 Nuance Transcription Engine、谷歌的 Google Cloud Speech-to-Text、微软的 Cortana、科大讯飞的语音转写、百度智能云语音识别等。本节案例主要取自讯飞开放平台的相关应用功能。

讯飞开放平台提供多项与语言相关的人工智能服务，如语音识别、语音合成、语音分析、多语种技术、机器翻译、人机交互技术、自然语言处理、通用文字识别、图像识别、内容审核等。其中，语音识别服务板块的功能包括六项：①语音听写：将短音频（≤60 秒）精准识别成文字，除中文普通话和英文外，支持 35 个语种、24 种方言和 1 个民族语言，实时返回结果，主要应用场景包括语音搜索、人机交互等；②语音转写：可批量将音频文件（5 小时以内）转换成文本数据，适用于会议及访谈音频的文字转换、字幕生成、语音质检等场景，可提供公有云接口及私有化部署方案；③实时语音转写：可将音频流实时识别为文字，并返回带有时间戳的文字流，适用于直播字幕、实时会议记录、演讲字幕同屏等场景；④语音唤醒：让处于休眠状态的设备直接进入等待指令状态，开启人机语音交互；⑤离线命令词识别：用户对设备说出操作指令，设备即作出相应的反馈，开启语音交互；⑥离线语音听写：把语音转换成对应的文字信息，让机器能够"听懂"人类语言，适用于语音输入、网络社交应用和人机交互等场景。

下面以该平台的语音转写功能为例阐述其在口译教学语料库创建与应用中的融合机制。在创建口译教学语料库的过程中，源语文本是非常重要的资源素材，它对于语料基本信息描述、口译练习效果评价、口译策略聚焦及口译训练疑难点挖掘都具有重要价值。而与此同时，源语文本的准备也是一件费时耗力的事情，在没有源语文字或源语字幕的情况下，仅凭人工整理或校对源语文本，工作效率和质量都非常低下。通过借助自动语音识别和语音转写工具，再辅以人工校对审核，源语文本的编制效率则会大幅提升。

该平台的语音转写服务包括机器快转和人工精转两种模式。以机器快转模式为例，常规的音频与视频文件格式（如 mp3、wav、wma、mp4 等）均可进行转写，每个文件时长要求控制在 5 小时之内，最大 2GB，用户单次可批量上传 100 个音视频文件。如图 9.2 所示，用户只需将音视频文件通过点击或拖曳上传，并勾选常规转写设置，即可获取所需的转写文本（图 9.3，下载文件的格式为 docx、doc 或 txt）。值得一提的是，该平台支持用户对语料所属的专题领域（如政府、金融、法律、教育、科技、军事、生活、医疗等）进行勾选，或是通过输入关键词限定语料内容的主题范畴，从而提高自动语音识别及转写的准确率。

图 9.2　音视频文件载入与转写设置界面

图 9.3　音视频文件转写结果设置与预览界面

　　为了展示该平台在不同口音情形下的语音识别情况，笔者选取了两则英文语料：第一则语料为国际奥委会主席托马斯·巴赫（Thomas Bach）在东京奥运会开幕前夕所作的发言，主题为"通过体育和奥林匹克理想促进人权"，发音较为清晰；第二则语料为世界卫生组织总干事谭德塞(Tedros Adhanom Ghebreyesus)在 2021 年发表的新年致辞，主题为"忽略教训还是帮助彼此"，发音比较清晰，但口音较为浓厚。通过表 9.1 对两则语料识别及转写情况的展示和对比可以看出，该平台在不同口音情形下的识别效果存在一定差异。相对而言，第一则语料的语音识别及转写质量较高，师生审核时只需少量校对工作即可快速编制源语文本。在地域口音较为浓厚的第二则语料中，自动语音识别在音似词辨析、专有名词定位、语句切分、词句完整性等方面有待进一步提升，据此编制源语文本的审校工作量稍大。但总体而言，两则转写文本均对源语发言的大部分信息进行了覆盖，对于师生编制口译教学语料库的源语文本都具有显著的辅助作用。

表 9.1　两则语料语音识别与转写情况对比

发言人	机器转写版本	人工校对版本
巴赫	Today, the Olympic Games are the only event that unites the entire world in peaceful competition, the Olympic Games, all people are equal regardless of their race, country of reaching gender, sexual orientation, social status, relig or political belief. This principle of non discriminat allows sport to promote peace and understanding among all people.	Today, the Olympic Games are the only event that unites the entire world in peaceful competition. At the Olympic Games, all people are equal regardless of their race, country of origin, gender, sexual orientation, social status, religion, or political belief. This principle of non-discrimination allows sport to promote peace and understanding among all people.
谭德塞	Pull around the world celebrated New Year's Eve 12 months ago. A new global trade emerged since that mo, the corvette 19 pandemic has taken so many lives and caused massive disruption to families, soci and economies all over the world. But it also triggered the fast and most wide reaching response to a global health emergency in human.	As people around the world celebrated New Year' Eve 12 months ago, a new global threat emerged. Since that moment, the COVID-19 pandemic has taken so many lives and caused massive disruptions to families, societies and economies all over the world. But it also triggered the fastest and most wide-reaching response to a global health emergency in human history.

自动语音识别和转写技术不仅可以提升口译教学语料库的资源创建效率，还可以为口译教学师生挖掘口译教学语料库在自主训练和重难点聚焦等方面的价值提供基础性数据。例如，口译学习者通过对比经转写的源语文本与自己的口译表现，可快速检阅口译自主训练的效果，并找出听辨与理解过程中的错误。又如，借助语音识别功能，教师还可将学习者的口译训练过程转写为译语文本，并在此基础上建立口译学习者语料库，深入考察和分析学习者在话语听辨、意义理解、话语重组、双语转换等方面存在的问题，并为后续教学重点与难点聚焦提供参考依据。再如，通过综合应用语音识别、自动语音翻译与语料库等技术，还可建立包含不同译员主体译语文本的对比语料库，帮助学习者从语体、信息、逻辑、修辞等方面体会不同译员主体在译语风格及策略等方面存在的差异。

除此之外，讯飞开放平台的语音合成功能也可助力口译教学语料库的智能化建设(图9.4)。其语音合成功能支持将文字转化为自然流畅的人声，提供百余种风格的发音人选择，用户可通过设置语调、语速、音量等参数，选择应用场景(如通用场景、交互场景、客服场景、中英混合场景等)和发言人性别及年龄特征，定制合成个性化音频。在口译教学语料库的建设过程中，对于只有文字脚本的语料素材，可根据讲话内容、形式、风格等特点，借助上述平台的语音合成功能自动生成相应的音频语料，丰富口译教学语料库的素材类型与呈现方式。

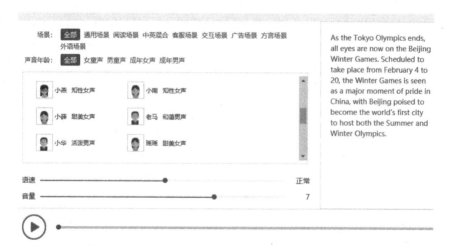

图9.4 语音合成界面

第三节　口译术语管理技术的融合机制

一、口译术语管理技术概述

在口译实践中，尤其在专业性较强的会议口译实践中，与会人员与口译员在专业领域的知识鸿沟是口译工作的一项常规挑战。Fantinuoli（2016）将与会人员与口译员之间的知识鸿沟划分为两个部分，即与专业术语相关的语言知识（linguistic knowledge）和与特定主题相关的领域知识（domain knowledge）。对于口译员来说，弥补这道知识鸿沟的最佳方法便是在口译任务之前开展专题知识准备工作，这种准备工作也被视为口译员典型职业行为特征的重要表现（李澜，2021：55）。译前准备工作包含复杂的专业知识建构与管理过程（徐然，2020：60），其中，术语的收集、整理与高效提取至关重要。Fantinuoli（2016）认为，术语是口译员精准理解话语和有效促进双方沟通的重要保障，而术语知识欠缺或准备不充分则是导致口译错误或信息传递不准确的主要诱发因素。此外，王华树、张静（2017：73）认为，口译术语管理的意义不仅表现为个体口译员工作效率与口译质量的提升，以及自身专业知识储备的丰富，如果将口译工作纳入现代语言服务的范畴，其意义还表现为口译团队成员之间的资源共享与高效分工协作，以及语言服务企业语言资产的累积与丰富。不仅如此，他们还将口译术语管理技术纳入翻译技术能力培养的范畴，并将其视为信息化时代口译教育和口译员职业翻译能力的重要组成部分。

就实施流程而言，术语管理一般包括术语收集与提取、术语整理、术语描述、术语使用、术语维护与更新（王华树，2019：79-80）。依据口译活动及口译术语管理的特点，口译术语管理包括译前、译中与译后三个阶段：①译前阶段，包括口译术语资源收集、专业知识发现、核心术语抽取与翻译、核心术语标注与专用术语数据库建设；②译中阶段，包括口译术语的自动查询与识别、术语自动提示、术语辅助记忆与辅助表达等；③译后阶段，包括口译术语质量保障、术语知识更新与评价、术语知识备份及术语资产增值（王华树、张静，2017：74）。

依照不同的划分标准，术语管理所涉技术工具可划分为不同类型。从技术工具的功能属性来看，术语管理工具可分为软件型术语管理工具和资源型术语管理工具，其中软件型术语管理工具可供用户对术语进行提取、

编辑、存储、检索、维护、共享等操作，资源型术语管理工具主要以在线
数据库的形式为用户提供不同行业和领域的标准化术语检索资源，如表
9.2 所示。从技术工具应用方式的角度来看，术语管理工具可划分为独立
型术语管理软件(如 TermSuite 与 Trados MultiTerm)、集成型术语管理软件
(如 Trados、Deja Vu 等计算机辅助翻译软件的术语模块)和网络在线型术
语管理平台(如语帆术语宝与 TaaS 在线术语服务云平台)。此外，术语管
理工具还可从职业用途、行业归属、语言种类等角度进行细分。

表9.2　资源型在线术语库

名　　称	内　　容	网　　址
UNTERM	联合国多语种术语数据库	https://unterm.un.org/UNTERM/portal/welcome
WTOTERM	世界贸易组织通用术语库	https://www.wto.org/english/thewto_e/glossary_e/glossary_e.htm
IATE	欧盟互动型术语库	http://termcoord.eu/iate/the-new-iate
WIPO Pearl	世界知识产权组织多语种术语库	https://www.wipo.int/reference/en/wipopearl/
TERMITE	国际电信联盟术语库	https://www.itu.int/bitexts/termino.php
Electropedia	国际电工委员会电工专业术语库	https://electropedia.org/
ECHA-term	欧洲化学品管理局多语种化学术语库	https://echa-term.echa.europa.eu/
AGROVOC	联合国粮农组织术语库	https://agrovoc.fao.org/browse/agrovoc/en/
中国特色话语对外翻译标准化术语库	多语种对外汉译术语库	http://210.72.20.108/index/index.jsp
中国思想文化术语库	中国思想文化核心概念与关键术语数据库	https://www.chinesethought.cn/TermBase.aspx
术语在线	多学科汉英术语库	http://www.termonline.cn/index.htm
冬奥术语平台	冬奥会体育术语数据库	http://owgt.blcu.edu.cn/

对于口译术语管理而言，上述术语管理的软件、平台和资源均可在口译实践和教学中发挥不同程度的应用价值。与此同时，口译从业者和口译教学者也需要学习和掌握为口译行业专门定制开发的专业性口译术语管理工具。从全球口译实践来看，专业性口译术语管理工具主要包括 Interpreters' Help、InterpretBank、Intragloss、Interplex UE、Interpreter's Wizard 等。下一节将以 InterpretBank 为例，探讨口译术语管理技术与口译教学语料库开发与应用的融合机制。

二、口译术语管理技术的融合案例

从本书前面章节所述国内外口译教学语料库的案例来看，术语管理并未列为口译教学语料库建设的必选内容，而只是以简单罗列的方式呈现在 Terminology 或 Glossary 的条目之中。这种建库理念不能凸显术语在口译训练中的重要性，也不能客观反映职业环境下口译工作的真实流程与技能要求。鉴于此，为更好地发挥口译教学语料库在口译学习者术语意识、策略及相关职业素养方面的强化功能，有必要在口译教学语料库的创建与应用环节融入口译术语管理的要素。下面以 InterpretBank 为例探讨口译术语管理技术在口译教学语料库中的融合机制。

InterpretBank 是一款以会议口译术语管理为主要特色的专业化口译技术工具，其创始人为 Claudio Fantinuoli 博士。Fantinuoli 博士拥有会议口译硕士和应用语言学博士学位，在会议口译行业有多年从业经验，同时拥有语言智能相关的专业知识背景，其参与开发的工具包括术语管理软件、口译员自动语音识别系统、计算机辅助口译工具和机器口译等。InterpretBank 是其在德国美因茨大学期间基于博士研究项目研发的软件，其博士研究论文也与该软件的设计与应用相关。

作为专业的计算机辅助口译工具，InterpretBank 在功能上覆盖了会议口译员对专业术语和特定领域知识管理及应用的各项工作需求，兼具术语管理、术语创建、术语编辑、术语合并、术语翻译、自动术语提取、术语查询、自动生成主题术语列表、术语记忆、自动语音识别等功能。该软件可在 Windows 与 Mac OS 系统操作，术语数据库支持云端存储（如 DropBox）和多种移动终端设备同步访问。在企业版中，该软件可为团队的所有口译员提供一个集中的数据库（MSSQL 或 MySQL），支持团队成员之间创建、管理和共享术语资源。其术语创建界面和文本术语自动高亮界面如图 9.5 和图 9.6 所示。

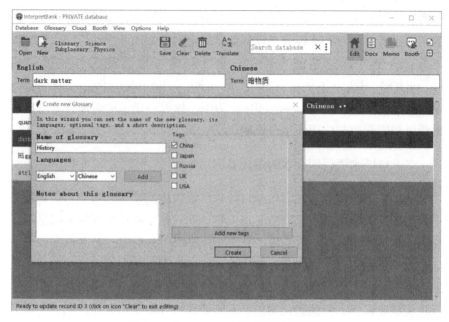

图 9.5　InterpretBank 的术语创建界面

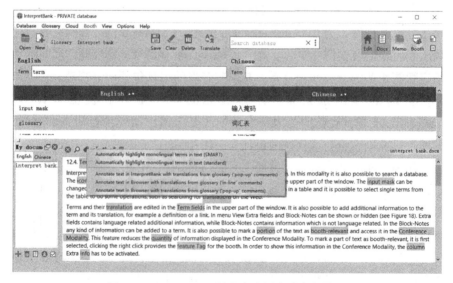

图 9.6　InterpretBank 的文本术语自动高亮界面

　　在创建、加工和应用口译教学语料库的过程中，可根据口译教学与口译职业素养的需求，将 InterpretBank 的相关功能融入其中，发挥其在不同

口译训练环节的价值。例如，在译前准备环节，可将会议准备材料存入
InterpretBank，与术语列表（文件）一起保存，实现对所有资料的集中化管
理，并通过使用 Concordancer 进行语境化呈现。可借助软件的自动术语提
取功能，以单语形式提取并呈现术语，或导入外部术语库资源（如联合国
多语种术语数据库），便捷创建多语种术语对照表。在进入语料资源训练
之前或平素学习中，还可利用软件的术语记忆功能，根据自身水平和偏好
设置术语闪测的速度、语言方向和排列顺序，实现对高频术语的内化与熟
练运用。在译后总结环节，可借助软件的常规功能执行对术语的新增、编
辑、调整、备份等操作，实现术语库的动态更新与维护，不断积累和丰富
个人的术语及专业知识储备。

　　在利用口译教学语料库进行自主训练的过程中，可充分发挥
InterpretBank 在高效便捷提取与应用术语方面的特色，锻炼口译员厢工作
环境下多任务处理的实战技能。Fantinuoli（2016）认为，用于会议口译一
线的术语管理技术工具应致力于优化口译工作流程、简化人机交互步骤、
减少口译员的认知负荷、提高资源检索效率和呈现简洁明了的查询结果，
在操作功能上术语管理软件应满足五个条件：用户界面清晰而不突兀；用
户输入耗时短；搜索结果符合预期；检索结果直观清晰；不受拼写错误的
影响。基于上述设计理念，Fantinuoli 带领其团队对 InterpretBank 软件的
术语检索流程和译员厢应用体验进行了诸多优化设计，且尤其体现在会议
模式中（图9.7）。该软件会议模式的主要功能包括：①缺省与模糊检索，
在术语查询的过程中，用户可输入拼写不完整的单词，即便个别字母拼写
错误，也不影响检索结果的可靠性；②动态检索，为减少键盘敲击的次
数，启动术语查询无需按回车键，每一次敲击键盘都会出现新的且范围不
断缩小的查询结果，便于用户快速精准选择，检索过程结束时，软件自动
跳转到下一个查询界面；③检索排序，软件采用层次化的数据库结构设计
方案，可根据会议主题及与口译任务的相关性对检索结果智能排序，用户
可设置术语表优选方案，以便在操作中将一个或多个术语表作为默认的术
语优选来源库；④最简呈现，为减少口译员在工作中的视阅障碍，会议模
式中显示的内容仅保留术语及对应的翻译，其他与术语相关的语境、语法
与例句等信息可根据需要不予呈现。

　　此外，口译学习者还可借助 InterpretBank 新开发的多种智能化功能，
探索基于口译教学语料库的创新学习与应用。例如，该软件具有自动生成
主题术语列表的功能，即便在会议准备材料缺失或暂时无法获取的情况
下，借助其先进的机器学习算法，软件仍可创建与会议主题相关的术语列

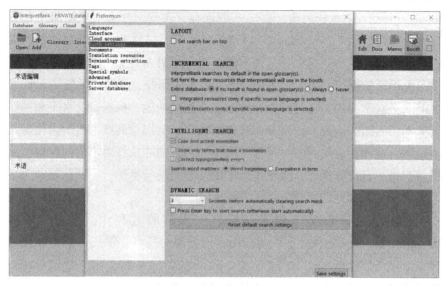

图 9.7　InterpretBank 的会议模式设置界面

表。口译学习者只需指定任务的主题，软件便可自动生成相关术语列表，学习者可根据需要自行取舍并将结果保存在词汇表中。再如，通过融入自动语音识别技术，该软件可将讲话中的数字、术语、专有名词、缩略语等信息自动识别，无需手动输入，并提供上述内容的自动翻译结果，供口译学习者在训练中参考，学习者可通过亲身实践检验其在减轻话语辨识、信息记忆和双语转换过程中各种认知负荷的实效，探索人机协同的新型口译训练模式。

第四节　案例简评与反思

　　本章从技术工具的学科属性出发，基于对口译技术概念、定位与结构体系的阐述，引出口译教学语料库技术融合机制的概念。笔者之所以论及技术工具的学科属性，并非为了片面狭隘地强调技术工具与口译学科之间简单的线性对应或归属关系。事实上，诸多技术工具，包括本章所述的语音识别与术语管理技术，对口译之外的其他学科同样具有广泛的适用性。从口译职业及口译教育变革的角度来说，口译技术概念及结构体系的提出是为了更加深入地考察信息技术带给口译职业及口译教育的内源性变化。

从这个意义上说，在口译技术的框架下探讨口译教学语料库与其他口译职业及教育技术工具之间的融合机制已超出工具及资源本身的优化设计或效用提升层面，而更多反映出口译职业信息化及口译教育信息化发展的必然要求。

从口译技术的发展演进历程来看，前沿信息技术与口译行业及学科深度融合的趋势日益明显。以本章所述的口译术语管理案例为例，在以往的口译实践中，借助通用办公软件人工标注及手工提取术语的做法较为普遍，而随着专业性口译术语管理软件的开发与应用，口译从业者和口译教学者都需要及时改变费时低效的做法，通过主动接纳和尝试以适应新的工作环境与职业变革要求。在探讨口译教学语料库技术融合机制的过程中，也需要坚持专业技术优选的原则，以需求为导向研发和应用专业性口译技术工具。就开发主体而言，口译技术工具的研发应充分考虑口译行业从业者的工作需求与口译教学师生的教学需求，将前端需求分析与后端应用反馈有机整合，并通过持续集成与迭代开发提升专业性口译技术工具的性能及价值。就功能导向而言，口译技术工具的研发应以口译工作流程和口译教学环节的具体要素与要求为参照，并致力于增强口译工作效率与质量、降低口译员的认知负荷与焦虑、优化口译人才培养模式与提升口译教学实效。

探讨技术融合机制一方面是为了对口译教学语料库的建设起到优化与增效的目的，另一方面，从整个口译教学语料库的创建与应用流程来说，我们还可以技术赋能为契机增强口译师生的信息技术意识，培养相关的信息技术素养。面对口译技术带来的机遇与挑战，未来口译教育应协调处理好守正与创新的关系，将夯实口译专业基本功与提升口译技术素养有机融合。一方面，口译教育应始终以口译人才培养为根本任务，将双语及百科知识、口译技能及策略、口译职业素养等作为口译教学的重点，帮助学生练就扎实的专业基本功；另一方面，口译教育应以翻译技术课程体系为依托，探索口译技术教学与翻译技术课程的衔接融入机制。在师资方面，既可利用原有翻译技术师资，也可邀请行业技术专家、人工智能技术专家、教育技术专家等加入，从广度与深度两方面丰富口译技术的教学内容。在教材方面，一方面可在翻译技术教材的基础上增设口译技术章节，丰富翻译技术的内容体系；另一方面，也可整合高校、行业协会、语言服务企业、技术公司等多方力量研编自成体系的口译技术教材，同时开发系列数字化口译教学资源，为口译教学的实施提供丰富的资源保障。

随着技术发展进步，口译教学需求不断刷新，口译教学语料库技术融合的内涵和表现形式也会日益丰富。例如，在新冠肺炎疫情的影响下，以往以实地出行、面对面交流为主的沟通交流方式受到很大限制，而在线会议因其在经济成本、会议组织便捷度、人员交通安全等方面具有诸多优势，目前已成为广为认可的中外交流方式。在此背景下，远程口译工作方式也从幕后走向台前，从辅助走向常规。继而，与远程口译相关的教学模式、教学内容、教学组织形式及教学评价等成为口译技术和口译教学领域的新课题。上述来自行业和市场前沿的新变化无疑也给口译教学语料库的开发与应用提出新的要求，即如何将远程口译相关的新型工作模式、流程与技能等要求融入口译教学语料库的设计理念之中，从而使其适应不断变化的市场及职业发展需求。

口译技术工具的流变性与口译教学要素的多元性决定了口译技术与口译教学的融合是一个复杂多维且动态发展的过程。故此，探讨口译教学语料库的技术融合机制需要不断关注口译技术的发展动态，并将口译职业技术与口译教育技术的最新发展成果与口译教学主体的需求及口译教学要素的要求有机衔接，进而优化口译教学语料库的设计理念、功能特征与应用实效，为口译教学及人才培养提供更好的资源保障。

第十章 结 论

第一节 研究成果总结

近年来，信息技术带给口译行业和口译教育的影响引发口译从业者和口译师生的广泛关注，口译职业和口译教育面临前所未有的发展机遇和挑战。从 2018 年与 2020 年先后举办的两届全国口译大会，到 2019 年全国翻译技术研究与教育高峰论坛，再到 2020 年底至 2021 年初国际会议口译员协会英国与爱尔兰分部先后举办的五场在线研讨会，继而到《中国翻译》《上海翻译》《外文研究》等学术期刊对口译技术相关议题的系列专栏研讨，口译行业的技术赋能、口译职业的技术变革、口译从业者的技术挑战、口译教育的技术创新等均成为国内外学者持续关注的焦点（Corpas Pastor，2018；Fantinuoli，2018a；王华树、杨承淑，2019；邓军涛等，2021）。

本书开篇的概念"口译教育信息化"正是在上述技术变革背景下提出的。就学科属性而言，教育信息化属于教育技术学的范畴，或概而论之，属于教育学的范畴。但是，口译教育信息化的内涵并非只是口译教学与教育技术的简单拼接，而是信息技术与口译行业、口译职业、口译教育等多方作用的产物。正是基于这一基本认识，本书尝试对口译教育信息化作出如下界定：口译教育信息化指在口译行业技术变革、口译职业技术变革和教育教学技术变革的背景下，通过探讨信息技术与口译教育深度融合的理念、模式、机制和方法，逐步构建信息化口译教学目标体系、信息化口译教学课程体系、信息化口译教学资源体系、信息化口译教学空间体系、信息化口译教学内容体系、信息化口译教学流程体系、信息化口译教学评价体系和信息化口译教学管理体系，使口译教育契合教育信息化 2.0 背景下网络化、智能化、数字化、个性化、泛在化、终身化等发展要求，使口译人才培养顺应新时期口译职业和口译行业的技术变革要求和发展趋势，不断增强口译教学主体的信息化意识、信息化认知和信息化能力，全面提升人工智能时代口译教育和口译人才培养的质量与实效。

从上述界定可以看出，相对于国际上的"计算机辅助口译教学"（Computer Assisted Interpreter Training，简称 CAIT）概念，我国"口译教育信息化"（Informatization of Interpreting Education，简称 IIE）的表述更加符合新时代背景下口译教学的变革现状与趋势，其优越性表现在四个方面。首先，视域更宏观。从概念的辐射面看，CAIT 只关注口译教学层面的技术影响、应用策略与实效评估等问题，而 IIE 则关注口译行业、口译职业、口译教育等多领域的技术变革与创新问题。其次，内涵更丰富。从教学应用场景和范围看，CAIT 主要着眼于口译教学的要素与流程，而 IIE 不仅包含上述内容，还涵盖口译教学目标体系、口译教学课程体系、口译教学资源体系、口译教学内容体系、口译教学主体技术素养体系等内容，所涉范围更为丰富。再次，表述更深刻。在信息技术与口译教学二者关系的认识上，CAIT 仅强调信息技术对口译教学的外围辅助作用，而 IIE 则主张信息技术与口译教学从整合走向融合，后者的表述更能从政策层面、行业层面、跨学科层面等归纳和揭示口译教育的新时代特征。最后，前景更开阔。从技术的研发与应用前景看，CAIT 概念中的计算机相关技术已显得过于狭窄，而 IIE 的提法更符合人工智能时代多元技术驱动下口译人才培养的变革趋势和发展前景。

口译教育信息化是一项系统工程，涉及目标与课程、资源与内容、环境与空间、平台与媒介、意识与能力等多个方面。其中，信息化口译教学资源是口译教育信息化的基础和重要内容，对于丰富教学内容、优化教学流程、适应新型学习方式、满足个性化学习需求等具有重要意义。教育部《教育信息化 2.0 行动计划》将"数字教育资源"列为"实施行动"的首位，也彰显了资源对于推进口译教育信息化的重要意义。本书对"信息化口译教学资源"的界定如下：在信息技术环境下，以口译教师、学习者、技术人员、口译从业者等为开发主体，为丰富口译教学内容、优化口译教学流程、提升口译教学效果而开发的一系列以数字媒介为主要载体的资源。在此基础上，本书还构建了信息化口译教学资源的内容体系。该体系在场域维度包括线上资源与线下资源，在功能维度包括教研资源与学习资源，在学评维度包括案例资源与测评资源，在实践维度包括课堂资源与职场资源，每一种类型又可进一步细分为若干资源表现形式。

在诸多信息化口译教学资源中，语料资源是最为基础的资源表现形式，从课堂口译教学到课外自主练习，从专项技能训练到综合模拟实战，从学业测试到资格考证，语料资源贯穿于每个教学环节和要素之中。语料资源的重要性还可从另一个侧面得到印证。2012—2019 年，"欧洲会议口译硕士"师资培训工作坊连续举办八届，旨在通过议题研讨、实践演示、汇报交流等方式达到探究教学问题、分享教学经验、提升教学技能等目的。该工作坊每年聚焦不同的口译教学主题，其中 2018 年的主题为"语料编制"（speech making）。研讨的议题包括：语料的来源；语料的提供者；会议口译训练语料发布者的特殊要求；语料资源库在会议口译训练中的重要性；教师和学生在语料编制中各自的任务与职责；教授学员编制合适语料的方法；语料的重复利用价值；语料难度的制约因素；语料语言表述的口语化问题；人为改编语料与真实语料的选择及教学适用性；交替传译与同声传译语料的区别；对教师与学生所提供语料的评价；编制优质语料的实践操作建议；等等。从上述议题可以看出，口译教学中的语料资源并非拿来即用的简单随意行为，而是涉及复杂的教学设计、活动组织、任务协商、要素研究、过程决策与质量评价等内容。

　　口译教学语料库是信息化口译教学资源的重要表现形式，也是口译教育信息化要素体系的重要组成部分，其产生是口译教学主体需求、口译技能强化训练要求、信息技术赋能口译教学等多重因素共同作用的结果。口译教学语料库指"以服务口译教学为目的，以现代信息技术为依托，以信息技术与课程整合理论、建构主义理论、教学设计理论、口译教学理论等为指导，以多模态口译教学语料为主要载体，具有系统化存储与管理、智能化检索与应用、动态化评价与更新等功能的数字化口译教学资源库"（邓军涛，2018：47）。从实践层面看，口译教学语料库主要包括四种开发模式：数据库开发模式、平台嵌入式开发模式、语料库深度开发模式和网络协作开发模式。就开发流程而言，口译教学语料库主要包括需求分析与模型构建、语料选编与分类组织、语料上传与信息标注、辅助素材编制与开发、教学应用与评价反馈等环节。

　　随着口译教育信息化中信息技术与口译教学的整合层次由外围辅助走向深度融合，以及信息化时代教育教学理念、模式和路径的创新变革，口译教学语料库的功能需要从单一的资源供给转向以资源为主导的多元化教学应用，语料资源的选编、加工与开发也需要由随意、粗放、封闭转向周密、精细、开放。鉴于此，本书提出口译教学语料库深度加工机制的命题。探讨口译教学语料库深度加工机制旨在优化口译教学语料库的内在质量与外在效度，从而综合提升口译教学语料库的设计理念、建库质量与开发效率，并最终实现充实口译教学资源、丰富口译教学内容、优化口译教学流程、增强口译教学效果的目的。

口译教学语料库的深度加工机制包括内部加工机制与外部加工机制两个方面。其中，内部加工机制主要与口译教学语料库所承载的语料资源相关。语料资源是口译教学语料库的核心内容载体，语料资源的筛选、编排、信息标注、呈现方式等直接决定了口译教学语料库的内容质量。在本书中，口译教学语料库的内部加工机制主要论及三个主题，即难度定级机制、语境重构机制与策略聚焦机制。外部加工机制主要与其他类型的教学资源、教学主体、教学技术、教学策略、教学评价等横向要素相关。本书主要探讨了口译教学语料库的三个外部加工机制，即资源整合机制、共建共享机制与技术融合机制。

语料难度定级是决定口译教学语料库质量的重要因素，并影响口译教学语料库的教学应用效果。语料难度定级的具体价值体现在为口译学习者提供精准的语料选择参考、建立循序渐进的语料应用进阶体系、确保训练内容的适度挑战性和推进科学规范的口译教材建设。口译教学语料库的难度定级包括语料特征分析法、主观经验判断法、教学应用反馈法、学习数据动态监测法等方法。本书主要论述了三种形式的难度定级机制：基于语篇分析的难度定级机制，即参照功能语篇分析框架，从语篇体裁、情景语境、概念功能、人际功能、语篇功能和措词系统等方面对影响语料难度的变量进行综合考察甄别；基于前测的难度定级机制，即从学习者所处水平阶段、技能发展路径及目标要求、语料特征等角度对语料难度进行综合研判；基于后测的难度定级机制，即以学习者为难度定级主体，基于学习者实际训练过程与结果，构建由数据驱动的动态化难度定级方案。

语境缺失与语境重构是口译教学中的常见矛盾，也是口译教学语料库深度加工机制的重要议题。对口译教学者而言，通过适当方法及媒介模拟、构造、创设与真实口译任务相似的语境，即为口译教学中的语境重构。本书主要从语篇分析和技术应用两个视角阐述了口译教学语料库的语境重构机制。其中，语篇分析依托发言音视频及文本进行，具体可从现场环境的模拟复原、交流活动的背景及时空信息再现、现场观众反应及互动情境重构、语段的独立支撑及上下文关联等方面予以综合考察。在技术应用视角，本书重点分析了以欧委会"虚拟现实口译"项目为代表的语境重构案例，从利用虚拟场景重构环境语境、利用虚拟身份重构角色语境、利用活动设置重构认知语境、基于实时互动重构任务语境和利用语料标注重构语篇语境五个方面探讨了虚拟现实技术在语境重构方面的优势与局限。

策略聚焦是将口译技能体系进行分解，并以凸显和聚焦的方式在口译教学中予以呈现，帮助口译学习者循序渐进且有针对性地对相关口译策略进行专项训练。通过研究相关的策略聚焦机制，探索语料内容特点与拟重点训练的口译技能及策略间的聚焦关系，可为语料资源的信息标注提供参考，并最终使口译教学语料库在口译技能专项训练中发挥价值。在语篇分析路径中，可从语音变异性、超音段特征、关联词、惯用语、名词化结构、特殊句式、信息冗余、体裁类型、意群语境和语用功能等方面综合分析源语特征和双语转换难点。在语料标注路径中，可按语料库深度加工的思路，以语料内容及呈现方式特征和拟选用的口译策略为标注重点，将语料库的功能要素与口译教学语料库的实践需求相结合，在口译教学语料库中实现对口译策略的精准化标注、便捷化检索、语境化呈现和个性化应用。

资源整合机制主要探讨口译教学语料库与其他类型信息化口译教学资源之间的关联与交互问题。探讨资源整合机制有助于在宏观口译教育信息化框架下将口译教学语料库建设纳入整个信息化口译教学资源体系，同时提升口译教学主体开发、应用与管理各类教学资源的效率与效果。本书以一站式口译在线教学资源平台"会议口译员训练在线资源"为典型案例，从框架结构、内容体系、开发理念和应用价值等方面阐述平台概况，继而从课程内容维度、学习进程维度、教学设计维度、教学情境创设维度、课堂与实践衔接维度等方面探讨语料资源与课程资源、练习资源、情境教学资源和任务模拟资源的整合机制，最后从通用教学平台建设、优质教学资源建设、交互学习环境建设和应用机制建设四方面剖析了该平台在推进信息化口译教学资源一体化建设方面的价值。

共建共享机制主要涉及口译教学语料库的开发与应用主体，旨在通过发挥资源与平台优势、科研与技术优势、人力与规模优势、内容建设的多元化优势，进而提高口译教学语料库的开发效率、提升内容质量和扩大受益范围，该机制的挑战主要表现为共建标准问题、项目统筹及过程监管问题、共享模式问题。在基于院校的共建共享开发机制中，应注重以调研为基础对接教学主体的语料需求与分享信息，以跨学科理论为基础指导语料的遴选与组织编排，以教学要素衔接为基础开发多种配套资源，以多元评价为基础优化开发与应用环节。在面向全球的共建共享开发机制中，应整合多方力量搭建共建共享平台，探索包括话题选择、专题研究、谋篇布局、内容表述等在内的原创语料编制方案，建立语料资源设计、开发、应用、评价、更新与维护的一体化机制，同时推进口译教学语料库由单一资源供给向多元教学服务功能的转变。

在形式上，技术融合机制探究的是口译教学语料库与其他信息技术工具之间的关联与交互问题。在本质上，技术融合机制反映的是教学主体需求、教学适用性与实效性、教学体系的要素构成及交叉融合、教学应用的内外效度、教学与职业信息化变革等深层次问题。本书选取与口译技术相关的语音识别技术和口译术语管理技术，探讨了口译教学语料库开发与应用过程中的技术融合机制。在推进口译教学语料库技术融合的过程中，应坚持专业技术优选的原则，以需求为导向研发和应用专业性口译技术工具，将前端需求分析与后端应用反馈整合，并通过持续集成与迭代开发提升专业性口译技术工具的性能及价值。与此同时，应以技术赋能为契机，增强口译师生的信息技术意识、认知与技能素养，使其主动接纳、积极适应和善于应用新的技术工作环境与信息化教学方式。

第二节　未来前景展望

基于上述研究成果总结，同时结合对国内外口译教育信息化发展动态的观察与思考，本书对相关领域的发展与研究趋势作出如下展望。

其一，口译教育信息化的内容体系和要素关联机制有待深入考察。从20世纪90年代国外提出的"计算机辅助口译教学"到如今我国倡导的口译教育信息化，信息技术在口译教学中的作用范围和影响程度正日益扩大加深，二者的关系逐步由外围辅助走向深度融合。在宏观层面，口译教育信息化的内容体系需要从口译服务行业信息化变革、口译职业信息化变革、教育教学信息化变革三个方面综合审视。在微观层面，口译教育信息化的内容体系可从教学目标、课程建设、教学资源、教学空间、教学内容、教学流程、教学评价、教学管理等全方位考察。除此之外，宏观要素之间、微观要素之间、宏观与微观要素之间的关联机制及其对口译教育信息化的影响也有待深入探究。

其二，信息化口译教学资源的建设和研究有待综合推进。从实践层面看，我国的信息化口译教学资源建设在广度和深度上均存有巨大开发潜力。无论是以口译微课、慕课等为代表的在线课程资源，还是以口译教学案例库、学习者语料库等为代表的案例资源，抑或以题库、考证素材等为代表的测评资源，相关资源在数量、类型和质量等方面均有待丰富和加强。从研究层面看，信息化口译教学资源在研究主题的覆盖面、延展性和持续性等方面均有着广阔探索前景。学界应及时关注各种新型信息化口译教学资源形式，并从产生背景、教学价值、设计理念、应用路径、实效评价等方面展开多维研究。此外，还应注重资源建设实践与学理研究的交叉融合，提升信息化口译教学资源的建设水平和应用效果。

其三，口译技术课程及资源建设有待开发。在《信息化口译教学资源教程》的导论中，笔者曾指出，口译和笔译是翻译学科的两翼，翻译学科的技术性变革需要两翼的协同并进(邓军涛，2020：3)。但从现状看，口译技术课程与资源建设的步伐远远落后于笔译课程及资源建设。以教材编写为例，笔译技术教材已具备较大规模，主题涉及翻译技术基础、语料库、术语库、项目管理、译者编程等，但口译技术教材却十分匮乏。口译技术在口译教学过程中不能只停留于零散边缘的介绍，也不应只作为笔译技术课程的附属或延伸，而应纳入专门的课程建设范畴(邓军涛等，2021：71)。故此，应从教学目标、内容、方法、评价等方面展开与口译技术课程相关的系统性研究，从而为课程体系建设和口译教学主体信息技术素养提升奠定基础。

其四，口译教学语料库研、建、用、评一体化的开发与应用模式有待探索和构建。研包括教学主体调研和基础研究两个方面，前者涉及口译教学主体的需求，尤其是不同背景和层次口译学习者的需求，后者涉及对口译教学语料库自身设计理念、开发细节、运行机制等问题的基础研究。建指口译教学语料库的创建，相关研究议题包括创建主体、模式、路径与方法等内容。用指口译教学语料库的教学应用，如应用场景、教学设计与应用策略。评指对口译教学语料库应用效果的多维度和持续性评价研究。从现有研究看，学界对建的关注居多，而对研、用、评的关注相对不足，且诸多研究存在顾此失彼或厚此薄彼的现象。未来需要加强四个环节的一体化研究，形成口译教学语料库开发与应用模式研究的闭环。

最后，口译教学语料库的深度加工机制有待向纵深方向延伸。本书提出口译教学语料库深度加工机制的理念，旨在从根本上改变口译教学语料资源简单粗放的开发与应用局面，从而使其更好地服务信息化口译教学和口译人才培养。笔者以口译教学语料库的核心内容载体和横向关联要素为观察视角，将深度加工机制分为内部与外部两个维度，并进而从六个方面探讨了具体的加工机制。诚然，每一种深度加工机制都是一个独立的命题，每一个机制都有广阔的研究空间，如基于前测与后测的难度定级机制的一致性、差异性与协同性研究，虚拟现实环境与真实口译任务情境之间的语境落差以及带给口译学习者在感官与情感方面的不同体验，基于语料标注的策略聚焦机制与口译技能体系构建及发展演进的关系研究，口译教学语料库与其他多种信息化口译教学资源在课程内容编排、教学流程推进、教学评价实施之间的关联与整合问题，共建共享机制中大规模建库与语料内容统筹、规范化编制和质量审核之间的综合协调问题，前沿信息技术功能挖掘及其与口译教学语料库开发和应用路径创新等，都有待后续研究。除此之外，口译教学语料库的内部和外部加工机制还可在本书所述议题基础上进一步拓展，如内部加工机制可从语料取材的版权瓶颈和突破路径、口译现场语料到口译教学语料的转化机制、口译训练语料的语体识别、对话语料的编制与开发、口译教学语料库配套资源的编制及应用等方面展开研究，外部加工机制可从口译教学语料库与泛在学习环境、翻转课堂、微课与慕课、测试评价、教学管理等诸要素的关联和深度融合视角展开研究。

参 考 文 献

[1]白佳芳. 英汉口译听辨理解技能培训———一项基于英语专业口译初学者的实证研究[J]. 外语界，2011(3)：16-22.

[2]白解红. 语境与意义[J]. 外语与外语教学，2000(4)：21-24.

[3]曹勇衡. 听力理解中句子处理的心理语言特性研究[D]. 长春：吉林大学，2004.

[4]巢玥. 3D 虚拟现实技术介入的译前准备与交替传译认知负荷的相关性研究[J]. 外语教学，2021(5)：93-97.

[5]陈坚林. 试论立体式教材与立体式教学方法[J]. 外语电化教学，2011(6)：3-8.

[6]陈菁. 口译的动态研究与口译教材的编写———兼评介《新编英语口译教程》[J]. 外语界，1999(4)：44-48.

[7]陈菁，符荣波. 国内外语料库口译研究进展(1998—2012)———一项基于相关文献的计量分析[J]. 中国翻译，2014(1)：36-42.

[8]陈菁，吴琼. 信息技术辅助下的口译教学：演变与展望[J]. 中国翻译，2019(2)：68-78.

[9]陈圣白. 基于语料库的口译翻转课堂教学模式创新研究[J]. 外语电化教学，2015(6)：31-36.

[10]陈卫红. 网络环境下口译课多模态教学模式的构建[J]. 上海翻译，2014(3)：51-54.

[11]陈振东，李澜. 基于网络和语料库的口译教学策略探索[J]. 外语电化教学，2009(1)：9-13.

[12]陈治安，文旭. 试论语境的特征与功能[J]. 外国语，1997(4)：22-26.

[13]谌莉文，王文斌. 论口译双重语境的认知构建：在场概念与不在场概念[J]. 中国翻译，2010(6)：24-28.

[14]邓军涛. 信息技术环境下口译教学资源的设计与开发[D]. 武汉：华

中科技大学，2014.

[15]邓军涛. 国外口译教学资源库的建设与启示[J]. 现代教育技术，2015(12)：78-83.

[16]邓军涛. 数字化口译教学资源的语境重构——以IVY资源库为例[J]. 现代教育技术，2016(11)：94-99.

[17]邓军涛. 口译教学语料库：内涵、机制与展望[J]. 外语界，2018(3)：46-54.

[18]邓军涛. 信息化口译教学资源教程[M]. 武汉：武汉大学出版社，2020.

[19]邓军涛. 行业变革前沿视角下的口译服务新图景——《口译项目管理》评介[J]. 中国翻译，2021(4)：96-100.

[20]邓军涛，古煜奎. 口译自主学习语料库建设研究[J]. 外文研究，2017a(4)：88-93.

[21]邓军涛，古煜奎. "欧盟口译语料库"项目分析与启示[J]. 现代教育技术，2017b(12)：57-62.

[22]邓军涛，刘梦莲. 面向口译教学的视频语料资源库深度开发机制研究[J]. 外语教育研究前沿，2020(1)：37-43.

[23]邓军涛，陆晨. 计算机辅助口译教学研究二十年：现状、问题与展望[J]. 上海翻译，2018(5)：89-93.

[24]邓军涛，许勉君. 数字化口译教学资源建设：欧洲经验与启示[J]. 上海翻译，2020(3)：62-66.

[25]邓军涛，许勉君，赵田园. 人工智能时代的口译技术前沿与口译教育信息化[J]. 外语电化教学，2021(4)：67-72，79.

[26]邓军涛，许明武. 信息技术环境下的口译教学——国际经验与本土探索[J]. 现代教育技术，2013(1)：55-58.

[27]邓军涛，仲伟合. 信息技术与口译教学整合：层次、机制与趋势[J]. 中国翻译，2019(6)：88-95.

[28]董洪学，韩大伟，初胜华. 基于MobiMooc的口译翻转课堂教学模式研究[J]. 外语电化教学，2018(6)：65-72.

[29]董秀萍. 对职业院校口译教材本土化的思考——以福建华南女子学院英语专业为例[J]. 南昌教育学院学报，2011(8)：138-139.

[30]范文芳. 试论语法隐喻的综合模式[J]. 外语教学，2007(4)：12-15.

[31]范印哲. 教材设计导论[M]. 北京：高等教育出版社，2003.

[32]方健壮. 论口译教材的特点与编写原则[J]. 中国科技翻译，2002

（1）：22-24.

[33]冯建忠. 口译教材的统编化及其指导原则[J]. 外语研究，1999（2）：57-58.

[34]冯建中. 基于多元智能理论的口译人才培养模式多元化研究[J]. 外语研究，2013（1）：66-69，36.

[35]冯千. 视频语料库应用于日语同声传译教学的可行性研究——以西部高校日语翻译专业硕士教学为对象[J]. 外国语文，2014（1）：157-160.

[36]高彬，徐珺. 口译教材与口译人才培养契合之实证研究——基于我国三大出版社的教材统计分析（1990—2011）[J]. 外语界，2012（5）：42-48.

[37]高利明. 学习资源的开发利用与评估[J]. 现代教育技术，2001（1）：25-29.

[38]韩阳. 通过网络资源来构建口译教学的新模式[J]. 吉林省教育学院学报，2012（4）：79-80.

[39]何高大. 现代教育信息技术环境下口译教学设计论[J]. 湘潭师范学院学报（社会科学版），2003（6）：119-122.

[40]何克抗，吴娟. 信息技术与课程整合[M]. 北京：高等教育出版社，2007.

[41]何克抗. 我国数字化学习资源建设的现状及其对策[J]. 电化教育研究，2009（10）：5-9.

[42]何自然. 语用学探索（增订本）[M]. 广州：暨南大学出版社，2012.

[43]黑玉琴. 从关联理论看口译过程中的最佳意义选择[J]. 外语教学，2003（6）：93-96.

[44]侯一民，周慧琼，王政一. 深度学习在语音识别中的研究进展综述[J]. 计算机应用研究，2017（8）：2241-2246.

[45]胡开宝，陶庆. 汉英会议口译语料库的创建与应用研究[J]. 中国翻译，2010（5）：49-56.

[46]胡壮麟. 语境研究的多元化[J]. 外语教学与研究，2002（3）：161-166.

[47]黄国文. 功能语篇分析纵横谈[J]. 外语与外语教学，2001（12）：1-4.

[48]黄国文. 功能语篇分析面面观[J]. 国外外语教学，2002（4）：25-32.

[49]黄建凤. 数字口译探究[J]. 中国科技翻译，2006（1）：26-27.

[50]黄建凤，李雪. 口译与演讲艺术[J]. 中国科技翻译，2007（4）：19-21.

[51]黄晓佳，鲍川运. 交替传译教学材料难度分级探析[J]. 中国翻译，2016(1)：58-62.

[52]贾让成，林麒，陶艳丽，等. 高教园区教学资源共享机制设计与分析[J]. 教育科学，2002(2)：34-37.

[53]蒋莉华，李颖. 多模态视角下的远程视频会议口译——基于医疗平台视频线上会议的案例分析[J]. 中国翻译，2020(5)：163-170.

[54]蒋莉华，彭雪娇. 翻译继续教育领域口译教学新模式探索——来自IVY项目的启示[J]. 中国翻译，2018(6)：41-46.

[55]蒋铁海. 基于. NET 的《英语口译》计算机辅助教学系统[J]. 计算机工程，2006(15)：268-270.

[56]教育部高等学校翻译专业教学协作组. 高等学校翻译专业本科教学要求(试行)[Z]. 北京：外语教学与研究出版社，2012.

[57]教育部高等学校外国语言文学类专业教学指导委员会. 普通高等学校本科外国语言文学类专业教学指南(上)[Z]. 上海：上海外语教育出版社，2020.

[58]柯飞. 语料、网路与口笔译教学[J]. 外语教学与研究，2002(3)：231-232.

[59]赖祎华，祝伟国. 互联网+交替传译开放式教学模式研究[J]. 外语电化教学，2018(4)：78-83.

[60]黎难秋. 中国口译史[M]. 青岛：青岛出版社，2002.

[61]李德超，王克非. 口译教学中的选材与版权问题——以香港口译教学为例[J]. 中国科技翻译，2010(2)：34-37.

[62]李芳琴. 试论语境在口译中的预测功能[J]. 四川外语学院学报，2003(5)：99-101.

[63]李洁. 论记者招待会的口译策略[J]. 洛阳理工学院学报(社会科学版)，2010(1)：17-20.

[64]李婧，李德超. 基于语料库的口译研究：回顾与展望[J]. 中国外语，2010(5)：100-105.

[65]李澜. 口译术语管理——概念、现状与未来[J]. 中国科技术语，2021(2)：55-62.

[66]李文中. 语料库、学习者语料库与外语教学[J]. 外语界，1999(1)：51-55.

[67]李霄垅，王梦婕. 基于语音识别 APP 的同声传译能力培养教学模式建构与研究——以科大讯飞语记 APP 为例[J]. 外语电化教学，2018

（1）：12-18.

[68]李佐文. 论元话语对语境的构建和体现[J]. 外国语，2001（3）：44-50.

[69]李智，李德凤. 人工智能时代口译员信息技术素养研究[J]. 中国翻译，2019（6）：80-87.

[70]连淑能. 英汉对比研究[M]. 北京：高等教育出版社，2010.

[71]廖瑛. 论国际商务口译的语言交际技巧[J]. 中国科技翻译，2006（2）：27-31.

[72]刘白玉. 译员应对口译粗话的策略[J]. 中国科技翻译，2007（2）：25-26.

[73]刘成新. 网络教学资源的设计、开发与评价[J]. 电化教育研究，2000（3）：27-30.

[74]刘和平. 口译理论与教学[M]. 北京：中国对外翻译出版公司，2005.

[75]刘和平. 论本科翻译教学的原则与方法[J]. 中国翻译，2016（6）：34-41.

[76]刘和平. 口译技巧——思维科学与口译推理教学法[M]. 北京：中国对外翻译出版有限公司，2011.

[77]刘和平. 中国口译教育十年：反思与展望[J]. 中国翻译，2016（3）：46-51.

[78]刘和平. 职业口译教学与研究[M]. 北京：外语教学与研究出版社，2017.

[79]刘宏伟. 网络资源在口译教学和学习中的运用[J]. 琼州学院学报，2010（4）：125-127.

[80]刘剑. 基于多模态语料库的口译教学模式研究[J]. 外语电化教学，2017（2）：9-14，21.

[81]刘剑，胡开宝. 多模态口译语料库的建设与应用研究[J]. 中国外语，2015（5）：77-85.

[82]刘建军. 计算机辅助学习工具 Black Box 在口译自主学习中的应用[J]. 现代教育技术，2011（4）：102-106.

[83]刘建珠. 口译语料难度"ILSS"体系的建构[J]. 天水师范学院学报，2017（1）：73-77.

[84]刘进. Webquest 在口译"译前准备"教学中的应用研究[J]. 外语电化教学，2011（2）：67-70，75.

[85]刘梦莲，刘勇. 基于 FMS 的口译自主学习系统的设计与实现[J]. 电

脑与电信，2009(7)：24-26.

[86]刘梦莲. 计算机辅助口译自主学习环境创设研究[J]. 现代远距离教育，2010(5)：60-63.

[87]刘梦莲. 计算机辅助口译自主学习研究[D]. 广州：华南师范大学，2010.

[88]刘梦莲. 生态化口译教学与自主训练系统设计研究[J]. 外文研究，2017(4)：78-87.

[89]刘梦莲. IVY 虚拟现实口译训练模式研究[J]. 上海翻译，2018(5)：78-83.

[90]刘梦莲. 基于译者能力发展的机助口译自我评价研究[J]. 中国翻译，2021(3)：89-95.

[91]刘庆峰，高建清，万根顺. 语音识别技术研究进展与挑战[J]. 数据与计算发展前沿，2019(2)：26-36.

[92]刘育红，李向东. 基于情境建构的口译教学观研究[J]. 中国翻译，2012(4)：45-48.

[93]刘振，何明霞. 国内计算机辅助口译教学研究的现状与思考[J]. 外语电化教学，2014(3)：55-61.

[94]卢信朝. 中国口译教学 4.0：Practeasearcher 模式[J]. 上海翻译，2016(4)：60-67.

[95]卢信朝. 基于视频会议平台的远程同步口译教学——以北外高翻同声传译课程为例[J]. 中国翻译，2020(4)：76-84.

[96]陆晨. 基于"计算机辅助口译教学"(CAIT)的口译教学语境重构问题研究[D]. 武汉：华中科技大学，2018.

[97]陆晨. 口译教学语境重构问题研究——基于"计算机辅助口译教学(CAIT)"视角[M]. 武汉：武汉大学出版社，2022.

[98]路旦俊. 口译练习材料的选择标准[J]. 长沙铁道学院学报(社会科学版)，2005(2)：183-184.

[99]罗选民，黄勤，徐莉娜. 关于大学英语口译教学的调查与思考[J]. 外语界，2008(5)：75-83.

[100]吕颖. 从吉尔口译理解模式看本科口译教材的选编[J]. 四川教育学院学报，2010(5)：97-98.

[101]马霞. 口译：选择、协商与顺应——顺应论的语境关系在口译中的作用[J]. 中国翻译，2006(3)：53-57.

[102]梅传伟. 从图式理论视角对以技巧为主线编写的口译教材的调查

[D]. 广州：广东外语外贸大学，2009.

[103]门斌，宋瑞琴. 同声传译训练系统在同传教学中的应用[J]. 外语电化教学，2012(3)：78-80.

[104]孟庆升. 口译教材的示范作用不容忽视——《高级口译现场实录》评析[J]. 上海翻译，2006(3)：45-48.

[105]穆丹. 语境与口译选词[J]. 外语教学，2000(3)：89-91.

[106]欧阳倩华. 图式理论与口译教材阅读部分设置[D]. 广州：广东外语外贸大学，2006.

[107]潘峰，胡开宝. 语料库口译研究：问题与前景[J]. 语言与翻译，2015(2)：55-61.

[108]潘政旭，王蕾. MTI朝鲜语同声传译教学案例库建设研究[J]. 韩国语教学与研究，2017(1)：58-63.

[109]皮连生. 教学设计[M]. 北京：高等教育出版社，2009.

[110]钱多秀. 计算机辅助翻译[M]. 北京：外语教学与研究出版社，2011.

[111]覃江华，王少爽. 数字技术驱动下的口译教学研究——《数字化时代的口译员教育：创新、进入和改变》评析[J]. 上海翻译，2017(5)：90-94.

[112]秦勉. 网络环境下口译教学模式的创新思考[J]. 外语研究，2005(3)：49-51.

[113]全国翻译专业学位研究生教育指导委员会. 翻译硕士专业学位研究生教育指导性培养方案[DB/OL]. https://cnti.gdufs.edu.cn/info/1006/1094.htm,2013.

[114]任文，郭聪，黄娟. 改革开放以来中国口译研究40年考察[J]. 外语教育研究前沿，2019(1)：27-37.

[115]任晓霏. 从形合和意合看汉英翻译中的形式对应[J]. 中国翻译，2002(3)：33-35.

[116]芮敏. 关联理论与口译理解策略[J]. 四川外语学院学报，2000(3)：100-103.

[117]塞莱斯科维奇，勒代雷. 口译训练指南[M]. 北京：中国对外翻译出版有限公司，2007.

[118]沈福卿. 特殊用途口译：理论与实践——论品酒会现场口译策略[J]. 中国科技翻译，2007(1)：18-21.

[119]石晓禹. 口译中的文化因素及其翻译策略[D]. 长春：吉林大学，2012.

[120]唐嘉忆.汉译英口译材料的难度判断[A].首届海峡两岸外语教学与研究学术研讨会暨福建省外国语文学会 2011 年会论文集[C].2011.

[121]唐丽莉.口译员对带有口音的发言所产生的负面态度对其听辨理解的影响[D].上海：上海外国语大学，2012.

[122]陶友兰.基于语料库的翻译专业口译教材建设[J].外语界，2010(4)：2-8.

[123]陶友兰.我国翻译教材建设与翻译学学科发展[J].上海翻译，2017(6)：83-88.

[124]田甜.吉尔模式下口音对口译员口译表现的影响及应对策略[D].上海：上海外国语大学，2012.

[125]万宏瑜.解读图表：另一项重要的口译策略[J].中国翻译，2004(2)：83-86.

[126]王斌华.语料库口译研究——口译产品研究方法的突破[J].中国外语，2012(3)：94-100.

[127]王斌华.口译理论研究[M].北京：外语教学与研究出版社，2020.

[128]王斌华，秦洪武.汉英口译目标语交际规范的描写研究——基于现场口译语料库中增补性偏移的分析[J].外语教学与研究，2015(4)：597-610.

[129]王斌华，叶亮.面向教学的口译语料库建设：理论与实践[J].外语界，2009(2)：23-32.

[130]王斌华，仲伟合.翻译本科新专业的口译教学理念探索——兼谈外研社翻译专业本科口译系列教材的编写[J].广东外语外贸大学学报，2010(4)：78-82.

[131]王传英，崔启亮，朱恬恬."一带一路"走出去的国家语言服务基础设施建设构想[J].中国翻译，2017(6)：62-67.

[132]王大伟.口译中的衔接与分流技巧[J].上海科技翻译，2002(1)：38-41.

[133]王海坤，潘嘉，刘聪.语音识别技术的研究进展与展望[J].电信科学，2018(2)：1-11.

[134]王洪林.基于"翻转课堂"的口译教学行动研究[J].中国翻译，2015(1)：59-62.

[135]王洪林.AI 时代基于 O2O 的深度交互式口译学习行动研究[J].外语教育研究前沿，2021(1)：41-46.

［136］王洪林，钟守满．口译教学翻转课堂模式构建及其多维视角分析［J］．外语学刊，2017（4）：79-83.

［137］王华树．翻译技术简明教程［M］．广州：世界图书出版公司，2019.

［138］王华树．人工智能时代口译技术应用研究［M］．北京：知识产权出版社，2020.

［139］王华树，李智．口译项目管理［M］．北京：商务印书馆，2019.

［140］王华树，李智．人工智能时代的翻译技术研究：内涵、分类与趋势［J］．外国语言与文化，2020（1）：86-95.

［141］王华树，李智，李德凤．口译员技术应用能力实证研究：问题与对策［J］．上海翻译，2018（5）：70-77，88.

［142］王华树，杨承淑．人工智能时代的口译技术发展：概念、影响与趋势［J］．中国翻译，2019（6）：69-79.

［143］王华树，张静．信息化时代口译译员的技术能力研究［J］．北京第二外国语学院学报，2015（10）：25-32.

［144］王华树，张静．信息化时代口译术语管理及其技术应用研究［J］．外文研究，2017（4）：72-77.

［145］王建华．关于语境的构成与分类［J］．语言文字应用，2002（3）：2-9.

［146］王建华．基于记忆训练的交互式口译教学模式实证探索［J］．外语学刊，2010（3）：134-139.

［147］王建华．语块教学策略对提高学生会议口译准确性的实验研究［J］．中国翻译，2012（2）：47-51.

［148］王金波、王燕．口译的特点与口译教材：问题与前景［J］．外语界，2006（5）：41-47.

［149］王敏．新建应用型本科院校《口译》课程教学资源库构建研究［J］．滁州学院学报，2011（4）：120-122.

［150］王谋清．试论民族院校的英语口译教材建设［J］．外语电化教学，2009（6）：47-50.

［151］王嵘．贫困地区教育资源的开发利用［J］．教育研究，2001（9）：39-44.

［152］王瑞昀．口译的认知与口译教材的编写——跨学科口译理论在《英语口译教程》编写中的应用［J］．中国翻译，2004（4）：68-72.

［153］王少爽．职业化时代译者信息素养研究：需求分析、概念阐释与模型构建［J］．外语界，2017（1）：55-63.

[154]王文宇，黄艳. 语块使用与口译产出关系的实证研究[J]. 外语电化教学，2013(7)：28-35.

[155]王小曼，王斌华. 口译行业新动态：远程会议口译主流平台及其技术[J]. 中国翻译，2021(5)：105-112.

[156]王云霞. 中国特色口译教材编写的建构性尝试——评3套口译教材[J]. 江苏外语教学研究，2007(2)：42-45.

[157]文军，张瑜清. 国内口译教材(1988-2008)研究[J]. 上海翻译，2009(2)：48-52.

[158]文秋芳，王金铨. 中国大学生英汉汉英口笔译语料库[M]. 北京：外语教学与研究出版社，2008.

[159]吴爱俊. 国内口译教材(1999-2010)研究、出版及编写现状综述[J]. 语文学刊，2012(1)：68-72.

[160]吴冰. 关于口译教材编写的思考——兼评国内出版的六种教材[J]. 外语教学与研究，1999(2)：49-54.

[161]吴磊. 原语语篇类型对汉英口译任务复杂度的影响[D]. 上海：华东师范大学，2006.

[162]肖晓燕. 西方口译研究：历史与现状[J]. 外国语，2002(4)：71-76.

[163]筱筠. 语境漫谈[J]. 语文建设，1990(6)：48-51.

[164]谢家成. 论个人教学语料库的构建[J]. 外语电化教学，2003(3)：27-30.

[165]谢庆立. 口译动态交际中的多元语境要素研究[J]. 西安外国语大学学报，2011(4)：105-108.

[166]徐红彩. 数字化教学资源的设计与开发[J]. 开放教育研究，2002(6)：41-43.

[167]徐继存，段兆兵，陈琼. 论课程资源及其开发与利用[J]. 学科教育，2002(2)：1-5.

[168]徐琦璐. 人工智能背景下的专业口译教学系统的创新研究[J]. 外语电化教学，2017(5)：87-92.

[169]徐然. 基于语料库技术的口译译前准备模式建构[J]. 中国翻译，2018(3)：53-59.

[170]徐然. 术语自动提取工具在口译译前准备中的应用与效果研究[J]. 上海翻译，2020(3)：56-61.

[171]许明武，邓军涛. 口译教学语料的难度甄别：功能语篇分析视角

[J]. 中国翻译, 2013(6): 29-33.

[172]许文胜. 大数据时代 iBooks 口译教材的研编与应用[J]. 中国翻译, 2015(3): 63-66.

[173]许文胜. 大数据时代云端翻转课堂模式下的口译教学探索[M]. 上海: 同济大学出版社, 2016.

[174]严志军, 张沫. 符号学视域下的会议口译教材开发[J]. 南京师大学报(社会科学版), 2010(5): 155-160.

[175]杨承淑. 口译教学研究: 理论与实践[M]. 北京: 中国对外翻译出版公司, 2005.

[176]杨承淑. 口译的信息处理过程研究[M]. 天津: 南开大学出版社, 2010.

[177]杨柳燕. 数字技术辅助下的交传笔记研究[J]. 外语教学理论与实践, 2017(3): 91-97.

[178]杨眉. 论地方高校口译教材改革[J]. 丽水学院学报, 2010(4): 94-97.

[179]殷东豪. 话语互动范式下的译员主体性地位——从跨文化视角出发[J]. 当代外语研究, 2014(11): 57-62.

[180]余胜泉. 教学资源的设计与开发[M]. 北京: 中央广播电视大学出版社, 2011.

[181]余郑, 赵吉武. 因特网资源对口译课程的丰富与辅助[J]. 中国英语教学, 2006(6): 14-18.

[182]禹琳琳. 语音识别技术及应用综述[J]. 现代电子技术, 2013(13): 43-45.

[183]喻晓和. 虚拟现实技术基础教程[M]. 北京: 清华大学出版社, 2016.

[184]翟佳羽. 虚拟现实技术辅助下情境化交传与演讲一体化教学研究与实践[J]. 外国语文, 2019(6): 150-157.

[185]詹成. 中国口译教学三十年: 发展及现状[J]. 广东外语外贸大学学报, 2010(6): 89-92.

[186]詹新明, 黄南山, 杨灿. 语音识别技术研究进展[J]. 现代计算机(专业版), 2008(9): 43-45, 50.

[187]张爱玲. 多语种组合演讲视频教学素材库建设[J]. 外语电化教学, 2015(3): 25-30.

[188]张爱玲, 丁宁. 抗疫背景下的远程专业口译教学[J]. 中国翻译, 2021(1): 81-88.

[189] 张吉良. 口译训练材料的分类与特点 [J]. 中国翻译, 2017(5): 45-51.

[190] 张吉良, 高彬. 翻译专业交传、同传训练的视频语料库建设 [J]. 中国翻译, 2014(5): 49-53.

[191] 张金玲. 国内英汉口译教材存在的主要问题及其编写原则 [J]. 沈阳农业大学学报(社会科学版), 2010(6): 724-726.

[192] 张恰. 教师培训教材设计研究 [D]. 长春: 东北师范大学, 2009.

[193] 张威. 跨文化交际意识与能力——口译质量评估的一项重要参数 [J]. 长春师范学院学报(人文社会科学版), 2008(3): 94-97.

[194] 张威. 口译认知加工分析: 认知记忆在同声传译实践中的作用 [J]. 北京第二外国语学院学报, 2009(2): 53-60, 74.

[195] 张威. 近十年来口译语料库研究现状及发展趋势 [J]. 浙江大学学报(人文社会科学版), 2012(2): 193-205.

[196] 张威. 中国口译学习者语料库的副语言标注: 标准与程序 [J]. 外语电化教学, 2015(1): 23-30.

[197] 张威. 中国口译学习者语料库建设与研究: 理论与实践的若干思考 [J]. 中国翻译, 2017(1): 53-60.

[198] 张威, 王克非. 口译与工作记忆研究 [J]. 外语与外语教学, 2007(1): 43-47.

[199] 张新华, 仲伟合, 王斌华, 等. 数字化同声传译会议系统及同声传译教学系统 [Z]. 广州: 蓝鸽集团有限公司/广东外语外贸大学, 2010.

[200] 张艺飞. 基于语料库的教师个人口译教学训练库设计 [J]. 黑河学院学报, 2011(6): 82-84.

[201] 张轶骏, 周晶. VR 与 AI 赋能的沉浸式情境口译教学模式研究 [J]. 外语电化教学, 2021(1): 78-84.

[202] 曾文雄. 现代电化教育环境下的口译教学 [J]. 外语电化教学, 2003(4): 46-50.

[203] 赵昌汉. 职业导向型口译教材的开发原则及对策研究 [J]. 外语电化教学, 2017(4): 60-65.

[204] 赵宏展. 小型翻译语料库的 DIY [J]. 中国科技翻译, 2007(2): 31-35.

[205] 赵沁平. 虚拟现实综述 [J]. 中国科学(F 辑: 信息科学), 2009(1): 2-46.

[206]赵田园. 英汉交替传译源语难度评估体系构建研究[D]. 广州：广东外语外贸大学，2020.

[207]赵毅慧. 口译技术的回溯与前瞻：工具化、交互化及智能化的演变[J]. 外文研究，2017(4)：65-71.

[208]赵毅慧. 机器口译与人工口译的价值关系研究[J]. 上海翻译，2018(5)：84-88.

[209]中国翻译协会. 2019中国语言服务行业发展报告暨"一带一路"语言服务调查报告[R]. 北京：中国翻译协会，2019.

[210]钟绍春，姜雁秋. 信息技术与课程整合的模型和方法[J]. 中国电化教育，2003(9)：51-53.

[211]仲伟合. 专业口译教学的原则和方法[J]. 广东外语外贸大学学报，2007(3)：5-7.

[212]仲伟合. 中国口译学科的未来发展[J]. 中国外语，2016(5)：4-9.

[213]仲伟合. 十年扬帆，蓄势远航：MTI教育十年回顾与展望[J]. 中国翻译，2017(3)：7-9.

[214]仲伟合. 改革开放40年我国翻译专业教育：成就、挑战与发展[J]. 中国翻译，2019(1)：68-75.

[215]仲伟合，许勉君. 国内语言服务研究的现状、问题和未来[J]. 上海翻译，2016(6)：1-6.

[216]周维，贺学耘. 本科翻译专业口译教学的测试与评估现状及体系构建研究[J]. 外语测试与教学，2013(2)：40-44.

[217]朱建新. 认知教学理论视域下的《英汉口译》网络教学模式[J]. 外语电化教学，2009(5)：60-64.

[218]朱永生. 名词化、动词化与语法隐喻[J]. 外语教学与研究，2006(2)：83-90.

[219]朱永生，严世清. 系统功能语言学多维思考[M]. 上海：上海外语教育出版社，2001.

[220]Al-Qinai, J. Training Tools for Translators and Interpreters[J]. *Journal of Pan-Pacific Association of Applied Linguistics*，2010(2)：121-139.

[221]Austermühl, F. *Electronic Tools for Translators*[M]. Beijing：Foreign Language Teaching and Research Press，2006.

[222]Baigorri-Jalón, J. Conference Interpreting：From Modern Times to Space Technology[J]. *Interpreting*，1999 (1)：29-40.

[223]Baigorri-Jalón, J. *Interpreters at the United Nations：A History*[M].

Salamanca: Ediciones Universidad de Salamanca, 2004.

[224]Baker, M. Corpus Linguistics and Translation Studies—Implications and Applications[A]. In Baker, M. (ed.). *Text and Technology* [C]. Amsterdam: John Benjamins, 1993.

[225]Bendazzoli,C. & Sandrelli, A. An Approach to Corpus-based Interpreting Studies: Developing EPIC (European Parliament Interpreting Corpus) [EB/OL].http:www.euroconferences.info /proceedings/2005_Proceedings/ 2005_Bendazzoli_Sandrelli.pdf,2005.

[226]Berber, D. Information and Communication Technologies in Conference Interpreting[D]. Tarragona: Universitat Rovira I Virgili, 2010.

[227]Bertone, L. E. *The Hidden Side of Babel: Unveiling Cognition, Intelligence and Sense through Simultaneous Interpretation*[M]. Beijing: Foreign Language Teaching and Research Press, 2008.

[228]Braun, S. From Pedagogically Relevant Corpora to Authentic Language Learning Contents[J]. *ReCALL*, 2005(1): 47-64.

[229]Braun, S. Multimedia Communication Technologies and Their Impact on Interpreting[EB/OL]. http://www.euroconferences.info/ proceedings/ 2006_Proceedings/ 2006_proceedings.html,2006.

[230]Braun, S. Integrating Corpus Work into Secondary Education: From Data-driven Learning to Needs-driven Corpora [J]. *ReCALL*, 2007 (3): 307-328.

[231]Braun, S. IVY-Interpreting in Virtual Reality (Final Report, Public Part)[R]. Brussel: EACEA, 2013.

[232]Braun, S. Evaluating the Education of Interpreters and Their Clients Through Virtual Learning Activities (EVIVA). Final Report (Public Part)[R]. Brussel: EACEA, 2015.

[233]Braun, S. & Slater, C. IVY-Interpreting in Virtual Reality (Project Deliverable 3.3 Conceptual Design)[R]. IVY, 2011.

[234]Braun, S., Slater, C., Gittins, R., Ritsos, P. & Roberts, J. C. Interpreting in Virtual Reality: Designing and Developing a 3D Virtual World to Prepare Interpreters and Their Clients for Professional Practice [EB/OL]. https://www. researchgate. net/publication/258162931 _ Interpreting_in_Virtual_Reality_designing_and_developing_a_3D_virtual_ world_to_prepare_interpreters_and_their_clients_for_professional_

practice/stats, 2013.

[235] Burdea, G. & Coiffet, P. *Virtual Reality Technology* [M]. New York: John Wiley & Sons, 1994.

[236] Carabelli, A. Multimedia Technologies for the Use of Interpreters and Translators [J]. *The Interpreters' Newsletter*, 1999(9): 149-155.

[237] Cervato, E. & Donatella, F. Interpr-it: A Computerised Self-access Course for Beginners in Interpreting [J]. *Perspectives: Studies in Translatology*, 1995(2): 191-204.

[238] Chapman, C. Applications of the Language Laboratory to Training in Simultaneous Interpretation [J]. *Meta*, 1977(4): 264-269.

[239] Chen, S. J. Computer Assisted Interpreter Training—A Case Study [J]. *Translation, Interpretation, and Language for Specific Purposes*, 2010 (2): 17-42.

[240] Chernov, G. V. *Inference and Anticipation in Simultaneous Interpreting* [M]. Shanghai: Shanghai Foreign Language Education Press, 2011.

[241] CorpasPastor, G. Tools for Interpreters: The Challenges that Lie Ahead [J]. *Current Trends in Translation Teaching and Learning*, 2018(5): 157-182.

[242] Cunningsworth, A. *Choosing Your Coursebook* [M]. Shanghai: Shanghai Foreign Language Education Press, 2002.

[243] Dam, H. V. On the Option Between Form-based and Meaning-based Interpreting: The Effect of Source Text Difficulty on Lexical Target Text form in Simultaneous Interpreting [J]. *The Interpreters' Newsletter*, 2001 (11): 27-55.

[244] Dillinger, M. Comprehension During Interpreting: What Do Interpreters Know that Bilinguals Don't? [A]. In Moser-Mercer, B. (ed.). *Bridging the Gap: Empirical Research in Simultaneous Interpretation* [C]. Amsterdam and Philadelphia: John Benjamins, 1994.

[245] Diriker, E. *De-/Re-contextualizing Conference Interpreting: Interpreters in the Ivory Tower?* [M]. Amsterdam: John Benjamins Publishing Company, 2004.

[246] Edelson, D. & Gordin, D. Adapting Digital Libraries for Learners: Accessibility vs. Availability [J]. *D-Lib Magazine*, 1996(9): 1-13.

[247] Ehrlich, S. & Napier, J. *Interpreter Education in the Digital Age*:

Innovation, Access and Change [M]. Washington, DC: Gallaudet University Press, 2015.

[248] European Commission. ORCIT Explained [EB/OL]. http://orcit. eu/ wp-content/uploads/2017/10/ORCIT-Explained.pdf,2016.

[249] Fantinuoli, C. InterpretBank: Redefining Computer-assisted Interpreting Tools [EB/OL]. https://www. staff. uni-mainz. de/fantinuo/download/ publications/InterpretBank%20Redefining%20computer-assisted%20inter preting%20tools.pdf,2016.

[250] Fantinuoli, C. Computer-assisted Interpreting: Challenges and Future Perspectives[A]. In Corpas Pastor, G. & Durán-Muñoz, I. (eds.). *Trends in E-Tools and Resources for Translators and Interpreters* [C]. Leiden: Brill, 2018a: 153-174.

[251] Fantinuoli, C. Interpreting and Technology: The Upcoming Technological Turn[A]. In Fantinuoli, C. (ed.). *Interpreting and Technology* [C]. Berlin: Language Science Press, 2018: 1-12.

[252] Fictumová, J. E-learning for Translators and Interpreters—The Case of LMS Moodle[EB/OL]. http:// isg. urv. es/cttt/cttt/research/fictumova. pdf,2004.

[253] Fictumová, J. E-learning for Translators and Interpreters: The Case of CMS Moodle[R]. Brno: Masarykova univerzita: Proceedings from the Eighth Conference of British, American and Canadian Studies, 2005: 201-206.

[254] Firth, J. R. *Papers in Linguistics*: 1934—1951[M]. Oxford: Oxford University Press, 1957.

[255] Gile, D. Teaching Conference Interpreting: A Contribution [A]. In Tennent M. (ed.). *Training for the New Millennium: Pedagogies for Translation and Interpreting*[C]. Shanghai: Shanghai Foreign Language Education Press, 2010: 127-151.

[256] Gile, D. *Basic Concepts and Models for Interpreter and Translator Training*(Revised Edition)[M]. Shanghai: Shanghai Foreign Language Education Press, 2011.

[257] Halliday, M. A. K. *An Introduction to Functional Grammar* [M]. Beijing: Foreign Language Teaching and Research Press, 1994.

[258] Halliday, M. A. K. & Hasan, R. *Language, Context, and Text*:

Aspects of Language in a Social-semiotic Perspective [M]. Victoria:
Deakin University, 1985.

[259] Halliday, M. A. K & Hasan, R. *Cohesion in English* [M]. Beijing:
Foreign Language Teaching and Research Press, 2001.

[260] Hansen, I. G. & Shlesinger, M. The Silver Lining: Technology and
Self-study in the Interpreting Classroom [J]. *Interpreting*, 2007 (1):
95-118.

[261] Henderson, J. A. Design and Use of the Language Laboratory for the
Teaching of Interpreting [J]. *Audio-Visual Language Journal*, 1975(2):
101-109.

[262] Heynold, C. Videoconferencing—A Close-up [Z]. Commission
Européenne: Les cahiers du SCIC No. 1, 1995.

[263] Hoffstaedter, P. IVY-Interpreting in Virtual Reality. Bilingual Audio
and Video Content [R]. Brussel: EACEA, 2012: 2-7.

[264] Hoffstaedter, P. IVY-Interpreting in Virtual Reality (Learning Activities)
[R]. Brussel: EACEA, 2013: 2-13.

[265] Hoffstaedter, P., Kohn, K., Kritsis, K., Floros, G. & Shlesinger,
M. IVY-Interpreting in Virtual Reality (Video Corpora) [R]. Brussel:
EACEA, 2012: 11-12.

[266] Hönig, H. Piece of cake—or hard to take? Objective Grades of Difficulty
of Speeches Used in Interpreting Training [A]. In EMCI (ed.).
Teaching Simultaneous Interpretation into a "B" Language [C]. Genf:
EMCI, 2002: 38-50.

[267] Hylén, J. Open Educational Resources: Opportunities and Challenges
[EB/OL]. http:// www.oecd.org/edu/ceri/37351085.pdf,2006.

[268] Jiménez Serrano, O. Interpreting Technologies: Introduction [EB/OL].
https://ddd.uab.cat/pub/tradumatica/tradumatica_a2019n17/tradumatica_
a2019n17p20.pdf,2019.

[269] Jones, R. *Conference Interpreting Explained* [M]. Shanghai: Shanghai
Foreign Language Education Press, 2008.

[270] Kellett, C. J. M. Video-aided Testing of Student Delivery and
Presentation in Consecutive Interpretation [J]. *The Interpreters'
Newsletter*, 1995(6): 43-66.

[271] Ko, L. Teaching Interpreting by Distance Mode: An Empirical Study

[J]. *Meta*, 2008 (4): 814-840.

[272]Ko, L. & Chen, N. S. Online Interpreting in Synchronous Cyber Class-rooms[J]. *Babel*, 2011 (2): 123-143.

[273]Kohn, K. & Kalina, S. The Strategic Dimension of Interpreting [J]. *Meta*, 1996(1): 118-138.

[274]Kurz, I. The Use of Video-tapes in Consecutive and Simultaneous Interpretation Training [A]. In Gran, L. & Dodds, J. (eds.). *The Theoretical and Practical Aspects of Teaching Conference Interpretation* [C]. Udine: Campanotto Editore, 1989: 213-215.

[275]Lim, L. Examining Students' Perceptions of Computer-assisted Interpreter Training[J]. *The Interpreter and Translator Trainer*, 2013(1): 71-89.

[276]Liu, M. & Chiu Y. Assessing Source Material Difficulty for Consecutive Interpreting: Quantifiable Measures and Holistic Judgment [J]. *Interpreting*, 2009(2): 244-266.

[277]Lock, G. *Functional English Grammar: An Introduction for Second Language Teachers*[M]. Cambridge: Cambridge University Press, 1996.

[278]Mack,G. New Perspectives and Challenges for Interpretation: The Example of Television[A]. In Garzone G. (ed.). *Interpreting in the 21st Century. Challenges and Opportunities*[C]. Amsterdam/Philadelphia: Benjamins, 2002: 203-213.

[279]Malinowski, B. The Problem of Meaning in Primitive Languages[A]. In *Ogden, C. K. & Richards, I. A.* (eds.). *The Meaning of Meaning*[C]. London: Kegan Paul, 1923.

[280]Mazzetti, A. The Influence of Segmental and Prosodic Deviations on Source-text Comprehension in Simultaneous Interpretation [J]. *The Interpreter's Newsletter*, 1999(9): 125-147.

[281]Mayor, M. & Ivars, A. E-learning for Interpreting[J]. *Babel*, 2007(4): 292-302.

[282]Moser-Mercer, B. Remote Interpreting: Assessment of Human Factors and Performance Parameters[EB/OL]. http://aiic.net/ViewPage.cfm?page_id=1125,2003.

[283]Moser-Mercer, B. Remote Interpreting: Issues of Multi-sensory Integration in a Multilingual Task[J]. *Meta*, 2005(2): 727-738.

[284]Moser-Mercer, B. Skill Acquisition in Interpreting: A Human

Performance Perspective [J]. *The Interpreter and Translator Trainer*, 2008 (1): 1-28.

[285] Moser-Mercer, B. , Class, B. & Seeber, K. *Leveraging Virtual Learning Environments for Training Interpreter Trainers* [EB/OL]. https://www. erudit.org/fr/revues/meta/2005-v50-n4-meta1024/019872ar/ ,2005.

[286] Mouzourakis, T. The Feeling of Being There: Vision and Presence in Remote Interpreting[EB/OL]. http://aiic.net/page/1173/ ,2003.

[287] Mouzourakis, P. Remote Interpreting: A Technical Perspective on Recent Experiments[J]. *Interpreting*, 2006 (1): 45-66.

[288] Niska, H. Quality Issues in Remote Interpreting[A]. In Alvarez Lugris, A. & Fernandez, A. (eds.), *Anovar / Anosar Estudios de Traduccion e Interpretaccion*[C]. Vigo: Universidade de Vogo, 1999: 109-121.

[289] Nolan, J. *Interpretation: Techniques and Exercises* [M]. Clevedon: Multilingual Matters, 2005.

[290] O'Conaill, B. , Whittaker, S. & Wilbur S. Conversations over Video Conferences: An Evaluation of the Spoken Aspects of Video-mediated Communication[J]. *Human-Computer Interaction*, 1993(4): 389-428.

[291] Olvera-Lobo,M. D. , Robinson, B. , Castro Prieto, M. R. , et al. A Professional Approach to Translator Training (PATT) [J]. *Meta*, 2007 (3): 517-528.

[292] Orlando, M. Digital Pen Technology and Interpreter Training, Practice, and Research: Status and Trends [A]. In Ehrlich, S. & Napier, J. (eds.). *Interpreter Education in the Digital Age: Innovation, Access, and Change*[C]. Washington, DC: Gallaudet University Press, 2015: 125-152.

[293] Pöchhacker, F. *Introducing Interpreting Studies* [M]. Beijing: Foreign Language Teaching and Research Press, 2010.

[294] Riccardi, A. On the Evolution of Interpreting Strategies in Simultaneous Interpreting[J]. *Meta*, 2005(2): 753-767.

[295] Ritsos, P. , Gittins, R. & Roberts, J. IVY-Interpreting in Virtual Reality (IVY Virtual Environment)[R]. Brussel: EACEA, 2012.

[296] Sandrelli, A. Designing CAIT (Computer-Assisted Interpreter Training) Tools: Black Box [EB/OL]. http://www. euroconferences. info/ proceedings/2005_Proceedings/2005_proceedings.html,2005.

[297] Sandrelli, A. Computer Assisted Interpreter Training (CAIT) for Legal Interpreters and Translators [A]. In Townsley, B., et al. (eds.). *Building Mutual Trust: A Framework Project for Implementing EU Common Standards in Legal Interpreting and Translation* [C]. London: Middlesex University, 2011: 269-306.

[298] Sandrelli, A. Becoming an Interpreter: The Role of Computer Technology [J]. *Mon TI*, 2015(2): 111-138.

[299] Sandrelli, A. & de Manuel Jerez, J. The Impact of Information and Communication Technology on Interpreter Training: State-of-the-art and Future Prospects [J]. *The Interpreter and Translator Trainer*, 2007, 1 (2): 269-303.

[300] Sawyer, D. *Fundamental Aspects of Interpreter Education* [M]. Shanghai: Shanghai Foreign Language Education Press, 2011.

[301] Schweda-Nicholson, N. Consecutive Interpretation Training: Videotapes in the Classroom [J]. *Meta*, 1985(2): 148-154.

[302] Seeber, K. G. SIMON: An Online Clearing House for Interpreter Training Materials [A]. In Crawford, C., et al (eds.). *Proceedings of the Society for Information Technology and Teacher Education International Conference* [C]. Chesapeake, VA: AACE, 2006: 2403-2408.

[303] Shlesinger, M. Corpus-based Interpreting Studies as an Offshoot of Corpus-based Translation Studies [J]. *Meta*, 1998(4): 486-493.

[304] Smith, A. R. Co-construction of Learning and Community Building in Digital Education [A]. In Ehrlich, S. & Napier, J. (eds.). *Interpreter Education in the Digital Age: Innovation, Access, and Change* [C]. Washington, DC: Gallaudet University Press, 2015: 218-242.

[305] Stoll, C. New Technologies in Conference Interpretation: Interpreting and Videoconferences [A]. In Austermuhl, F. & Apollon, D. (eds.). *Humanities Education and the Challenge of e-Learning* [C]. Bergen: University of Bergen, 2000: 211-221.

[306] Talai, T. & Fotovatnia, Z. Data-driven Learning: A Student-centered Technique for Language Learning [J]. *Theory and Practice in Language Studies*, 2012(7): 1526-1531.

[307] Tohyama, H. & Matsubara, S. Development of Web-based Teaching

Material for Simultaneous Interpreting Learners Using Bilingual Speech Corpus[A]. In Pearson, E. & Bohman, P. (eds.). *Proceedings of the ED-MEDIA World Conference on Educational Multimedia, Hypermedia and Telecommunications*[C]. Chesapeake, VA: AACE, 2006: 2906-2911.

[308]Tomlinson, B. Materials Development for Language Learning and Teaching[J]. *Language Teaching*, 2012(2): 143-179.

[309]Tommola, J. & Helevä, M. Language Direction and Source Text Complexity: Effects on Trainee Performance in Simultaneous Interpreting [A]. In Bowker, L. (ed). *Unity in Diversity? Current Trends in Translation Studies*[C]. Manchester: St. Jerome Publishing, 1998.

[310]Tymczyńska, M. Integrating In-class and Online Learning Activities in a Healthcare Interpreting Course Using Moodle [J]. *The Journal of Specialized Translation*, 2009(12): 149-165.

[311]Tymczyńska, M., et al. *IVY-Interpreting in Virtual Reality. Pedagogical Evaluation Report* [EB/OL]. http://virtual-interpreting. net/assets/ Reports/P19-IVY-D6. 3-Pedagogical-Evaluation-Report.pdf,2013.

[312]van Dyk, J. Multilingual News Websites as a Resource for Interpreter Training[J]. *Southern African Linguistics and Applied Language Studies*, 2010(3): 291-297.

[313]Viaggio, S. The Pitfalls of Metalingual Use in Simultaneous Interpreting [J]. *The Translator*, 1996(2): 179-198.

[314]Wadensjö, C. Telephone Interpreting and the Synchronisation of Talk in Social Interaction[J]. *The Translator*, 1999(2): 247-264.

[315]Xu, M. J., Deng, J. T. & Zhao, T. Y. On Status Quo, Problems, and Future Development of Translation and Interpreting MOOCs in China—A Mixed Methods Approach[J]. *Journal of Interactive Media in Education*, 2020(1): 1-10.